법정 스님 진영. ⓒ전제우

유년 시절.

학창 시절.

청년 시절.

2001년 미국 보스턴 화이트마운틴 방문 기념.

송광사에서 영결식 후 다비장으로 향하는 법정 스님 법체 운구 행렬.

비구 법정

우리 시대에 다녀간 영혼의 스승

비구 법정

여태동 글
덕조 스님 감수

(주)중앙출판사

우리 시대에 다녀간 '영혼의 스승' 법정 스님

2019년부터 2년 동안 해남 선두리와 목포, 흑산도, 광주 정광 중학교, 통영 미래사 등 법정 스님의 향기가 담긴 곳곳을 다녔다. 법정 스님이 원적에 들기 3년 전이었던 2007년부터는 불교신문 전략기획부장으로 일하며 법정 스님이 불교신문에 남긴 글을 모아 단행본으로 내고자 노력했고, 2010년 원적에 들어 잠시 중단됐다가 '맑고 향기롭게'의 협조를 얻어 2017년 『낡은 옷을 벗어라』라는 책을 출간했다.

그 지중한 인연으로 2020년 '법정 스님 인물 연구 1호 박사논문'이 된 「법정의 시대정신 형성과 전개과정 연구」를 쓰는 영광을 안았다. 2019년부터 2020년까지 불교신문에 연재한 법정 스님의 이야기 '무소유의 향기를 찾아서'는 대한불교조계종이 주최한 불교 언론문화상 신문 부문 최고 영예인 최우수상을 수상하는 영예도 안았다.

　1986년 대학에 입학 후 송광사 대구포교당인 삼덕동 관음사에서 열린 사상강연회에서 법정 스님을 처음 뵙고 큰 덕화를 받았다. 이후 경북대불교학생회와 한국대학생불교연합회에서 활동했고, 육군 7사단 연승사(강원도 화천)에서 불교군종병 생활을 했고, 1994년 불교신문 기자로 입사해 30년이 넘게 법정 스님의 가르침을 접했다.

　2007년 불교신문사에서 법정 스님의 미출간 원고 70여 편을 발굴해서 2017년에 『낡은 옷을 벗어라』를 출간한 인연으로 2020년 박사논문까지 쓰면서 스님의 시대정신 흐름을 파악할 수 있었다. 불교신문에 '무소유의 향기를 찾아서'라는 기획연재물을 게재하면서 알려지지 않은 스님의 학교 성적까지도 알 수 있었다.

　길상사에서 법정 스님의 법문을 자주 들을 수 있었고, 원적에 들었을 때도 길상사 행지실에서 가사 한 벌을 덮고 떠나는 마지막 모습을 배웅했다. 그때 법정 스님에 대한 평가 한 줄은 '우리 시대에 왔다 간 성스러운 비구'였다. 그때 법정 스님의 가르침을 연구해 널리 전해야 하겠다는 원願을 세웠다. 그 첫 번째 성과로 불교신문사에서 미출간 원고 70여 편을 발굴해 출간했고 소논문도 여러 편 썼다. 그 결과물들을 압축해 이번 책이 나오게 되었다.

법정 스님을 연구하면서 확인한 점은 스님은 출가 전부터 많은 독서량이 있어 출가 후에도 아주 빠르게 불교를 깊이 체화했고, 해인사에서는 팔만대장경을 탐독한 후 운허 스님을 도와 『불교사전』을 편찬했고 한문으로 된 팔만대장경을 한글화하는 데 앞장섰다.

법정 스님의 저서에는 초기 불교사상에서부터 법화·화엄·선 사상 등 불교 전체를 아우르는 실천적인 가르침이 녹아 있다. 출가 전에는 한국전쟁으로 폐허가 된 나라의 미래를 걱정했다. 출가 후 해인사 학인 시절에도 문학과 철학·예술 등의 영역을 넘나들며 공부했고, 함석헌 선생, 장준하 선생, 황산덕 교수 등의 강연과 대화도 나누며 사회 민주화에 대한 인식을 넓혔다.

이러한 법정 스님의 식견은 1960년대와 1970년대 한국 사회의 민주화의 험로에서 불교계를 대표하는 민주화 인사로 이름을 올렸고 이로 인해 상당한 고초를 겪기도 했다. 1980년대 광주민중항쟁을 목도하고 군사독재 정권을 정면으로 비판한 '시대의 어른'이었다.

법정 스님은 우리가 일반적으로 알고 있는 자연주의자로서 에세이스트였을 뿐 아니라 사회 민주화와 세계평화 실현에 노력한 민주인사였고 인류를 파괴하는 전쟁을 반대하고 기후환경을 우려한 환경운동가였다.

　법정 스님의 사상은 그가 원적圓寂에 든 이후 저서가 절판돼 연구 환경이 위축됐지만 연구의 필요성은 더욱 대두되고 있다.

　이 책이 법정 스님의 가르침을 좀더 자세하게 접할 수 있는 밑알이 되길 희망한다. 아울러 다양한 영역에서 스님의 가르침을 연구해 우리 사회를 '맑고 향기롭게' 해 주는 빛이 됐으면 하는 바람 간절하다.

　책이 나오는 데 도움을 주신 법정 스님 사촌 동생 박성직 거사와, 풍부한 자료와 사진을 협조해 주신 길상사 주지 덕조 스님과, 강원도 월정사에서 정진하고 계신 전 파리 길상사 주지 천상 스님과, 맑고 향기롭게 사무국장 홍정근 님과, 김정숙(호우프 씨) 님께 지면을 빌어 감사의 마음을 전한다.

2025년 1월 자유로 백석 서재에서

저자 삼가 쓰다

법정 스님의 주요 저서

법정 스님의 생애

유년기 및 청소년기

우주의 한 점처럼 한 시대에 태어난 개인이 그 사회에 얼마나 많은 영향을 끼쳤는가는 늘 우리의 관심을 끌어왔다. 세상에는 고대부터 수많은 사상가가 출현해 인류 문명사를 발전시켜 왔다. 그 대표적인 사상가들 중의 한 영역은 종교다.

세계의 3대 종교인 불교·기독교·이슬람교를 비롯해 유교·천도교·원불교·가톨릭교 등 수많은 종교인들은 자신이 속한 사회는 물론 시대를 가로지르거나 시기를 지나면서까지 인류의 정신영역에 지대한 영향을 끼치고 있다.

우리 시대에 살다가 원적圓寂1에 든 법정法頂(1932~2010) 스님은 한국의 불교교단인 대한불교조계종 스님이었다. '비구 법정比丘 法頂'2이라는 이름으로 불교교단은 물론 한국 사회에 지대한 영향을 끼치고 간 인물이다.

법정 스님은 불교수행자로서 살다 갔지만 철저한 자기 수행과 점검을 기반으로 세상의 다양한 흐름을 파악하고, 그 속에 들어 있는 선과 악에 대한 자신의 생각을 투영하여 세상을 맑고 향기롭게 만들기 위해 부단한 노력을 했던 선지식善知識이었다. 이러한 면모는 BTN 불교TV 열반 10주기 특집방송에서도 잘 드러난다.

"일신의 모습은 '비구 법정'이었으나 그가 살다 간 흔적은 그 이상의 모습이었다. 그가 2010년 3월 11일 세상을 떠났을 때 모습은 그저 한 사람의 죽음에 불과했다. 하지만 그가 남긴 유언에 따라 엄수된 장례는 세상 사람들을 충격에 빠뜨리고도 남았다. 스님 외에는 어떤 수식어도 허락하지 않았던 비구 법정. 철저한 무소유로 일관했던 법정의 마지막 길은 평소에 입었던 가사 한 벌이 전부였다. 야속하리만큼 냉엄한 참으로 그다운 마지막 법문이었다. 자정의 불길로 세상의 때垢를 살라 버렸던 법정. 비구라는 이름의 성스러운 이름을 회복해 놓고 그는 갔다. 세상은 시대의 축복이었던 비구를 잃었다."[3]

무소유의 자유로움과 행복을 일깨워 주기 위해 법정 스님은 그가 창립했던 '맑고 향기롭게 살아가기 시민모임' 근본도량 길상사에서 2010년 3월 11일 원적에 들었다. 세상은 '우리 시대의 성자'를 잃은 충격에 휩싸였다. 그리고 그가 보여 준 마지막 모습 역시 우리 사회에 큰 충격을 주었다. 그 흔한 관棺 하나 보이지 않고 대나무 평상 위에 두른 가사 한 벌만이 법구를 덮은 전부였다. 그렇게 법정 스님은 평소 말하고 행동한 대로 무소유의 삶을 살다가 갔다. 그 법향法香은 원적에 든 지 15년이 지나도 온 국민의 마음속에 깊은 울림으로 남아 있다. 법정 스님의 원적 모습은 경건한 성자 모습 그 자체였다.

"수행승들이여, 잘 배운 고귀한 제자가 이와 같이 여섯 가지 경우에 대한 의혹을 끊었고, 나아가 괴로움에 대한 의혹도 끊었고, 괴로움의 발생에 대한 의혹도 끊었고, 괴로움의 소멸에 대한 의혹도 끊었고, 괴로움의 소멸로 이끄는 길에 대한 의혹도 끊었다면, 수행승이여, 그 고귀한 제자를, 악도에 떨어지지 않고 삶의 길이 정초定礎되어 올바른 깨달음으로 나아가는 흐름에 든 님이라 한다."[4]

"헤아릴 수 있는 태어남과 더불어 헤아릴 수 없는 태어남까지도, 존재하려는 의지를 성자는 놓아버렸다네. 안으로 즐거운 삼매에 들어 자아의 태어남이라는 쇠사슬을 끊어 버렸네."[5]

일반적으로 법정 스님을 평할 때 '자연주의에 귀의한 불교생태주의자'로『무소유』라는 아름다운 수필을 세상에 발표한 '맑고 향기로운 말씀'을 전한 인물로 평가한다. 하지만 법정 스님을 평가할 때는 철저한 불교의 가르침을 공부하고, 수행을 통한 자기점검, 대사회적인 문제에 대한 고민, 불교교리에 대한 올바른 이해와 교단이 나아가야 할 바람직한 방향을 제시한 시기가 있었음을 종합적으로 고찰해야 한다고 본다.

"무소유란 아무것도 갖지 않는다는 것이 아니다. 궁색한 빈털터리가 되는 것이 아니다. 무소유란 아무것도 갖지 않는 것이 아니라 불필요한 것을 갖지 않는다는 뜻이다. 무소유의 진정한 의미를 이해할 때 우리는 보다 홀가분한 삶을 이룰 수가 있다. 우리가 선택한 맑은 가난은 넘치는 부보다 훨씬 값지고 고귀한 것이다. 이것은 소극적인 생활 태도가 아니라 지혜로운 삶의 선택이다."[6]

법정 스님의 저서『산에는 꽃이 피네』를 비롯한 스님의 다양한 저서에 기록되어 있는 '무소유'에 대한 설명이다. 인생을 살아가는 우리는 얼마나 많은 소유를 하며 살아갈까. 그 많고 많은 소유의 삶에 스님은 '무소유'란 단어를 불쑥 세상에 내밀며 '맑은 가난'의 가르침을 설파했다. 법정 스님의 첫 수필집『영혼의 모음』과 스님의 명성을 세상에 알린 수필집『무소유』에서는 '무

법정 스님이 태어난 해남군 문내면 선두리 마을.

소유'에 대해 구체적으로 설명하고 있다.

"우리들이 필요에 의해서 물건을 갖게 되지만, 때로는 그 물건
때문에 적잖이 마음이 쓰이게 된다. 그러니까 무엇인가를 갖는
다는 것은 다른 한편 무엇인가에 얽매인다는 것이다. 필요에 따
라 가졌던 것이 도리어 우리를 부자유하게 얽어맨다고 할 때 주
객主客이 전도되어 우리는 가짐을 당하게 된다. 그러므로 많이 갖
고 있다는 것은 흔히 자랑거리로 되어 있지만 그만큼 많이 얽히
어 있다는 측면도 동시에 지니고 있다."[7]

소유욕을 타파한 법정 스님의 가르침은 우리 사회에 신선한

법정 스님의 아버지 박근배 거사.　　　　법정 스님의 어머니 김인엽 여사.

충격을 주었다. 삶에 대한 명징한 가치를 제시한 스님의 법문은 영혼에 큰 울림을 주었다. 단순히 먹고 사는 삶의 문제에 대한 가르침이 아니라 문명사회에 내리는 경책의 죽비였다.

　법정 스님의 글은 불자들은 물론 시대를 살아가는 온 국민들에게 큰 가르침이 됐고, 스님을 우리 시대의 스승이자 선지식으로 추앙하지 않을 수 없었다. 스님의 책들은 출간하는 대로 베스트셀러가 됐고, 이 중 『무소유』는 판매량을 가늠하기 어려울 정도로 스테디셀러가 됐고 법정 스님을 '무소유의 가르침을 심어준 시대의 스승'으로 받들게 된다.

　우리 시대에 무소유의 가르침을 남긴 선지식이었던 법정法頂

(본명: 박재철朴在喆, 1932~2010) 스님은 불교 수행자이기에 앞서 한 시대의 정신을 일깨운 선지자였다.

법정 스님은 1932년 전라남도 해남군 문내면 우수영안길 81(선두리)에서 아버지 박근배 거사와 어머니 김인엽 여사 사이에서 태어났다. 진도 앞바다가 바라다보이는 포구마을에서 태어난 법정 스님의 가계는 그리 넉넉하지 않았다.

선두리 선착장(우수영 선착장)에서 약 200여 미터 남짓한 삼거리 공터 법정 스님 생가터는 해남군에 의해 '법정 스님 마을도서관'으로 복원돼 있다. 도로명 주소로 '해남군 문내면 우수영안길 81'이라는 글귀가 새겨져 있다. 법정 스님의 생가는 초가였으나 이사하면서 허물어졌고, 다른 사람이 양철지붕의 집을 짓고 살았다. 지금은 해남군이 원래 생가터와 뒷집까지 수용해 넓은 공간에 복원해 놓았다.

선두리 선착장 마을은 법정 스님이 어렸을 때만 해도 해상교통의 요지였다. 멀리 여수에서 완도-해창-진도-선두리(우수영)-목포를 오가는 여객선이 일곱 척이나 다녔다.

지금은 한적한 포구가 됐다. 법정 스님이 유년 시절을 보냈던 당시 선두리 선착장은 북적였으며 5일마다 장이 섰다. 이제는 5일장마저 인근 지역으로 이동했다.

선두리 일원은 2015년 문화마을로 지정되어 10개 마을에 벽

화 조성을 비롯해 아트카페 및 생활사박물관, 강강술래 아트로
드, 시詩 조형물 등 38점의 작품을 설치했다. 빈 점포들을 활용해
전시관과 카페, 아트샵 등으로 꾸미고, 폐교된 우수영초등학교에
는 아트캠프를 조성했다.

선착장 입구에는 400여 년 전 이순신 장군이 왜구와 치열하게
싸웠던 명량해전을 스토리텔링한 거대한 벽화도 그려져 있다.
예산을 들여 거창하게 진행했던 문화마을 프로젝트는 성공을
거둔 것 같지 않아 보였다. 이런 문화마을 삼거리 정중앙에 법정
스님 생가터가 있다. 인접 지역까지 해남군이 수용해 '법정 스님
마을도서관'을 조성했다.

2019년 선두리 마을을 방문했을 당시 이 마을에 살았던 임준
문 씨로부터 법정 스님에 대한 이야기를 들을 수 있었다. 그는
법정 스님보다 여섯 살 아래다. 어린 시절 같은 마을에서 살기도
했지만 법정 스님 집에서 함께 일을 하기도 한 장본인이다. 그의
기억은 생생했다.

"우리 마을의 자랑인 법정 스님에 대해서는 제가 가장 많이 알
고 있다고 보면 돼요."

임 씨는 법정 스님 생가터 앞에 서서 과거 있었던 집 구조부터
설명하기 시작했다.

"원래는 지금처럼 넓은 공간은 아니었어요. 훨씬 작은 규모였

법정 스님 생가터를 마을도서관으로 새 단장함.

다고 보시면 돼요. 위치는 삼거리 정중앙이 맞아요. 스님의 생가
는 디근(ㄷ)자 식으로 되어 있었어요. 왼쪽 방이 (법정 스님의) 작
은아버지[8] 가족의 방이고, 중앙이 법정 스님과 할머니 방, 우측
방이 배표를 파는 가게였어요."

　임 씨가 기억하는 법정 스님의 유년 시절은 아주 똑똑한 동네
형님이었다. 나이가 많기도 했지만 다른 동네 형보다 사색을 즐
기는 평범하지 않은 인물이었다. 스님의 작은아버지 역시 자신
의 식솔들이 많았지만 조카인 '소년 재철'에 대한 보살핌이 각별
했다. 할머니는 이런 재철에 대한 각별한 애정을 쏟았다. 임준문
씨는 기억을 되살려 귀한 이야기를 해 주었다.

　"스님의 작은아버지는 동네의 유지였어요. 선두리를 오고 가

는 배편이 일곱 척이나 있었고, 배표를 파는 대리점 역할을 해서 수입도 적잖았어요. 배표를 파는 옆에 조그마한 가게도 열었는데 제가 점원으로 일했어요. 할머니는 장손인 재철이 형님에 대해 더욱 신경을 쓰고 있음을 느낄 수 있었어요. 육상교통이 없었던 시절이라 배들이 드나드는 선두리는 해상교통의 요지였어요. 그래도 배를 접안할 곳이 없어 종선從船(큰 배에 딸려있는 작은 배)으로 손님을 실어 날랐어요. 명절 때는 일이 바빠 스님도 허드렛일을 돕곤 했어요."

세 살 때 아버지를 여의고 자란 법정 스님은 '선두리 아이 박재철'로 할머니의 손에 의해 자랐다. 여느 시골 소년들이 다 그러했듯이 바다를 옆에 끼고 살아서 수영도 자연스럽게 배우기도 했다. 산으로 바다로 다니며 뛰놀던 아이였다. 법정 스님의 사촌 동생인 박성직 거사[9]는 이런 일도 있었다고 했다.

"저는 어린 시절이라 현장에 있지는 않았는데 선두리 마을 앞 바다에서 재철이 형님이 바다에서 수영을 하다가 물살에 휩쓸려 사경을 헤맨 적도 있었다고 해요. 물에서 건져 냈을 때는 숨을 쉬고 있지 않아서 죽을 줄 알고 거적을 덮어 놓았는데, 갑자기 막혔던 기도가 뚫려 숨을 쉬면서 기적적으로 살아났다고 했어요."

박성직 거사는 법정 스님의 편지글을 엮은 책 『마음하는 아우

법정 스님 할머니 김금옥 여사.

야!』라는 책에서 1958년 8월 9일 편지 중 "해질녘의 호수처럼
잔잔한 고향의 '앞바다 양(양도)'에게 안부 전하여라"라는 글귀
를 소개한다. 여기에 대한 부연설명을 하며 법정 스님과 함께 보
냈던 어린 시절을 회고하고 있다.

　"형님, 우수영 양도 앞바다에 떠 있는 '양도섬'의 청송靑松 ……
기억하시지요. 만선을 한 돛단배가 섬 앞을 지나 포구로 돌아올
때면 푸른 바다와 노을진 하늘이 함께 어우러져 말할 수 없이 아
름다웠지요."

　박 거사도 유년 시절부터 출가 전까지 함께 했던 사실을 밝혔다.

어릴적 법정 스님(좌)과 사촌 동생 박성직 거사.(우)

"저는 할머니 방에서 재철이 형님(법정 스님)과 할머니랑 방을 같이 썼어요. 어릴 때부터 중학교 때 스님이 출가하기 전까지 같이 생활했어요."

박 거사는 법정 스님이 어릴 때부터 책을 가까이했다고 회고했다.

"제가 어릴 때 할머니와 스님, 그리고 저 이렇게 셋이서 한 방을 사용했습니다. 그때 스님은 새벽이면 일어나 촛불을 켜고 책을 읽거나 공부를 했지요. 책을 손에 달고 다닐 정도로 좋아했고 어쩌다 용돈이라도 생기면 꼭 책을 사서 보셨습니다."

법정 스님에게서 어머니 김인엽 여사는 참으로 마음아픈 존재였다. 유년 시절 스님의 어머니는 남편을 잃고 집을 떠나 살았다. 그 사이에 이부 여동생도 있는 것으로 알려져 있다. 일찍이 아버지를 여의고 어머니와 떨어져 살았던 관계로 법정 스님은 할머니 김금옥 여사의 집에서 작은아버지 박인배 거사의 보살핌을 받고 살았다. 방도 할머니와 사촌 동생인 박성직 거사와 함께 사용했다. 법정 스님이 할머니를 어머니보다 더 따른 것은 이러한 환경에서 기인한 것으로 보인다.

'어린이 박재철'은 사색을 먹고 사는 운수납자처럼 그의 마음은 '텅빈 공터'일 때가 많았다. 그럴수록 할머니의 '장손 재철'에 대한 보살핌은 각별했을 것으로 보인다. 서울 정릉에 사는 사촌 동생 박성직 거사의 회고다.

"할머니의 후덕한 성품 덕에 우리 집은 늘 사람들이 북적거리곤 하였습니다. 할머니는 누구보다 스님께 각별한 애정을 쏟으셨는데 어릴 때 일찍 아버지를 여읜 스님을 안쓰러워 하셨어요."

법정 스님은 할머니와 작은아버지 박인배 거사의 '각별함'으로 목포로 유학까지 갈 수 있었다. 작은아버지의 살림살이가 부족하지 않았다고 하지만 조카를 선뜻 도시로 공부시키러 보내는 일은 선두리 마을에서도 쉽지않은 일이었다. 당시 선두리 마

선두리 산등성이에서 본 울돌목과 양도섬.

을에서 목포로 유학을 떠난 학생은 법정 스님이 유일했다. 여기에는 소년 재철의 비범한 공부재능과 작은아버지와 할머니의 적극적인 배려가 한몫을 차지했을 것이다.

'박재철'은 똑똑하면서도 생각이 많은 아이였다. 어린 시절부터 책을 가까이하며 선두리 마을에서는 독보적인 우등생이었다. 이런 모습을 할머니와 작은아버지는 보면서 '장차 박씨 집안의 기둥'이 될 것임을 예감하고 과감하게 대처(목포)로 보내 유학까지 시키겠다는 마음을 낸 것으로 보인다. 1989년에 출간한 『텅빈충만』에서 법정 스님은 어린 시절을 회고하고 있다.

"생일 축하 카드 속에 든 할머니 이야기를 읽으면서 내 유년 시절 일이 문득 떠올랐다. 나도 육친 중에서 가장 가까운 분이 할머니였다. 할머니의 팔베개를 베고 옛날 옛적의 이야기를 들으면서 유년 시절의 꿈을 키워갔었다. 그 옛날이야기에 나오는 무서움 때문에 밤의 변소 길에는 반드시 할머니를 뒤따르게 했었다. 예전 시골집은 변소와 사돈네 집이 멀리 떨어져 있기 때문이다. 내 생일날이면 할머니께서 몸소 방 윗목에 정갈한 짚을 깔아 그 위에 정화수와 음식을 담은 상을 차려놓고 손을 싹싹 비비면서 축원을 하셨다. '몇 살 난 어디 성씨 우리 아무개 남의 눈에 잎이 되고 꽃이 되어 무병장수하고…, 일당백으로 총명하고 영특해서…' 아직도 내 기억에 남은 축원의 낱말들이다."

선두리에 위치한 우수영국민학교(현 초등학교)에 입학했을 때 할머니를 따라 상회에 들어가 경품으로 원고지를 뽑은 기억도 회상하고 있다.

"어느 해 생일날(초등학교에 들어가던 해로 기억된다) 무슨 상회인가 하는 옷가게로 내가 입을 옷을 사러 할머니를 따라갔었다. 그 가게에서는 물건을 사면 경품을 뽑게 하여 사는 물건 외에 무엇인가를 곁들여 주었다. 할머니는 나더러 경품을 뽑게 했다. 내가 이 세상에 태어나 처음으로 뽑는 경품이었다. 경품의 내용은 지금 책상 위에서 빈칸을 메우고 있는 이런 원고지 한 권이었다. 최초로 뽑은 경품이 원고지였다니. 내 생애와 원고지가 무슨 인연이 있는 것인지 그때는 전혀 알 수 없었다. 요즘에 와서 생각해 보면 그때 그 일이 어떤 암시처럼 여겨진다."

바닷가 소년의 깊은 사색에는 암울한 시대적 배경도 영향이 있었던 것으로 본다. 일제강점기였던 유년 시절은 나라 잃은 백성이 설움을 안고 살아가던 시대였다. 소설가 정찬주 씨는 『소설 무소유』와 『법정 스님의 뒷모습』 등에서 초등학교 5학년 시절 목포에서 온 담임선생이 일본말을 하고 학생들에게 일본말을 강요한 일로 무지몽매한 폭행을 당한 일을 쓰기도 했다.

어린 시절 등대지기가 되고 싶어 했던 소년 박재철은 늘 '새로운 세상'을 동경했고, 그 세상이 있을 것으로 생각했을 것이다. 선두리 마을 건너 양도를 오가며, 그 너머의 진도 울돌목의 세찬 바다를 보며 외부 세상을 동경했다. 어린왕자가 지구별에 왔듯이 현실의 암울함을 떠난 '피안의 평화로운 세계'가 어딘가에 있을 것이라는 상상의 나래를 펼쳤다.

소년 박재철은 새로운 세상에 대한 꿈을 어릴 때는 뒷산에 올라 바다를 바라보며 배가 떠나는 모습을 보며 자신도 곧 배를 타고 선두리를 떠날 것이라는 생각을 하게 된다. 그러고는 자신의 생

법정 스님이 다녔던 선두리 우수영초등학교.

각 깊이를 더하기 위해 책을 가까이한 것으로 보인다. 출가 후 경전을 독파하고, 곧바로 역경하는 스님의 일련의 활동을 보면 출가 전에도 출가 후에도 방대한 독서량이 있었음을 짐작하게 한다.

이순신 장군이 왜적을 격침시켰던 명량 바다의 물살을 바라보며 소년 박재철은 무슨 생각을 했을까? 어린 시절 등대지기를 꿈꿨던 그가 스님이 되리라는 생각을 한 번이라도 했을까? 어린 시절 등대지기의 꿈은 별나라 '어린왕자'가 되고픈 꿈을 꾸었을 것으로 보인다.

해남 선두리 우수영초등학교를 졸업한 박재철은 중학교로 진학할 시기가 됐다. 당시 대부분 가정에서는 중학교에 들어가는 것조차 사치에 가까웠다. 농촌의 어려운 살림살이도 그렇지만 공부해서 무엇이 될 것인가에 대한 희망도 보이지 않는 시대였다. 교육열이 강한 집안이라면 어떻게 해서라도 읍내 중학교에 보내는 정도로 만족하는 게 보통의 가정이었다.

이런 상황에서도 법정 스님은 유학의 길을 걷게 된다. 해남 읍내가 아니라 목포라는 도회지로 말이다. 당시 목포는 해남보다는 더 큰 도시로 전라남도 지역에서 알아주는 교육도시의 역할을 했다. 일제강점기 여파로 항구도시 목포는 경제수탈지로 번성해 남도지방 행정과 교육 문화 등의 중심도시 역할을 했다.

법정 스님의 학창 시절은 목포로 유학해 중학교에 입학한 1947년부터 본격적으로 시작된다. 당시 스님은 불교종립학교인 정광중학교에 입학했다. 1932년생이라는 나이로 따져 보면 중학교 입학 시기는 2년 정도 늦다. 법정 스님과 목포상업학교 동창인 박광순 전남대 명예교수(2021년 6월 19일 작고)가 2017년 발표한 자전에세이 『나의 태평정기』에 다음과 같이 회고한다.

"우리가 만난 것은 대한민국 정부가 수립된 1948년, 목포시 용당동의 목포상업학교(1학년)에서였다. 그는 당시 초등학교를 졸업하고 1년을 쉰 다음에 중학교에 진학하였기 때문에 나보다 한 살 위였다."[10]

1년을 휴학했는지 여부가 궁금해 사촌 동생인 박성직 씨와 고향 후배인 임준문 씨에게 물어봐도 어린 시절의 일이라 기억하지 못했다. 동기동창 친구들은 모두가 고인이 됐다. 지근거리에서 유발상좌로 있었던 정찬주 작가도 휴학한 이야기를 듣지 못했다고 했다. 임준문 씨는 "당시에는 워낙 살림이 어려웠고, 선두리에서 중학교에 입학한 사람은 재철이 형님(법정 스님)이 유일했다."고 증언한 것으로 보아 당시에는 1~2년 쉬는 일은 충분한 개연성이 있어 보였다.

법정 스님 할머니의 장손에 대한 교육열도 목포 유학길에 오르는 데 큰 역할을 한 듯하다. 집안의 장손이기도 한 법정 스님을 번듯하게 공부시켜 출세시키고 싶었던 마음이 컸을 것으로 보인다. 더욱이 아버지를 일찍 여읜 손자에 대한 애틋함도 자리하고 있었을 터였다. 당시는 법정 스님 작은아버지의 사업도 나쁘지 않은 상황이어서 목포로 유학이 결정되지 않았나 추측한다.

항상 외부를 동경하던 소년 박재철은 자신이 원하는대로 고향인 해남 선두리 마을을 떠나 더 큰 세계로 향한다. 정찬주는 『소설 무소유』에서 법정 스님의 목포행을 다음과 같이 묘사하고 있다.

"소년은 보통학교를 졸업하던 해에 등대지기 꿈을 접었다. 등대지기가 아니더라도 집을 떠날 수 있는 길이 생겼다. 할머니가

무소유란
아무것도 갖지 않는다는 것이 아니라
불필요한 것을 갖지 않는다는 뜻이다.
우리가 선택한 맑은 가난은
부보다 훨씬 값지고 고귀한 것이다.

법정 스님 생가터에 세워진 무소유 관련 내용 글과 스님 뒷모습.

작은아버지를 졸라댄데다 작은아버지 역시 공부 잘하는 소년에게 큰 기대를 걸고 목포로 유학을 보내 주었던 것이다. 작은아버지는 선창 매표소에서 배표를 팔아 그나마 형편이 좀 나은 사람이었다. 하늘이 점점 푸른 빛깔로 바뀌었다. 선착장에서 뱃고동 소리가 울렸다. 완도에서 올라온 첫 여객선이 접안하고 있었다. 청년은 손을 들어 불이 꺼진 등대와 작별했다. 등대지기 추억마저 화장하여 재를 뿌리듯 바다에 버렸다. 그렇다고 이루지 못한 꿈의 그림자조차 사라질 것 같지는 않았다. 빗물처럼 어디론가 스며들었다가 어느 날 문득 고독한 인연의 업이 될 터였다."

목포에서 중학교 생활은 단편적 사실만 전할 뿐 상세하게 알

광주 정광중학교. 당시에는 목포에 있었음(좌), 목포상업학교.(현 목상고등학교)(우)

려진 바가 없다. 스님의 행장 소개에는 대부분 목포에 있는 중학교에 입학했다고 전한다. 당시 중학교는 고등학교 과정까지 6년 과정이 통합돼 있었기 때문에 목포상업학교(현 목상고등학교)를 졸업한 스님의 행장으로 소개되고 있다.

법정 스님은 목포에서 정광중학교에 입학해 다녔다. 정광중학교는 불교종립학교인 정광학원에 소속된 학교로 지금은 광주광역시에 위치하고 있지만 당시는 목포에 있었다.

2019년 5월 20일 광주광역시 광산구 소촌로에 위치한 정광중학교를 방문해 취재한 결과 법정 스님의 행적을 확인할 수 있었다. 학교 측은 "법정 스님이 1947년 정광중학교에 입학했으며, 이듬해인 1948년에 학교를 옮겼다."고 확인해 주었다. 이어 5월 30일 SNS로 정광중학교의 자세한 연혁을 보내왔다.

"1946년 1월 10일. 만암(송종헌) 스님 발기로 5대 본사(백양사,

대흥사 대웅보전.

대흥사 부도탑.

대흥사, 선암사, 화엄사, 송광사) 토지 출연(108,876평)으로 법인및중
학교설립 합의. 1946년 3월 1일. 목포시 무안동 3번지 정광사에
서 정광중학교 개교. 1946년 9월 24일 3년제 중학교 인가(중학교
초대 교장 만암 스님 추대)"

　정광중학교는 목포 정광사에서 개교했다는 사실을 확인하고
현재 정광정혜원이 있는 주소(전남 목포시 무안동 3-1)와 비교해
보니 거의 일치했다. 신도로명 주소는 '전남 목포시 영산로 75
번길 3-2'였다.

　이런 관계를 종합해 볼 때 법정 스님은 1946년 정광중학교가
설립된 이듬해인 1947년에 2회생으로 입학해 1948년 목포공
립상업중학교(6년 과정)로 전학을 한 것으로 볼 수 있다. 1948년
정광중학교는 광산군 송정읍 선암리 1번지(현 광주광역시 광산구
송정동)로 이전한다.

　정광중학교 교법사 영일 스님(2019년 당시 직책이었고 2024년 정
광중학교 교장으로 취임)은 "스님이 열반에 들었을 때 학교 차원에
서 동문인 스님을 추모하는 플래카드를 내건 것으로 안다."고
기억했다. 스님은 기억을 더듬어 학교 성적도 상당히 우수했던
것으로 기억한다고 말했다.

　2019년 6월 3일 정광중학교로부터 법정 스님의 학적부도 협

조받았다. 거기에는 스님의 속명 '박재철朴在喆'과 본적 '해남군 문내면 선두리 1076'이 한문으로 적혀있어 법정 스님이 정광중학교 학생이었음을 확인할 수 있었다. 또 '입학 전의 경력란'에 '우수영공립국민학교 고등과 연수年修'라고 명기돼 있었다. 스님의 불교와 인연은 중학교 입학 때부터 시작한 것으로 파악된다.

성적도 우수했다. 또한 중학교 1학년 때인 1947년 재학 시절 성적도 확인됐다. 필자가 불교신문사 기자로 재직하며 쓴 2019년 6월 11일자 인터넷 기사에는 법정 스님 성적표가 공개돼 있는데 국어 98점, 사회생활 98점, 수학 98점, 과학 90점, 체육과학 86점, 실과 88점, 음악 80점, 외국어 100점, 미술 80점 등 성적이 우수했다.

학과개평(성적)도 '우優' 평점을 받았으며, 인물개평(인품) '갑甲', 종합개평(종합평점) '우優' 평점을 받은 수재였다. 특히 초등학교 시절 수학에 대한 흥미를 잃었다고 알려져 있으나 중학교 재학 시절 성적이 98점으로 나와 수학적인 재능도 매우 우수했던 것으로 확인됐다. 1946년 정광중학교가 설립된 것으로 유추해 볼 때 법정 스님은 1947년 2회생으로 입학해 이듬해인 1948년 목포상업학교(제29회생으로 6년 과정)로 전학을 한 것으로 확인된다. 1949년에는 3년제를 분리하여 목포상업고등학교 병설중학교를 개교하였다.[11]

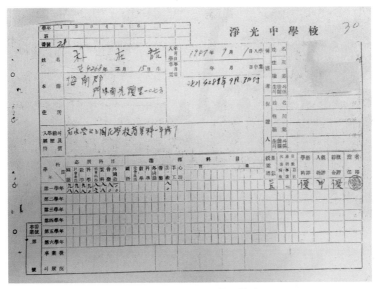

법정 스님이 다녔던 정광중학교 학적부.

　이런 상황으로 보아 법정 스님의 중고등학교 학업 기간은 4년
이다. 6년 과정의 중고등 과정을 4년에 마친 것으로 볼 때 법정
스님(친구인 박광순 교수도 동일)이 공부하던 당시에는 학제개편
과정에서 학업성적이 뛰어나면 월반을 했을 것으로 유추된다.

　학창 시절에는 친구들과 산과 강과 바다로 다니기를 좋아했
던 법정 스님은 주말이면 해남 고향마을로 와서 작은아버지가
운영하는 선두리 여객선 매표소의 일을 돕기도 했다. 해상교역
이 쇠퇴하고 육상교통이 발전함에 따라 작은아버지가 운영하던
여객선 매표소 사업도 쇠락해졌다.

목포 목상고등학교에 세운 법정 스님의 무소유 의자.

하지만 할머니와 작은아버지는 목포에 집을 마련해 주어 법정 스님의 어머니 김인엽은 목포로 올라와 아들의 학업을 뒷바라지할 수 있었다. 목포상업학교에 고등학교 과정으로 올라온 법정은 산과 바다를 다니며 여느 학생들처럼 호연지기를 길렀고, 특별히 산사를 찾아다니며 불교에 대한 관심을 가지기도 했다.

불교종립학교인 정광중학교와 인연을 맺어서인지 법정 스님은 목포에서도 진도 쌍계사, 영암 축성암, 신안 흑산도 등을 순례하며 정신세계를 넓혀간다. 흑산도에서는 당대의 선지식이던 도광 스님과 도천 스님과의 만남도 이루어진다.

법정 스님과 절친했던 박광순 전남대 명예교수는 2010년 3월 19일자 연합뉴스에 학창 시절 사진을 공개하며 "둘이서 주말이면 영암 축성암 암자에 올라 바다를 바라보던 때가 기억난다."
고 회고했다. 박 교수는 2017년 국립목포대학교 인문대학과 도
서문화연구원이 주최한 '인문축제 명사특강'에서 발표한 글에
서 구체적으로 기술하고 있다.

"(법정 스님과) 빼놓을 수 없는 곳이 가재절(축성암, 현 삼호조선소
일대)을 비롯한 산사탐방이 아니었나 생각한다. 주말이면 재철이
와 함께 국도 1호선과 2호선을 연결해 주는 용댕이 나룻배를 타
면 금방 영암 용댕이(용당리)에 내려준다. 거기부터 서쪽(법정 스
님의 고향 방향)으로 한참 걸어가면 염전(후에 목포공항이 됨)이 나오
는데, 늦은 봄철이면 염전가 웅덩이에 노란 송홧가루가 날아와
쌓여 있는 걸 보면서, '아! 올해도 벌써 소금농사의 절반을 넘기
는구나' 하고 속으로 헤아리며 금년 소금농사(실적)는 어떠한지
궁금해 하나의 습관처럼 되었다. 축성암은 해발 100m도 되지
않는 바위산 위에 자리하고 있었는데, 산이라기보다는 하나의
조그마한 곶(갑)이었다. 이 곳의 끝자락과 허사도, 고하도 사이에
는 50m도 채 되지 못하는 좁은 물길이 흐르고 있어 고하도는 연
륙되지 못하고 외로운 섬이 되고 만 것이다. 지금은 다리가 놓여
목포 신항과 삼호조선소, 그리고 해남과 진도를 연결하는 중요한
길목이 되고 있다."[12]

영암 축성암 전경.

　지금은 목포 북항과 고하도를 연결하는 목포대교가 2012년에
개통돼 쉽게 자동차로 축성사에 갈 수 있다. 과거 축성암으로 불
렸던 사찰은 목포항 건너편 전남 영암군 삼호읍 용당리에 위치
한 절로 바닷가 위에 있던 사찰이었으나 삼호조선소 조성단지
로 편입돼 1985년 현재의 위치로 이건돼 축성사가 됐다. 이 과정
에서 마애불도 옮겨와 많은 지역 불자들의 기도처가 되고 있다.

　현재의 축성사 모습을 보기 위해 자동차로 목포대교를 건넜
다. 곧바로 행정구역이 영암군으로 바뀌었고 도로 우측에 축성
사 입간판이 보였다. 널찍한 터에 자리한 축성사는 바닷가 위 사
찰이 아니라 평지에 새로 반듯하게 세워져 있었다. 다만 마애부
처님은 법당 우측 100여 계단을 오른 위쪽에 모셔져 있었다.

영암 축성암 마애불.

축성사 주지스님은 "축성암은 과거 남해바다의 여러 섬을 연결해 오가는 배로 다니던 사찰이었으나 이제는 연륙교가 건설돼 쉽게 다니는 절이 됐다."며 "법정 스님도 이곳 마애불에 기도하며 신앙심을 키웠다니 소중하게 가꿔야겠다는 생각이 든다."고 말했다.

박광순 교수는 명사특강에서 법정 스님과 긴밀했던 관계를 설명했다.

"우리의 산 사랑 바다 사랑은 이곳에서 자라기 시작하여 서쪽으로는 흑산도 홍도에 이르고, 동남쪽으로는 월출산, 두륜산, 달마산으로 번져갔다. 법정은 바다보다 산, 그리고 산사를 특히 좋아하였는데 그런 인연이 마침내는 출가로 이어지게 된 것이 아닌가 짐작된다."

청년기

　법정 스님은 1951년 2년 과정의 '도립목포초급 상과대학'에 입학하며 청년기를 맞이한다. '도립목포초급 상과대학'은 훗날 '전남대학교 상과대학'의 모태가 된다. 이때도 스님은 사찰을 자주 다녔던 것으로 파악된다.

　스님의 저서 『물소리 바람소리』의 「변하지 않는 모습」에는 흑산도를 다녀왔을 때의 일화를 소개하고 있다. 1984년 10월에 쓴 글은 '화엄사 주지 도광 스님 9월 19일 오전 5시 30분 입적. 9월 23일 오전 11시 화엄사에서 장례'라는 전보를 받으면서 과거 회상을 떠올린다.

　"1950년대 초 여름방학의 한때를 흑산도에서 지낸 적이 있었다. 그 무렵에는 흑산도가 관광지로 세상에 알려지기 전이었다. 섬마을의 어려운 생활상을 조사한답시고 여름방학 때마다 친구들과 어울려 그 머나먼 바닷길을 찾아가곤 했었다. 물론 출가

법정 스님이 여행한 당시 흑산도 면소재지 진마을 바닷가.

전의 일. 닷새에 한 번씩, 그것도 날씨가 좋은 날만 가려 목포에
서 떠나는 배편이 있었다. 몇몇 섬을 거쳐 흑산도에 기항하는 정
기 여객선이 다니던 그런 시절이었다. 흑산도에서 다시 서쪽으
로 까마득하게 수평선 위에 떠 있는 홍도에 가려면, 정기적으로
운항하는 배편이 없기 때문에 어선을 빌리거나 아니면 그 섬으
로 돌아가는 배를 기다릴 수밖에 없다. 흑산 본도를 이틀 동안 돌
아보고 나서 우리는 진마을(면소재지) 바닷가 모래톱에서 어정거
리고 있었다. 그때 모래톱에 먹물 옷을 입고 허름한 걸망을 맨 두
스님이 눈에 띄었다.…(중략)…10톤도 안 될 조그만 통통배를 타
고 투표함과 함께 그날 홍도에 간 일행 중에는 그 두 분 스님도
있었다."

여기에 나오는 글처럼 법정 스님은 일찌감치 스님들에 대한 호기심을 보이고 있는 듯하다. 두 스님을 정식으로 대면한 이야기도 한다.

"며칠 후 우리는 흑산도로 나오는 고깃배를 타고 다물도라는 섬에 머물렀는데 그곳에서 다시 두 스님을 만나게 되었다. 반가웠다. 그때 우리는 그 섬의 유지격인 친구집에 묵고 있었는데 그 집 사랑에 스님들도 들게 되었다. 식사 때 보니 깨소금과 장만을 찬으로 맨밥을 먹는 걸 보고, 우리는 부끄럽게 생각했었다. 목포로 나올 때도 스님들과 같은 배를 타게 되었다. 배 위에서 우리는 불교의 수도생활에 대해서 여러 가지로 물었던 것 같다. 목포에 내려 부둣가에서 헤어질 때는 서운해 했었다. 그 후 절에 들어와 살게 되었을 때, 지금은 그 장소를 잊었지만 어디선가 그 두 스님을 다시 만났을 때 나는 얼마나 반가웠는지 몰랐다. 섬에서 있었던 이야기를 했더니 두 스님들도 아주 반겨주었다. 이런 지나간 생각을 하면서 화엄사에 다다르니 감회가 무량하지 않을 수 없었다. 그중 한 분이 이번에 불의에 입적한 도광 스님, 다른 한 분은 진산(금산군 진산면 대둔산) 태고사에 계시는 도천 스님이다."

법정 스님은 도광 스님과 도천 스님에 대한 존경심을 오랫동

청년 시절 법정 스님이 여행했던 흑산도 항구.

안 간직하고 있었다. 그의 저서 『물소리 바람소리』에서도 "이 두 스님은 처음 뵈었을 때나 지금이나 조금도 달라진 데가 없이 30여 년 전 모습 그대로라는 인생이 내게는 간직되어 있다"면서 "수행자가 변하지 않는 모습을 지닌다는 것은 투철한 자기 질서 없이는 불가능한 일이다. 격변하는 세월 속에서 시류에 때묻지 않고 소탈하면서도 꿋꿋하게 자기 분수와 자기 자리를 한결같이 지키기란 결코 쉬운 일이 아니다. 오늘 우리들이 본받아야 할 수행자의 상像이 아닐까 싶다"라고 기록하고 있다.

법정 스님의 여정을 따라 2019년 6월 24일 흑산도를 찾았다. 항구는 변했고, 배편도 쾌속정이었지만 물길은 똑같았다. 매물도를 스쳐 흑산도에 내려 해안도로를 따라 법정 스님 일행이 머

흑산도 철새박물관에 법정 스님과 관련한 전시물.

물렀던 면사무소 진마을(진리, 진말)을 찾았다. 과거 사진에 나오는 고운 모래톱은 아니지만 자갈이 섞인 모래톱이 파도를 맞이하고 있었다.

흑산도 일주를 안내하는 택시 기사에게 진마을과 법정 스님과의 인연을 전해주며 '흑산도 안내할 때 활용하시라'고 부언했다. 법정 스님이 흑산도에 왔다는 소식을 처음 접한 그는 놀라운 사실을 알았다는 듯 고개를 끄덕였다. 흑산도를 나오는 뱃머리에 서서 물보라 일으키며 멀어지는 흑산도를 보며 '청년 박재철'의 마음이 되어 보았다. 이미 그의 뇌리에는 삭발염의한 출가수행자의 모습이 아른거리고 있었음이 느껴졌다.

2022년 흑산도를 다시 찾았을 때 법정 스님이 다녀갔던 진리에는 '신안철새박물관'이 건립돼 있었다. 여기에는 법정 스님이 다녀가면서 채집해 방생했다고 전하는 동박새 사진과 불교신문에 게재했던 법정 스님의 기사가 전시돼 있었다.

목포초급 상과대학에 입학한 법정 스님은 심도 깊은 학문을 접했던 사실이 확인된다. 스님의 친구인 박광순 교수는 법정 스님과 학창 시절을 회고한다.

"이제 와 돌이켜보니 그와의 우정은 중학교 시절에 싹이 터 초급대학 시절에 꽃이 피고 대학에 올라오면서 익은 것으로 회상된다. 초급대학의 교과편성은 대학 예과(예비과)의 그것과 비슷했다. 전공과목보다는 교양과목에 더 큰 비중이 주어져, 우리는 논리학, 철학개론, 윤리학개론, 문학개론은 물론 『채근담』과 같은 고전도 배웠다. 영어, 독일어, 불어와 같은 외국어도 소홀하지 않았다. 일본어는 특별히 개설되어 있지 않았지만, 당시 대학생들은 이미 초등학교에서 기초를 익혀 온 터라서 그 후에 조금만 자득하는 일에 힘을 쏟은 학생이라면 교양서적을 읽는 데는 별로 큰 곤란을 느끼지 않았다."[13]

법정 스님은 6·25의 전화戰禍가 채 가시지 않은 시절에도 학구열에 불타서 독서에 심취해 있었던 것으로 확인된다. 모든 게 귀하고 얻기 어려운 시절이라 책도 예외가 아니었다. 박광순 교수는 이런 상황을 구체적으로 회고한다.

"고서점을 통해 어렵사리 책(대부분 일어책)을 구하게 되면 돌려가면서 읽었는데 그 책들은 아직 전재戰災의 후유가 채 가시지 않은 서울에 도강증渡江證을 소지한 서적상들이 결사적으로 들어가 길거리에서 휴지값으로 거래되는 책들을 긁어모아 온 것들이었다. 그 덕에 시골에 사는 우리도 필요한 책들을 다소나마 구할 수 있었으니 지금 생각하면 그분들에게 고마운 생각이 절로 난다."14

법정 스님은 학창 시절 문학과 철학에 관심이 많았다. 이 내용 역시 박광순 교수의 회고록에서 보인다.

"우리는 일어로 된 학생총서를 비롯한 철학, 문학, 역사, 위인전을 즐겨 읽었는데 법정은 문학서와 철학서를 탐독했던 것으로 기억된다. 법정 스님의 뛰어난 문장력과 깊이 사색하는 습관은 이미 이때에 다듬어진 것이 아닐까? 전시이지만 우리는 명색이

대학생이라고 해서 머리도 길렀고, 학교생활도 매우 자유로웠다. 읽고 싶은 책은 마르크스의 저서들을 포함해서 무엇이든 읽을 수 있었고, 극장이나 술집의 출입에도 제약이 없었다."[15]

초급대학 시절 법정 스님은 자유로운 분위기 속에 다양한 사상을 접했던 것으로 보인다. 초급대학 2학년을 마친 법정 스님은 1953년에 전남대학교 상과대학(도립목포상과대학)에 진학했다. 목포에 위치했던 전남대학교 상과대학은 스님이 입학하기 1년 전인 1952년에는 도립목포상과대학이었는데 훗날 광주에 있는 의과대학, 농과대학, 공과대학, 문리과대학 등과 합쳐져 종합대학인 국립전남대학교로 승격[16]했다. 전남대학교 상과대학에 입학한 법정 스님의 2년 동안의 수업과정은 초급대학에서 배운 과목의 복습판이었다. 시간의 여유가 생기게 되자 법정 스님은 근교의 사찰을 자주 찾았고 친구들과 멀리 흑산도와 홍도로 여행을 하기도 했다.

요즘은 쾌속선이 있어 목포에서 홍도까지는 하루에도 드나들 수 있다. 하지만 법정 스님의 학창 시절 당시는 쾌속선은 물론 정기여객선마저 없었기 때문에 보통 사람들은 홍도 여행을 할 생각도 할 수 없었다. 다행히 스님은 대학교 친구가 그곳에 살고 있어서 갈 수 있었다고 한다. 박 교수의 이야기를 더 살펴보자.

"1950년대 초 홍도는 참으로 아름답고 고요한 청정지역이었다. 물 밑 수십 미터 아래 조약돌이 수놓은 모자이크를 보지 않고서 '맑다'는 낱말을 함부로 사용하는 것은 언어의 남용이 아닐까 싶을 정도였다. 법정이 훗날 지향한 '맑고 향기롭게'의 '맑고'는 그때 그의 머리와 가슴에 새겨진 이미지가 작용한 게 아니었을까 하는 생각을 요즘도 혼자서 해 보며 미소를 짓곤 한다."[17]

학창 시절 법정 스님은 '청산靑山'이라는 호를 쓴 것으로 확인된다. 친구 박광순 교수는 "우수영을 가본 사람이면 알 수 있듯이 그 주변에는 큰 산이 없다. 그 반작용으로 그는 청산을 그리워하게 되었고 그리하여 학생 시절에는 자신의 호를 '청산'이라 지은 적도 있었다."[18]고 기록하고 있다.

법정 스님은 목포에서 공부하던 학창 시절 학문에 매진하며 고향을 자주 찾았으며 춘원 이광수의 소설을 빠짐없이 읽었다. 남교동 인근 지역인 목포역 인근 서점도 찾아 소설책을 즐겨 읽었다. 박광순 교수는 "특히 재철이는 춘원(이광수)의 책은 빠짐없이 독파하면서 문재文才를 닦고 있었다. 그 책들은 주로 '판자집 대본점'에서 빌려 읽었다. 속칭 '하꼬방 대본집'은 한 평 반 정도의 좁은 공간에 헌책(주로 소설책)을 진열해 놓고 1주야(24시간)에 얼마 하는 식으로 대본료를 받고 빌려주는 이동식 간이서

점이었다. 목포에는 역전파출소 근방을 비롯해서 몇 군데 있었는데 고객은 주로 학생들이었다."[19]고 기억했다. 이곳에는 훗날 우리나라 대형출판사의 하나로 성장한 '삼성출판사'의 창업주도 있었다고 한다.

목포에 위치한 정광정혜원은 법정 스님이 불교와 인연을 맺은 중요한 사찰이다. 기록으로 볼 때 정광중학교 입학 당시에 이미 법정 스님은 정광정혜원의 존재를 알았을 것이다. 하지만 그곳에 드나들 정도로 인연이 있지는 않았을 듯하다. 정광정혜원은 1917년 일본인 도현 스님이 홍선사라는 이름으로 창건한 사찰이다. 광복 후 만암 스님이 사찰명을 정광정혜원으로 바꾸어 현재 대한불교조계종 백양사에 등록되어 있다.[20]

정광정혜원은 법정 스님이 대성동에 집을 마련해 어머니와 함께 살면서 자주 스쳐 지났던 곳이기도 하다. 목포상업학교가 6·25 한국전쟁으로 소실되자 교사를 대성동의 '구니다께농장 國武農場' 사무실(목조 2층집)로 이전했고, 1952년에는 교사를 유달동의 일본 신사 자리에 목조건물을 지어 옮기자 스님은 대성동-양동-남교동 서점거리-측후동 언덕길(우측에 정광정혜원이 자리함)-유달산 입구-서남쪽 시장관사 근방에 위치한 초급대학을 다녔다. 그해 법정 스님은 심한 폐렴을 앓기도 했는데 아침저녁으로 정광정혜원을 지나치며 정광중학교가 있었던 사

출가 후 목포 정광정혜원에 선 법정 스님.

찰에 대한 추억을 떠올렸을 것으로 본다.

정광정혜원과 깊은 인연을 맺은 시기는 법정 스님이 대학교 3학년 휴학 중이던 시기(1955년)다. 당시 불교계는 대대적인 불교정화 운동이 전국을 강타하던 시기였다. 1954년 5월 21일, 이승만 대통령이 '왜색승 추방을 요지로 하는 불교정화에 관한 담화문'을 발표한다. 이듬해인 1955년 8월에 '전국승려대회'가 개최되었고 불교정화의 바람은 목포에도 들이닥쳤다. 그 본거지

1956년 정광정혜원을 방문한 친구들과 함께 한 법정 스님. (뒷줄 우측에서 두번째)

가 측후동에 위치한 정광정혜원이었다.[21]

　이런 상황에서 법정 스님은 우연한 기회에 정광정혜원에 기거하는 인연을 맺는다. 박광순 교수는 "목포지역 신도회 회장이 친구의 이모였는데 그분의 권유로 법정 스님은 정혜원으로 가서 잡무를 맡게 되었다."고 밝히고 있다.[22]

　전쟁 이후 어렵던 시절에 학업에 매진했던 법정 스님의 생활은 곤궁하기 그지없었다. 작은아버지가 학비를 지원해 준다고

법정 스님 대학 시절 친구들과 함께 흑산도 여행.(맨 우측)

해도 넉넉할 수 없었다. 그래서 틈만 나면 아르바이트를 해서 용
돈을 벌어 쓰기도 했다. 법정 스님의 유발제자인 작가 정찬주가
들려준 바에 따르면 인쇄소에서 일한 적도 있었다고 했다. 그런
이유로 법정 스님은 "내가 그런 인연이 이어져 책을 출판하는
것이 아닌가"라는 말을 하기도 했다.[23]

　법정 스님의 친구인 박광순 교수가 쓴 『나의 태평정기』라는
책에서 1955년 가을에 쓴 내용으로 추측된다.

　"대학교 2년까지 우리는 어려운 환경 속에서도 그런대로 대학
　생활을 즐길 수 있었다. 하지만 3학년에 올라오면서 문제가 발생

청년 시절 법정 스님.(박재철)

했다. 재철이가 갑자기 휴학을 하겠다는 것이다. 이유는 간단하
다. 학자금 조달의 어려움. 이 소식을 듣고 '푸른 별'(재철이가 지은
모임의 명칭. 나이 들면서 '여수회'로 개칭하였음)의 친구들이 십시일반
돈을 모아 3학년 1학기는 등록을 해서 학교를 계속 다닐 수 있었
다. 그러나 다음 학기에는 본인이 완강하게 거부해서 어찌할 도
리가 없었다. 그러나 이번에는 쉬어도 다음 학기에는 반드시 복
학하겠다는 다짐(?)을 받고 우리는 그 휴학을 더 이상 말리지 않
았다. 아니, 말릴 수가 없다는 게 더 정확한 표현일 것이다."[24]

목포 정광정혜원에 머물며 어렵게 학업을 계속하던 법정의

법정 스님(앞줄 맨 우측)의 청년 시절 여수회 친구들.

휴학은 출가로 이어졌다. 박 교수는 자신의 글에서 당시 불교계에 불어 닥친 정화운동에 대해 자세하게 기술하고 있다.

많은 이들이 아는 바와 같이 1955년 8월부터 11월은 한국 불교계에 미증유의 대 격동이 몰아친 시기였다. 1954년 5월 21일, 이승만 대통령의 이른바 '왜색 중 추방을 요지로 하는 불교정화에 관한 담화문' 발표를 계기로 시작된 정화운동이 1년여 동안이나 지지부진하다가 1955년 8월의 '전국승려(비구·비구니)대회'를 계기로 본격화되었기 때문이다. 이러한 정화의 바람이 목포 지방에 미치기 시작한 것은 1955년 초가을 들어서였다.

당시 목포지역의 정화운동본부는 측후동의 정혜원이었다. 정화운동의 어려움 중 하나는 인력부족이라고 들었다. 스님은 물론, 스님들을 뒷바라지할 일손도 절대로 부족했다고 한다. 마침 당시 목포지역의 신도회 회장이 친구의 이모였는데, 그분의 권유로 법정은 정혜원으로 가서 잡무를 맡게 된 것이다. 처음 그러한 제의를 받았을 때 그는 일종의 아르바이트로 생각하고 응했던 것으로 들었다. 그러나 하루 이틀 절에 머무는 시간이 길어지면서 그의 생각은 차츰 달라져 갔다. 근묵자흑近墨者黑이라는 말이 이 경우에 알맞은 표현이 될지는 모르겠으나, 매일 스님들을 대하게 되니 그쪽 세계에 대한 이해가 깊어지면서 마침내 출가를 결심하게 된 것으로 짐작된다.

위대한 출가

1955년 겨울의 입로에 출가를 결행한 법정 스님은 오대산으로 가기 위해 목포역에서 기차에 몸을 싣는다. 출가에 대한 다양한 이야기가 많지만 출가 동기에는 복합적인 이유가 있었을 것으로 본다.

우선 친구인 박광순 전남대 명예교수는 한국전쟁의 전화로 인해 폐허가 된 국내정세에서 젊은 청년들이 겪어야만 했던 미래에 대한 참담함도 법정 스님은 예외가 아니었을 것으로 판단했다. 이런 와중에 불교에 심취해 있었던 스님은 전쟁의 참화 속에 세상의 무상함을 온몸으로 체험했을 것으로 본다.

출가의 결심을 굳히게 된 줄탁동시啐啄同時의 인연은 스님이 목포 정광정혜원에서 생활한 것으로 보인다. 그곳에서 법정 스님은 여러 인연을 만났을 것으로 추측된다. 그 중 한 명이 고은 시인(당시 일초 스님)이다. 고은 시인이 증언한 내용은 2013년과 2015년, 2017년의 〈불교신문〉 인터뷰기사에 실려 있다.

2013년 1월 31일 기사에서 고은 시인은 "내가 먼저 출가해 구산 스님과 목포에 포교(강연)를 나가기도 했어. 그때 포교를 하면 극장이 가득차곤 했어. 거기서 '불교와 실존주의'를 주제로 강연을 하기도 했는데 그곳에 법정 스님도 있었어. 당시 스님은 대학생이었는데 집이 땅끝 해남이라 사찰에서 머물면서 공부를 하고 있었어. 법정 스님과도 불교에 대해 진지한 이야기를 나눴지. 나머지는 더 이상 묻지 마."라고 밝혔다. 더 이상 묻지 말라는 말은 출가사문 시절 사제(동생격)이지만 시대를 이끌었던 선지식에 대한 예의의 표현이었다.

2015년 1월 19일 기사에 고은 시인은 "정화운동을 하다가 한 번은 목포에서 강연회를 가졌는데, 당시 주제가 '각존과 실존'이었어. 젊은 중이 사르트르의 실존주의를 들먹이며 불교 이론을 설명하자, 난리가 났지. 청년들이 앞다퉈 강연을 들었어. 법정 스님도 그때 강연을 들은 인연으로 출가로 이어졌어."[25]라고 회고하였다. 2017년 5월 16일자 〈불교신문〉 기사에서는 제법 길게 언급하고 있다.

"목포 정혜사에 한때 체류하며 목포극장에서 '각존과 실존' 강연을 했습니다. 그때 목포의 청년 지식인 대학생들이 나의 주위에 마구 떼거리로 모여들었습니다. 그중의 하나가 목포상과대학

목포 유달산에서 바라본 삼학도.

을 중퇴한 박재철입니다. 그는 해남 우수영이 고향인데 목포시 내에 숙식할 곳이 없었습니다. 그래서 내가 절에서 숙식할 수 있는 청년학생회 총무를 맡게 해서 함께 있었습니다. 그러다 입산 출가를 결심하도록 이끌었습니다. 오대산으로 갈까 하다 내 사제 일관(박완일)이 통영 미래사로 가는 길에 그를 데리고 가게 되었습니다. 내 영향을 많이 받던 시절입니다. 그 뒤 미래사에서 함께 지내다 그는 초발심자경문을 익히고 곧 행자에서 사미계를 받았습니다. 효봉 문중의 일원이 된 것이지요."26

법정 스님은 『버리고 떠나기』 책 가운데 「아직 끝나지 않은 출가」라는 글에서 자신의 출가 인연을 언급한다.

"이 땅에 태어난 사람이면 누구나 그랬듯이 한 핏줄 같은 이웃
끼리 총부리를 마주대고 미쳐 날뛰던 동족상잔인 6·25 동란의
소용돌이 속에서 인간존재에 대한 물음 앞에 마주 서지 않을 수
없었다. 사상과 이념이 무엇이기에 같은 형제와 겨레끼리 물고
뜯기며 피를 흘려야 하는지 어린 나이로서는 도무지 이해할 수
가 없었다. 한창 감수성이 예민한 학창 시절에 밤을 새워가면서
묻고 또 물으면서 고뇌와 방황의 한 시절을 보냈다. …(중략)…
스물네 살 때 마침내 입산 출가를 결심하고 싸락눈이 내리는 어
느 날 집을 나왔다. 집을 나온 그때의 심경은 그 어디에도 매이지
않는 자유인이 되고 싶은 마음뿐이었다. 휴전이 되어 포로송환
이 있을 때 남쪽도 북쪽도 마다하고 제3국을 선택, 한반도를 떠
나간 사람들의 바로 그런 심정이었다."[27]

맨 처음 법정 스님은 출가를 결행하며 오대산으로 가기로 마
음먹은 것으로 보인다. 왜 오대산으로 출가하려 했는지에 대해
법정 스님은 그의 저서에서 "고향으로부터 멀리 떨어진(곳)"[28]이
라고 언급하고 있다. 스님은 출가는 깊은 산중으로 하는 것으로
생각했고 그중의 한 곳이 오대산 월정사가 아니었나 생각된다.

출가하기 위해 잠시 머물렀던 서울 종로 대각사.

이에 대해 홍정근 (사)맑고 향기롭게 사무국장은 "스님이 오대
산으로 가려고 한 이유는 고향에서 멀기도 했고, 그곳에 주석하
고 계셨던 탄허 스님과 같은 선지식의 가르침을 배우기 위해서
였을 것으로 본다."고 말했다.

서울행 기차에 오른 법정 스님은 서울역에 내려서 종로 봉익
동 대각사로 향했다. 그곳에서 하룻밤을 머문 뒤 오대산으로 가
려고 했는데 때마침 그곳에서 월정사 스님을 만난다.

"지금은 월정사에 폭설이 내려서 갈 수 없소. 산길이 뚫릴 때
까지 기다려야 하오."

그 시점에서 법정 스님은 상당히 당혹해한다. 이미 출가할 생

각으로 고향을 떠나온 몸이라 다시 돌아갈 수는 없는 일이었다. 법정 스님은 '아는 스님'의 소개로 효봉 스님을 소개받는다.

법정 스님은 이미 목포 정광정혜원에서 효봉 스님에 대한 이야기를 들었을 것으로 추측된다. 정광정혜원에서 강연을 들었던 일초 스님(고은 시인)의 은사스님이 효봉 스님이었기 때문이다. 대화 속에 자연스럽게 스승의 이야기를 직간접적으로 들었을 것이다. 월정사 스님은 법정 스님에게 효봉 스님이 인근 안국동의 선학원에 주석하고 있으며 그곳에 가면 친견할 수 있다고 귀띔을 해 준다. 법정 스님은 우연인지 필연인지 효봉 스님과 조우하게 된다. 정찬주 소설가는 효봉 스님과 법정 스님과의 만남을 『소설 무소유』에서 드라마틱하게 서술하고 있다.

"시자 스님이 법당문을 열자, 미소를 머금은 효봉 스님이 천천히 걸어 나왔다. 안개 저편에서 산 하나가 나타난 듯했다. 청년은 스님을 본 순간 고압전류에 감전된 것처럼 숨이 막혔다. 기개가 산 같고, 마음이 바다 같은 풍모였다. 자애로우면서도 범접할 수 없는 선풍도골의 모습이었다. 스님은 법당 문턱을 넘으면서 잠시 시자의 부축을 받았다. 청년(법정 스님)을 잠깐 응시하기도 했다. 찰나였지만 이심전심으로 빛살 같은 것이 관통했다."

법정 스님의 수필집『버리고 떠나기』에서도 다음과 같이 술회하고 있다.

"아는 스님의 소개로 선학원에서 효봉 선사를 친견하고 출가의 결심을 말씀드렸다. 내 얼굴을 살펴보고 생년월일을 묻더니 그 자리에서 쾌히 승낙을 하셨다. 그날로 조실방에서 삭발, 먹물옷을 갈아입고 선사께 인사드리자 선뜻 알아보지 못했다. 곁에서 누군가 방금 삭발하고 옷 갈아입은 행자라고 말씀드리니 '허허, 구참舊參 같구나!'라고 하셨다. 구참이란 오래된 중이란 뜻. 삭발하고 먹물 옷으로 갈아입고 나니 훨훨 날듯 어찌나 기분이 좋던지 나는 그길로 밖에 나가 종로통을 한 바퀴 돌았다."

선학원에서 효봉 스님과의 만남은 '청년 박재철'이 '법정 스님'으로 태어나는 시발점이 되었다. 해남 우수영 선두리 마을에서 태어나서 목포에서의 학창 시절을 합해 스물네 살의 '박재철'이라는 삶을 한 다발로 묶어냈다. '청년 박재철'은 어린 시절 바닷가에서 뛰놀던 유년의 추억부터 목포에서 학우들과 어울리며 고락을 같이했던 일들을 삭도에서 잘려나가는 무명초를 따라 마음 한켠에 접었다. 그리고 회색법복에 감겨진 자신의 몸을 바라보며 새로운 삶의 청사진을 비추어 보며 지그시 입술을 깨물

법정 스님이 출가를 위해 효봉 스님을 만났던 서울 종로 선학원.

었을 것이다.

삭발을 끝내자 효봉 스님은 법명을 내렸다.

"오늘부터 너는 '법정法頂'으로 부처님을 시봉하도록 해라."

효봉 스님은 곧바로 법정 스님을 통영 미래사로 내려보냈다. 이렇게 해서 법정 스님의 수행자 생활은 첫걸음을 내딛게 된다. 스님은 출가 후 평생 '법정'이라는 법명을 유지했다. 불교신문과 인연을 맺어 글을 쓸 때 '소소산인笑笑山人' '청안淸眼' 등 필명을 가끔 사용하긴 했지만 스승에게 받은 '법정'이라는 법명으로 생을 일관했다. 법명 앞에 수식여구가 있다면 '비구'라는 용어뿐이었다. '비구 법정比丘 法頂'이라는 법명만으로도 스님은 올곧은 수행

미래사 효봉암지 위에 만들어진 불단.

자의 삶을 세상에 넉넉히 보여주었다.

'청년 박재철'에서 '법정 스님'으로 다시 태어난 스님은 곧바로 통영 미래사로 내려갔다. 은사인 효봉 스님은 철두철미한 수행상의 표상을 보인 선지식으로 보조국사의 정혜결사定慧結社 정신을 이어받아 "큰집이 무너지려 드니 붙들어라"29라고 주창하며 무너져 내리는 한국불교를 부흥시켰다. 서울에서 종단의 뜻있는 여러 스님들과 함께 불교정화를 위해 분주하게 활동하고 있었던 효봉 스님은 법정 스님과 함께 내려오지는 못했지만 '곧 뒤따라 내려가겠노라'는 언지言志를 내렸다.

'절구통 수좌'라는 명성에 걸맞게 그곳에서도 수행처를 찾던 효봉 스님 일행은 미륵도 미륵산의 용화사에 자리를 잡아 정진을 시작했으나 대처승 사찰이었던 그곳이 수행처로는 마땅치 않았다. 열악한 상황에서도 용화사 산내 암자인 도솔암 큰방에 '동방제일선원'을 열었다. 수행정진 의지가 왕성했던 효봉 스님의 제자 구산 스님 일행은 안정적인 수행처를 마련하기 위해 미륵산 북쪽 산기슭에 수행처 미래사를 찾아내 장차 효봉 스님을 모셔 올 요량이었다. 효봉 스님은 구산 스님이 미래사 불사를 완성하자 초대 주지로 임명했다.

1955년 끝자락에 삭발염의한 법정 스님은 미래사에서 행자생활을 시작했다. 그곳에는 효봉 스님의 상좌인 구산 스님이 맞아 주었다. 법정 스님에게는 큰 사형이었다. 효봉 스님은 서울에서 종단정화 불사를 처리하고 법정 스님의 뒤를 따라 미래사로 내려왔다. 효봉 스님은 불교의 구태를 씻어내기 위한 정화불사에 나서고 있었지만 그런 일에 앞서 수행에 진력하는 참 도인이었다. 일제강점기에 평양에서 판사생활을 했다고도 전해지며 서른여덟이라는 적지 않은 나이에 출가수행자가 되어서 부단없는 정진으로 종단어른으로 추앙받기에 충분한 인품을 갖추고 있었다.

훌륭한 스승 아래서 행자생활을 시작한 법정 스님은 당시의 여느 행자들처럼 엄격하게 절집의 생활을 익혀나갔다. 땔나무가

통영 미래사 효봉암지.

부족했던 '법정 행자'는 속가에서도 하지 않았던 노동을 했다. 톱과 낫을 들고 지게를 지고 하루에도 몇 번씩 미륵산을 오르내리며 등짐을 져 날라야 했다고 회고하고 있다.

　"나는 효봉 선사의 거처인 통영 미래사로 내려가 하루에 나무 두 짐씩을 해다가 아궁이마다 군불을 지피는 소임을 보면서 늘 배가 고팠던 시절을 보냈다. 한번은 절 우물을 고치기 위해 필요한 시멘트를 운반하는데, 통영시내에서 겁도 없이 시멘트 두 포를 지게에 지고 용화사까지는 무난히 왔는데 재를 넘기 위해 오르막길을 오르려고 하니 걸음이 떼어지지 않았다. 하는 수 없이 한 포씩 져날랐다. 내 생애에서 등으로 졌던 짐 중에서 가장 무거웠던 짐이다."[30]

수행공동체에서 구성원이 된다는 것은 노동력을 분담해야 하는 것을 의미했다. 절집에 들어온 행자생활은 세속의 묵은 때를 씻어내기 위한 과정이었다. 부지런히 몸을 움직이며 절집의 습속을 몸에 익혀야 했다. 그 엄혹한 과정이 행자생활이고 그 시기에는 노동과 불교공부를 한시도 떼지 않고 해야만 했다.

법정 스님이 출가했던 상황은 한국전쟁이 갓 끝난 때로 사찰이라고 가난함을 떨쳐버릴 수는 없었다. 이러한 상황에서 '행자 법정'의 절집생활은 무척 고달프지 않을 수 없었다. 이러한 상황을 법정은 자신의 저서에서 회고하고 있다.

"중 되러 찾아간 절이 통영 미래사, 집이 낮아 문지방에 연방 머리를 받히면서, 배가 고파서 우물가에 흘린 국숫발도 맛있게 주워 먹던 시절이었다. 행자실에서 딱딱한 목침을 베고 자는데도 일이 고되어 잠이 늘 꿀맛 같던 그런 시절이었다. 그때는 조촐한 선원禪院이었는데, 요즘은 집도 커다랗게 세워졌고 절 분위기

법정 스님이 행자 생활을 시작한 통영 미래사 전경.

도 예전과는 딴판이 되었다."31

출가 후 미래사에서 1955년 겨울을 보낸 법정 스님은 이듬해
인 1956년 여름 거처를 옮긴다. 스승인 효봉 스님을 따라 쌍계
사 탑전에서 본격적으로 스승의 가르침을 받는다. 출가한 통영
미래사에서 스승을 모시고 살았지만 그때는 여러 대중들과 함
께 생활했다. 그곳에서 스승인 효봉 스님은 자신을 찾아오는 많
은 스님과 신도들로 인해 수행의 장애가 있어 상좌이자 시자인
법정 스님을 동행해 이듬해인 1956년 6월 17일 쌍계사 탑전으
로 옮긴다. 수행처를 옮긴 기록은 법정 스님이 동생인 박성직 거

사에게 보낸 편지에 나타나 있다.

"성직아. 그동안 공부 잘 했겠지? 집안도 고루 평안할 것이고.
나는 오늘 이곳 미래사를 떠난다. 스님을 따라 지리산에 있는 조
그막한(조그마한) 암자로 가게 되었다. 나에 대해서는 조금도 걱정
들을 말아주기 바란다. 나는 언제고 잘 있으니까. 할머님, 작은아
버님, 작은어머님, 어머님 너희들 모두 함께 안부 전해드리려. 그
럼 떠날 시간이 가까워 이만 논다. 내가 다시 너를 만날 때는 아무
런 손색도 없는 훌륭한 고등학생이기를 고대한다. 또 그럴 줄 믿고
안심한다. 여름철에 몸조심하고 안녕히. 우리 어머님 말 잘 들어 드
려라. 내 책들 그림들도 다 평안하겠지. 쓸데가 있으면 책장 위에
놓인 신문들 써도 좋다. 하지만 내 냄새를 맡고 싶거든 그대로….

1956. 6. 17.

충무시를 떠나면서 우체국 창가에서 철 쓰다."[32]

행자생활 도중에도 법정 스님은 가족에 대한 염려가 편지글
에 켜켜이 녹아 있다. 사촌 동생인 박성직 거사에게 가족 걱정과
더불어 특별히 어머님을 잘 부탁한다는 내용은 애절해 보이기
까지 한다. 박성직 거사는 법정 스님이 출가한 이후 큰어머니인
법정 스님의 모친 김인엽 여사를 끝까지 서울 관악구 신림동에

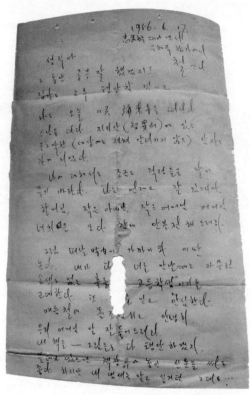
법정 스님이 사촌 동생 박성직에게 보낸 편지.(1956년 6월 17일)

서 함께 모시고 살았으나 1985년 11월 20일(음력) 별세했다. 상
을 당해서도 박 거사는 상주로 장례까지 치렀으며 신림동 인근
암자에서 49재를 올렸으며 그때 법정 스님이 참석했다고 확인
된다.

　법정 스님은 미래사에서 행자생활을 하면서도 한두 편의 편

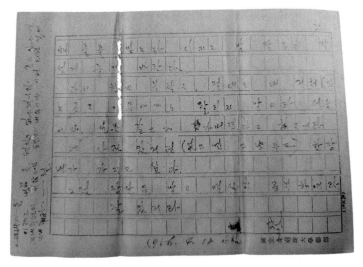

법정 스님이 사촌 동생 박성직에게 보낸 편지.(1956년 4월 12일)

지를 박성직 거사에게 띄운 듯하다. 1956년 4월 12일 보낸 편지
에는 어머니가 하숙생을 받으며 함께 살았던 목포 대성동 집에
대한 상념들이 남아 있었다. 하숙생을 받는 문제며, 스님이 가지
고 있던 책과 그림에 대한 애정도 아직 남아 있음이 보인다. 이
웃에 대한 따스했던 인정도 많았음을 알 수 있다. 그러면서 자신
의 굳은 출가의지에 대한 다짐으로 자신의 거처를 알리지 말아
줄 것을 당부한다.

  "저번 편지에서도 그랬지만 너는 내방에서 공부해야 된다. 학
  생들을 넣더라도 잘 알아보아서 공부 잘하고 착실한 사람을 택

하여라. 내 책들은 잘 있다니 마음 놓인다. 벽에 붙은 그림들(밀레의 '만종')에게도 안부 전해 주라. 복이 어머님께도 안부 전하고 그리고 대균네 형님, 형수 다들 평안하시대? 대균네 형수씨한테 내가 평안하신가 안부 묻더라고 꼭 일러주라. 성직아, 네가 내 대신 어머님의 아들 노릇을 해줄 줄 믿는다. 시키는 말 잘 듣고 잘 섬겨주길 바란다. 다시 한번 부탁은 절대로 내 거처는 아무에게도 알리지 말아라. 서울이나 일본 같은 데 가버렸다고 해 두어라. 철 (법정 스님 속명 박재철의 '철').

1956. 4. 12. 아침"[33]

법정 스님 편지글 끝에는 추신으로 원고지 여백에 "이제는 내게 올 편지도 없으려니와 혹시 있으면 보내주든지 귀찮으면 편지 내용이나 이번처럼 적어 보내줘라."라고 적혀 있어 행자생활 기간에도 가족들의 소식 등 세간의 소식에 관심을 가진 듯하다.

하지만 법정 스님은 이런 세속일은 쌍계사 탑전에서 스승인 효봉 스님을 모시며 본격적인 수행자의 길에 접어들면서 바람에 날려버린 듯하다. 법정 스님은 은사스님 몰래 구례시장에서 『주홍글씨』라는 책을 몰래 사서 읽다가 들켰다고 한다. 이 일화는 정찬주 소설가의 『소설 무소유』에 묘사되어 있다.

"그런가 하면, 구례장을 다녀와서는 책을 태운 일도 있었다. 효봉 스님은 법정이 행자생활을 할 때보다 더 엄했다. 하루는 구례 장터에서 서점에 들렀다가 호손의 『주홍글씨』를 한 권 사서 탑 전으로 돌아와 밤 아홉 시 넘은 취침 시간에 고방庫房으로 들어가 호롱불 밑에서 읽다가 큰스님에게 들켰던 것이다. '세속에 미 련을 두고 그런 것을 보면 출가가 안 되느니라. 당장 태워버려 라.' 법정은 바로 부엌으로 들어가 태워버린다. 좀 아깝다는 생 각이었지만 책이 아궁이 속에서 활활 타고 있는 것을 본 순간 예전에 책 때문에 엎치락뒤치락거렸던 번뇌마저 타버리는 것 같은 느낌이 들었다."

1956년 7월 법정 스님은 사미계를 받고 쌍계사 탑전에서 스 승인 효봉 스님으로부터 『초발심자경문』을 배운다. 『초발심자 경문』은 출가수행자가 갖춰야 할 기본 덕목으로 수행자의 기본 지침서다. 효봉 스님의 가르침을 받는 법정 스님은 쌍계사에서 적잖은 에피소드를 자신의 저서에서 언급한다.

"또 한 번은 이런 일이 있었다. 찬거리가 떨어져 아랫마을에 내 려갔다가 낮 공양 지을 시간이 예정보다 십 분쯤 늦어버렸다. 선 사는 엄숙한 어조로 '오늘은 단식이다. 그렇게 시간관념이 없어서 되겠니?' 하는 것이었다. 선사와 나는 그 시절 아침에는 죽을, 점심에는 밥을 먹고, 오후에는 전혀 먹지 않고 지냈었다. 내 불찰로 인해 노사老師를 굶게 한 가책은 그때뿐 아니라 두고두고 나를 일깨웠다."[34]

법정 스님은 특히 쌍계사 탑전에서의 수행 시절을 의미 있었던 시절로 평가하기도 한다.

"중이 되어 스승을 모시고 처음으로 지낸 곳이 지리산에 있는 하동 쌍계사 탑전, 섬진강 건너 백운산이 아득히 바라보이는 선원이었다. 입선入禪 시간이 되면 방이 비었을 때도 죽비 소리가 저절로 울린다는 그런 곳이었다. 나는 이곳에서 착실한, 아주 착실한 풋중 시절을 보냈다. 지금 돌이켜보아도 맑고 투명한 시절이었다. 한겨울 맨밥에 간장만 먹고 지내면서도 선열禪悅로 충만하던 나날이었다. 오늘과 그 시절을 견주어 볼 때 그때가 A학점이었다면 오늘은 D나 E밖에 안 될 것 같다. 그것도 점수를 후하게 주어서.『화엄경』에 '초발심 때 바로 깨달음에 이른다'는 말은 모든 발심수행자에게 귀감이 될 교훈이다."[35]

쌍계사 탑전에서 법정 스님은 잊을 수 없는 도반을 만난다. 스

법정 스님이 은사 효봉 스님과 함께 정진한 하동 쌍계사 탑전 금당.

님은 자신의 저서 『영혼의 모음』과 『무소유』 두 곳에서 「잊을 수
없는 사람」이라는 주제로 수연 스님에 대해 이야기하고 있다.
수연 스님을 만났을 당시는 은사인 효봉 스님이 네팔에서 열린
세계불교도대회 참석차 출국한 터라 혼자서 동안거를 지내고
있던 시기였다.

　"1956년 겨울, 나는 지리산 쌍계사 탑전에서 혼자 안거를 하
　려고 준비를 하고 있었다. …(중략)… 음력 시월 초순 하동 악양
　이라는 농가에 가서 탁발을 했다. 한 닷새 한 걸로 겨울철 양식이
　되기에는 넉넉했었다. 탁발을 끝내고 돌아오니 텅 비어 있어야

여수 흥국사 일주문.

할 암자에 저녁연기가 피어오르고 있었다. 걸망을 내려놓고 부엌으로 가보았다. 낯선 스님 한 분이 불을 지피고 있었다. 나그네 스님은 누덕누덕 기운 옷에 해맑은 얼굴, 조용한 미소를 머금고 합장을 했다. 그때 그와 나는 결연이 되었던 것이다."[36]

동안거를 같이 보낸 법정 스님은 정월 보름 해제일이 되어 심하게 앓았던 기억과 구례장까지 걸어가서 약을 지어 와 정성껏 보살펴 준 수연 스님과의 인연이 해인사까지 이어져 자비심을 심어준 '진정한 도반'으로 오랫동안 기억했다.

법정 스님이 사촌 동생인 박성직 거사에게 보낸 편지에 따르면 동안거를 나기 전 목포를 다녀오기도 했고, 1956년 11월 동안거는 여수 흥국사에서 시작해 한 달 후 쌍계사 탑전으로 옮긴다.

법정 스님은 쌍계사 탑전에서 1957년 정월 보름 동안거를 해제하고 4월까지 2개월여 동안은 고창 선운사에서 지내기도 한다. 사촌 동생에게 보낸 편지에서는 "지금 이곳은 전라북도 고창군에 있는 선운사라는 절이다. 별로 마음에 흡족치 않아, 다른 곳으로 옮기려던 것이 이제껏 약간의 사정으로 머무르게 되었다."[37]고 이유를 밝히고 있다. 선운사에 잠깐 머물렀던 법정 스님은 1957년 초여름 즈음 해인사로 수행처를 옮겨 고려대장경과 인연을 맺는다.

쌍계사 탑전에서 스승 효봉 스님을 시봉하면서 무소유의 가르침도 체득한 것으로 추측된다. 정찬주 소설가의 저서 『소설 무소유』에서는 효봉 스님의 걸망을 빨려고 하다 헝겊에 싼 비누 조각을 보고 비누조각이 너무 오래돼 거품이 나지 않아 구례장에 가서 새것으로 하나 더 사려다가 효봉 스님으로부터 가르침을 받았다고 전한다.

"중이 하나만 있으면 됐지 왜 두 개를 가지겠느냐. 두 개는 군더더기이니 무소유라 할 수 없느니라."

법정 스님이 강조했던 금싸라기 같은 지혜인 '무소유의 가르

1956년 10월 목포 정혜원에서 친구들과 함께 한 법정 스님.

침'이 보이는 대목이다.

　법정 스님이 1957년부터 머물며 수행했던 해인사는 '비구 법정'으로서 근본을 세운 도량이다. 스님은 『버리고 떠나기』라는 저서의 「아직 끝나지 않은 출가出家」라는 글에서 "나는 아마 전생에도 출가수행자였을 것이다. 이렇게 단정적으로 말할 수 있는 것은 직관적인 인식만이 아니라 금생에 내가 익히면서 받아들이는 일들로 미루어 능히 짐작할 수 있다."라며 출가수행에 대한 이야기를 꺼내며 해인사와의 인연을 설명하고 있다.

"해인사 선원禪院에서 좌선을 익히고 강원講院에서 불교의 경전을 대하면서 한국불교의 현실 앞에 적잖은 갈등과 회의를 지니지 않을 수 없었다. 종교의 본질이 무엇인지 망각한 채 전통과 타성에 젖어 지극히 관념적이고 형식적이며 맹목적인 이런 수도생활에 선뜻 용해되고 싶지 않았다. 아침저녁으로 장경각藏經閣에서 따로 예불을 드리면서 나 자신을 응시하는 일에 힘을 기울였다."

해인사 시절 법정 스님은 선원 조실스님으로 주석했던 금봉錦峰 선사로부터 큰 깨달음을 얻는다. 스님과 함께 조실 방에 들어간 도반스님이 금봉 선사와 나누는 선문답을 곁에서 들었는데 번쩍 귀가 뜨이고 제정신이 돌아왔다고 했다.

"도반이 조실스님께 여쭈었다. '저는 본래면목本來面目 화두話頭를 하는데 의문이 가지 않아 공부가 잘 안 됩니다.' 본래면목이란 부모에게서 낳기 이전 본래의 내 모습은 무엇이냐는 의문. 화두란 참선할 때 끝없이 추구하는 명제다. 이 말을 들은 선사는 즉석에서 다그쳤다. '본래면목은 그만두고 지금 당장의 그대 면목은 어떤 것인가.' 이 법문을 듣고 섬광처럼 부딪혀온 그때의 전율 같은 감흥을 나는 지금도 잊을 수 없다. 나는 더 물을 일이 없었다. 이때부터 좌선하는 일에 재미가 나서 무료하지 않았다. 잔잔한

1958년 해인사 하안거 해제 기념.(맨 뒤 좌측에서 두번째가 법정 스님)

기쁨으로 맑은 정신을 지닐 수 있었다."

법정 스님은 해인사에서 다양한 선지식들을 만났다.

"해인사에 살면서 누린 은혜는 무엇보다도 고마운 스승들을
가까이서 모실 수 있었던 일이다. 그 시절의 주지이신 자운慈雲
율사스님께는 계덕戒德이 무엇이라는 것을 배울 수 있었다. 우리
에게 중노릇 잘하라고 구족계를 일러주신 분도 자운 스님이다.
…(중략)…선원의 유나로 계신 지월指月 스님을 잊을 수 없다. 항
상 간절한 말씀으로 후학들을 일깨워 주셨고, 새파랗게 어린 사

미승한테도 존댓말을 쓰셨다. 스님은 겸손과 하심이 몸에 배어 있었다. 조실스님이 출타하거나 안 계실 때 몇 차례 상당법문을 하셨는데, 늘 한결같은 내용을 똑같은 법문으로 하셨지만 들을 때마다 새롭게 들렸다. 해진 신발을 낱낱이 꿰매 신는 분이었다.”

법정 스님은 해인사에서 강주 명봉明峰 스님으로부터 경전을 배웠다. 운허 스님으로부터는『화엄경』을 배웠다. 운허 스님과의 인연은『불교사전』편찬 일에 동참하는 계기가 됐다. 이후 상경해서 동국역경원 역경위원과 불교신문에 글을 싣는 인연을 맺게 된다. 해인사에서의 대중생활을 통해 많은 것을 배웠지만 공동체 규범을 방해하는 스님을 접하기도 했다. 이는 스님의 저서『텅빈충만』의「가야산 후배들에게」라는 글에 담겨 있다.

“그 시절의 선원은 ‘유이무념위종唯以無念爲宗(오로지 무념으로써 삶의 지표를 삼으라)’의 편액이 붙어 있는 응향각凝香閣(선열당의 전신)인데, 그 한쪽 방에 응선應禪 노스님이 머물고 있었다. 스님은 이따금 별난 짓을 하였다. 세상이 어둡다고 한낮에 등불을 켜고 다니면서 큰방에 들지 않고 깡통을 가지고 후원에서 얻어다 따로 공양을 드는 때도 있었다. 때로는 문짝을 때려 부수기도 하고 아무에게나 마구 욕지거리를 퍼붓기도 하였다. 스님의 웃는 얼굴을 한번도 보지 못했다. 말하자면 대중에서 항상 어깃장만 놓는 괴각乖角 노릇을 하였다. 끝내는 몹시 추운 겨울날 용탑전 아래 골짝에서 굳은 시신으로 발견되었다. 초우를 먹고 자살하신 것이다. 일생괴각 처중무익一生乖角 處衆無益, 평생토록 어깃장만 놓으면 대중에 있어서도 아무 이익이 없다고 한 청매 선사의 교훈이 떠올랐다."

이런 경험으로 인해 법정 스님은 대중생활에 대해 재점검하는 기회를 가진 듯하다.

"수도도량이란 번듯한 건물만으로 이루어지는 것은 아니다. 그 안에 진정한 수도인이 살 때 허물어져 가는 낡은 집에서도 빛이 나는 법이다. 말이 없는 가운데서도 끊임없이 질서와 조화와 덕화를 끼치고 있는 구참久參 수행자가 모여 있는 곳이 좋은 수도도량이다. 항상 온유하고 인자하고 후덕하면서도 수행자로서 깨어 있는 기상을 지닌 경험 많은 수행자를 가까이서 모실 수 있는 것은 두고두고 간직할 출가자의 복이 아닐 수 없다."

"평생토록 어깃장만 놓으면 대중에 있어서 아무 이익이 없다."는 교훈을 간직했던 법정 스님은 홀로 산중에 살면서도 깨어 있는 생각을 평생 간직하며 자신을 돌아보는 수행을 게을리하지 않았나 하는 추측을 해 본다.

법정 스님이 해인사에서 대중생활을 할 때 아주 특별한 인연을 만난다. 불교 신자로 진보적인 인사였던 황산덕 서울대 법대교수[38]였다. 여수 홍국사 주지 명선 스님(법정 스님과 해인강원 3기 동기생, 2023년 입적)은 "황산덕 교수가 해인사를 자주 찾아와 강의를 했으며 법정 스님을 총애하며 사상적으로 영향을 주었다."[39]고 했다.

법정 스님 역시 사촌 동생인 박성직 거사와 나눈 1959년 7월 12일자 편지글 속에는 황산덕 교수와 인연을 기록하고 있다.

"서울대 법대에 계신 황산덕黃山德 교수께서 지난해 여름부터 나에게 사상계지思想界誌를 보내주고 있다. 거기에서 유 선생柳先生[40] 님과 함께 함 선생咸先生[41] 님의 글을 감명 깊게 읽을 수 있었다."[42]

법정 스님은 1958년 해인사 시절부터 사회를 바라보는 진보적인 시각을 갖추어 가기 시작한 것으로 보인다. 법정 스님이 1959년 7월 12일 해인사에서 사촌 동생 박성직 거사에게 보낸 편지글에서는 실천행을 강조하는 글도 보인다.

해인사 시절 일주문 앞에 선 법정 스님.(우측)

"우리들이 훌륭한 사상에 공감하는 것은 누구에게나 있을 수 있는 일이다. 그러나 그를 실생활에 옮기기란 여간 어려운 일이 아니다. 행行이 없는 이론은 공론空論에 지나지 않는다. 남이 행하기 어려운 것을 내가 행하는 데 뛰어난 인생의 보람이 있는 것이다. 성직아! 하나부터 행해라. 네 주위에 있는 일부터 행行으로 옮겨라. 우리 인격수행에는 무엇보다도 실행實行이 기둥이 되어야 할 것이다."[43]

해인사 시절 불국사 방문.(1959년)

　이처럼 법정 스님은 자신이 말하거나 쓴 글에 대해 실천하는 모습을 보여주었기 때문에 많은 대중들로부터 존경을 받을 수 있었다. 해인사에서 학인 시절을 보내고 비구계(구족계)를 받은 법정 스님은 가야산 후배들(학인)에게 당부의 말을 『텅빈충만』의 「가야산 후배들에게」라는 글을 통해 남겼다. 이는 곧 한국불교 교단에 들어와 배우는 수행자들에게 전하는 메시지이기도 하다.

양산 통도사 비구계 수계 법회 기념.(맨 뒤 좌측에서 세번째가 법정 스님)

"학인이란 영원한 구도자다. 단순히 강원에서 글을 배우는 풋
중으로 생각해서는 안 된다. 출가한 지 얼마 안 되었다는 것은
다른 한편 출세간에서 그만큼 오염이 덜 되었다는 뜻이기도 하
다. 자신이 무엇 때문에 출가를 했는지, 출가자는 자신에게 주
어진 나날을 어떻게 살아야 할지, 화두를 챙기듯 때때로 되돌아
볼 줄 알아야 한다. 평생 중노릇을 하는 데에 배우고 익히고 다
지는 기초교육기관이 강원講院이다. 단순히 글 몇 줄 배운 것으로
자족한다면 밥중44에 지나지 않는다. 진정한 학인이라면 먼저 구
도자로서 학구적인 자세부터 갖추어야 한다. 배우는 일에 진지

해인사 시절 법정 스님. (좌측 두번째)

하고 열의 있게 대할 때 학구적인 자세는 저절로 갖추어지게 마
련이다."

또한 법정 스님은 『화엄경』 「입법계품」에 나오는 선재동자 같
은 구도행을 강조하고 있다.

"선재동자가 온갖 어려움을 무릅쓰고 53선지식을 한 사람 한
사람 방문하는 과정에서 그때마다 새로운 자신을 발견하고 구
도의 의미를 다지는 그런 간절한 자세로써 배우고 익히면서 거

해인사 시절 석굴암 방문(1959년)한 법정 스님.(맨 우측)

듭거듭 새롭게 시작할 수 있어야 한다. …(중략)… 경전에 나오는
아난이나 수보리, 사리불이나 가섭존자 등을 부처님 당시에 생
존했던 과거의 인물로만 생각해서는 안 된다. 오늘 내 자신으로
볼 때, 우리가 배우는 경전은 모두 구체적으로 살아 있는 법문으
로 내 앞에 메아리칠 것이다."

법정 스님의 해인사 대중생활은 경전의 가르침, 즉 부처님 법
을 알게 했고 '현전면목現前面目' 화두에 대한 깨침으로 불교수행
의 궁극이 무엇인지를 일깨우게 했다. 출가수행자의 흐트러짐
없는 생활도 해인사 대중생활이 있었기 때문에 가능했을 것으

로 본다.

"한국전쟁의 비극을 경험하고 인간의 선의지善意志와 삶과 죽음에 고뇌하며 진리의 길을 찾아 나섰다. 1956년 효봉 스님을 은사로 사미계를 받은 후 통영 미래사, 지리산 쌍계사 탑전에서 스승을 모시고 정진했다. 이후 해인사 선원과 강원에서 수행자의 기초를 다지고 1959년 3월 자운 율사를 계사로 비구계를 받았다."[45]

1959년 3월 비구계 수지에 이어 다음 달인 4월 15일 해인사 강원을 졸업한다.

원고지와 인연을 맺다

　한글로 된 우리나라 최초의 불교사전이 1961년 운허 스님의 진두지휘 아래 만들어졌다. 법정 스님은 한국불교사의 한 페이지를 장식한 불사에 일원으로 참여했다. 1959년 비구계를 받은 이듬해인 1960년에 부름을 받았다. 이 점으로 미루어 보아 법정 스님은 출가 후 해인사에서 공부하면서 이미 경전공부에 대한 실력을 두루 인정받고 있었다고 볼 수 있다. 1961년 출간된 『불교사전』의 서문에서 당대의 불교학자로 학계의 거목이었던 퇴경 권상로는 다음과 같이 밝히고 있다.

　"시대의 변천은 급속도로 빠르고 인류의 할 일은 무진장으로 많기 때문에, 모든 요구가 더욱 긴급하여서 삼대겁三大劫의 수행을 언제 기다리랴? 입지立地에서 성불하고 싶으며, 팔만법장八萬法藏을 언제 보느냐? 일언一言에 돈오頓悟하기를 바라고, 십만 억 국토를 어떻게 가느냐? 일념에 횡초橫超하려는 것이 무리한 것이 아니다. 불교는 원래 인도의 말로 된 것을 지나支那(중국)의 글로 번역한 것이라 표음문자表音文字가 육서六書로 변하는 바람에 한번 어려워지고, 우리는 다시 어려운 한문을 거쳐 원어인 범어를 알게 되니, 글이 어렵고 말이 어렵고 뜻이 깊어서 이중 삼중으로 난관을 거듭하면서 좀처럼 돌파하기가 용이하지 않다. …(중략)… 오늘날 우리의 할 일은 오직 과거 불교에서 고수하던 존엄성을 포기하고 비밀경秘密境을 개방하여 시대와 보조가 맞고 대중과 호흡이 통하여서 광활한 법해法海에 아무나 유희遊戲하고 청정한 불지佛地에 아무나 통행하게 하여서 어려운 경전과 도리를 통속적으로 쉽게 풀어서 일반이 보면 즉각적으로 알게 하자는 것이 오랜 숙원이며 부르짖음이었다. 이것이 우리 교도들의 공통한 지원이지마는 이에 대하여 특별히 노파심老婆心이 간절하고 실천으로 옮긴이는 오직 이 운허耘虛 스님이다."

총무원장이었던 청담 스님도 서문에서 "이번에 운허 스님께서 만드신 이 『불교사전』은 그 대장경을 보는 돋보기인 것이다. 환히 잘 보이기도 하지만, 잘 알아지기도 하는 '돋보기'이다. 참 좋은 '돋보기'로다. 운허 스님 복혜구족하소서, 또한 온 법계 중생으로 더불어."라고 밝히고 있다.

법정 스님은 자신의 저서 『버리고 떠나기』의 「아직 끝나지 않은 출가出家」에서 "통도사에 계신 운허転虚 스님에게서 한 통의 서찰이 왔다. 자금을 댈 시주가 나타나 숙원사업이던 불교사전을 만들까 하는데 통도사에 와서 편찬 일을 도와 줄 수 없겠느냐는 사연이었다. 기꺼이 동참했다. 60년 초봄부터 이듬해 여름 사전이 출간될 때까지 편찬 일을 거들었다. 이 기간에 4·19와 5·16을 겪었다. 이때 운허 스님과 맺은 인연으로 해서 원고지 칸을 메우는 업이 지속되었다."고 밝혔다.

"들어 알았겠지만 지난 이른 봄에 이곳 통도사로 옮겨 왔다. 까닭은 불교사전을 편찬하는데 도와달라는 청을 받고, 지금까지 다른 세 스님과 함께 원고정리에 여념이 없었지. 얼마 전에 원고는 탈고되어 지금은 그 교정을 보고 있다. 수일 안으로 서울에 가서 조판, 인쇄에 착수할 것 같다."[46]

"1960년 통도사에서 불교사전 편찬 작업에 동참하였고, 1967년 서울 봉은사에서 운허 스님과 더불어 불교 경전 번역을 하며, 불교언론인 〈대한불교〉와 〈경향신문〉, 〈조선일보〉 등 서울의 유력 일간신문에서 죽비 같은 글로 신선한 바람을 일으켰다."[47]

운허 스님의 부름을 받아 통도사에서 『불교사전』 편찬불사에

나섰던 법정 스님은 출가 후 처
음 세상 소식을 접하게 되고 관
심도 가지게 된다. 양산 통도사
원통방圓通房에서 『불교사전』
편찬 일을 거들기 시작하면서
법정 스님은 신문을 보고 라

1961년 출간한 최초의 우리말 불교사전.

디오 뉴스를 들었으며 움직이는 세상과 접했다. 1961년 4월 『불
교사전』이 편찬되어 세상에 나오자 편찬자인 운허 스님은 「일
러두는 말」끝 21번 항에 감사한 마음을 다음과 같이 담아냈다.

"이 책을 출판하기로 한 작년 3월부터 오늘까지 1년이 넘는 동
안에 하루같이 꾸준히 도와 준 인환, 법정, 정묵 세 스님과 한 때
한 때씩 수고하여 준 철정, 법안, 관일, 명철 네 스님과, 편찬하고
출판하는 데 물심양면으로 협조하고 성원하여 주신 축산, 자운,
벽안, 월하, 석주, 이불화 여러분과, 이 책 간행에 큰 힘이 되어 준
석 보명일 님과 간행의 동기를 만들어 준 월운 스님에게 지극한
마음으로 감사하는 바이다."

처음 『불교사전』은 법보원이라는 출판사에서 출간되었는데
주소가 서울시 종로구 안국동 40번지인 선학원이었다. 당시 석

불교사전 편찬작업을 한 통도사 원통방.

주 스님이 선학원 이사장을 맡고 있었는데 전남에서 큰 사업을
했던 불자 부부인 이수광과 보명일 보살이 시주금 500만 환을
시주해 출판사를 선학원에 세웠다고 했다.『불교사전』출판을
위해 법정 스님은 통도사에서 1년을 꼬박 보낸 후 서울에 위치
한 선학원도 자주 드나들었다. 그곳에서 법정 스님은 5·16 군사
쿠데타의 피해를 입은 스님을 목격하기도 했다. 출판사 법보원
은 동국역경원 설립의 모태가 됐다. 1964년 동국대학교에 동국
역경원이 설립되고 운허 스님이 역경원장, 석주 스님이 역경부
장에 취임한다. 석주 스님이 살림살이를 맡게 되자『불교사전』
판권을 동국역경원으로 넘긴다.

이미 출가 전 6·25 전쟁의 참화를 눈으로 보았던 법정 스님은 이념갈등에 회의를 가지기도 했다. 그래서 출가할 때 마음은 "그 어디에도 매이지 않는 자유인이 되고 싶은 마음뿐"[48]이라고 했다. 하지만 해인사에서 황산덕 교수의 강의를 들으며 한국 정치상황의 암울함을 간접적으로 느꼈고 『사상계』를 읽으며 조금씩 진보적인 정치관을 가진 듯하다.

　이런 과정을 거치며 소위 세상을 바라보는 새로운 시각을 가졌던 스님은 통도사에서 『불교사전』 편찬을 하며 세간의 정치상황을 미디어를 통해 접하고 4·19도 맞이한다. 그러면서 "종교의 역사의식에 대해서 골똘하게 생각하면서 세상일에 관심을 갖기 시작한 시기였다."[49]고 회상했다.

　이후부터 법정 스님은 서울과 해인사를 오가며 원고지 메우는 글쓰기와 깊은 인연을 맺는다. 그 대표적인 불사가 『우리말 팔만대장경』 편찬사업이었다. 1963년 법통사에서 발간한 이 불서佛書는 1960년대 초 출재가자가 총 망라되어 불교에 대한 지적 욕구를 충족하기 위해 성전편찬위원회를 구성한 뒤 한역대장경에서 교리와 사상적으로 중요한 문구를 뽑아 적절한 우리말 번역어를 찾아 만든 독창적인 경전모음집이다.

　이처럼 중요한 불사사업에 법정 스님은 24명의 편찬위원으로 구성된 '우리말 팔만대장경 편찬위원 명단'에 이름을 올리는데

우리말 팔만대장경 편찬위원 명단.　　　1963년 출간한 우리말 팔만대장경.

직함이 '해인사 한직閑職'이다. 해인사에 적籍을 두고 서울을 오간 법정 스님은 해인사에서도 특별 아닌 특별대우(?)를 받은 듯하다. 해인사에서 오랫동안 자운 스님을 시봉했던 전 포교원장 혜총 스님은 "법정 스님이 해인사에 머물 때는 외부 활동이 많아 대중생활을 함께 못할 때가 많았지만 해인사 주지였던 자운 스님은 '종단을 위해 큰일을 할 스님'이라며 상당히 배려하는 모습을 보였다"고 말했다.

1964년 동국역경원이 설립되고 그곳에 법정 스님은 직함을 가지지 않았지만 직·간접적으로 역경사업에 동참해 『숫타니파타』 등 경전 번역을 한다. 1967년부터는 편찬부장을 맡으며 대

1963년 사촌동생이 휴가 나왔을 때 해인사에서.

외적으로도 이름을 알렸다.

법정 스님이 해인사에 있을 때 청담 스님이 주지 소임을 맡고 있었다. 여기에 스님의 사형이었던 일초 스님(고은 시인)이 불교 신문에 관여를 하고 있었고, 글쓰기와 관련된 교류가 적잖이 있었다. 그러한 흔적은 1963년부터 〈대한불교〉 신문에 보이기 시작한다.

1960년대 초 경전 번역에 나선 법정 스님은 자신의 이름을 알리는 것을 극히 저어했다. 사촌 동생 박성직 거사는 "스님은 평소에 '부처님이 경전 말씀하시고 자신이 말씀했노라고 하지 않았듯이 부처님 제자로 부처님의 가르침을 옮겨 놓으며 이름을 밝히는 것은 온당치 않다'라는 지론을 펼치셨다."고 밝혔다.

마지못해 이름을 올려야 했던 『불교사전』이나 『우리말 팔만 대장경』에는 이름이 올라가 있긴 하지만 법정 스님의 뜻과는 상관없이 올린 것이 아닌가 싶다. 이후 불교경전을 번역해 출간한 『불교성전』을 비롯한 여러 책에도 스님의 이름을 기명하는 대신 단체 이름이나 대표 번역자의 이름만 남긴 것으로 보인다.

하지만 스님은 꾸준한 번역 활동을 통해 저작물이 쌓이자, 번역자인 스님의 이름을 달아 『선가귀감』 『숫타니파타』 등의 책이 출간됐다. 초기 경전 번역에 주력했던 법정 스님은 경전을 응용해 〈불교신문〉의 전신이었던 〈대한불교〉 신문에 원고를 게재하기 시작한다. 그때가 1963년 4월 1일이었다. 이전에는 스님의 법명으로 된 글들이 보이지는 않는다. 하지만 몇몇 원고는 스님의 이름을 기명하지 않고 게재했을 가능성이 많다.

〈대한불교〉는 현재 〈불교신문〉의 전신으로 1960년 1월 1일 자로 창간한 대한불교조계종 기관지로 초대 발행인이 당시 총무원장이었던 청담 스님이었다. 청담 스님은 창간사에서 "우리 불교는 앞으로 더욱 많은 중생에게 포교하여 모든 국민에게 영적 구원을 주고 건전한 사회건설에 공헌할 사명을 띠고 있다. 이 중차대한 사명을 완수하려면 우리 전국 승려와 신도들은 가일

대한불교(불교신문 전신)에 최초로 게재한 불교설화 어진 사슴.

충 수도에 힘쓰고 포교에 매진해야 하며 여러 가지 건설적이며 실제적인 방안을 수립해야겠다. 그의 일단으로서 우리 조계종 단의 기관지 〈대한불교〉를 창간한다."고 밝히고 있다.

당시 〈대한불교〉는 매월 대판 4면씩을 발간하는 월간지였다. 1963년에 게재된 원고는 총 5편으로 법정 스님이 경전을 번역하면서 그 내용을 토대로 윤문하는 정도의 글들이 보인다. 글 말미에는 경전의 출처도 달아 놓았다. 글쓴이의 이름을 정확히 밝힌 설화는 경전 번역에 충실하면서 그 의미를 다치지 않게 창작성을 가미하고 있다. 그 첫 번째 작품이 「어진 사슴」이었다.

"먼 옛날 인도의 간지스 강가에 사슴이 한 마리 살고 있었다. 배가 고프면 벌에 나가 풀이나 뜯고 목이 마를 땐 강기슭에서 흐르는 물을 마셨다. 낮에는 나무 그늘에 앉아 허공중에 한가로운 흰

구름을 바라보며 눈망울을 맑히고 밤이면 숲속 나뭇가지에 걸린 별들을 세며 좀 외롭긴 하여도 평화롭게 살고 있었다. 그런데 신기하게도 이 사슴은 아홉 가지 털빛을 띠고 있었고, 그 뿔은 이상스레 하얗다. 그리고 한 마리의 까마귀와 늘 사이좋게 지내고 있었다."

「어진 사슴」은 『불설구색록경佛說九色鹿經』의 내용을 창작한 것이다. 이 경전은 팔만대장경의 한 부분으로 『육도집경六度集經』 제6권의 「녹왕장鹿王章」의 내용이다.

아홉 가지 털빛을 가진 어진 사슴이 물에 떠내려오는 사나이를 구해 주며 자신의 거처를 알려주지 말라고 한다. 훗날 나라의 왕비가 병이 들어 꿈속에 어진 사슴의 모습을 보고 그 털로 깔개를 만들면 병이 나을 것 같다고 하여 왕은 사슴 수배령을 내리고 그 사슴이 있는 곳을 알려주는 이에게 나라의 절반을 주겠다고 한다. 사나이가 어진 사슴과의 약속을 저버리고 왕에게 알려 어진 사슴은 잡혀오게 된다.

죽음에 직면한 어진 사슴은 임금에게 사나이가 은혜를 저버린 것에 대해 고하자 임금은 크게 부끄러워하며 사내를 꾸짖으며 "은혜로운 어진 사슴을 죽여서는 안 된다."라며 나라 안에 영을 내리고 놓아주었다.

「어진 사슴」 말미에는 "그 뒤부터 많은 사슴들은 이 사슴이 있는 곳으로 모여와서 마음 놓고 살게 되었고, 온 나라 사람들도 모두 평화롭게 살았다고 한다. 그때 아홉 가지 털빛을 가진 사슴은 부처님이 지난 성상 보살행을 닦을 때의 몸이고 사슴을 따르던 까마귀는 부처님을 오랫동안 모신 '아난다'란 제자이며 은혜를 저버린 사내는 한평생 부처님을 괴롭히던 '데바닷다'였다고." 라며 끝을 맺는다.

경전에 담긴 감동적이고 교훈적인 내용을 불교설화로 잘 담아내고 있다. 당시 〈대한불교〉는 월 1회 대판으로 발행되었던 신문으로 종이매체가 없었던 불교계와 일간신문조차 손에 꼽혔던 한국사회에서 〈대한불교〉의 존재감은 상당히 컸다.

창간 당시 발행인이었던 청담 스님이 해인사 주지로 있으면서 신문을 관장했던 관계로 해인사 출신이었던 법정 스님은 서울을 오가며 경전 번역을 하는 과정에서 〈대한불교〉에 직·간접적으로 참여 권유를 받았을 것으로 추측된다.

당시 조계종을 대표하는 것은 물론 한국불교를 대표했던 〈대한불교〉는 보다 좋은 신문을 만들기 위해 법정 스님과 같은 '불교 엘리트 스님'이 필요했고 그 일의 적격자로 법정 스님이었을 것으로 본다. 송재운 전 동국대 교수(불교신문 주간 및 편집국장 역임)는 "〈대한불교〉에 글쓰기를 시작으로 이름을 알린 법정 스님은 일간신문과 여타 매체에도 글을 쓰며 60년대 불교계를 대표하는 문필가로 명성을 얻었다."고 회고했다.

〈대한불교〉 신문에 법정 스님이 쓴 원고의 상당수는 1973년에 출간한 『영혼의 모음』을 비롯해 『무소유』 『서 있는 사람들』 등 법정 스님의 주요 저서에 담긴다. 법정 스님은 〈대한불교〉에 기고를 하기 시작한 즈음부터 서울살이를 시작한 것으로 보인다. 스님은 주로 해인사와 서울을 오가며 경전 번역과 관련된 일을 했고, 차츰 〈대한불교〉에 원고를 쓰기 시작하면서 총무원이 있었던 조계사와 동국대학교를 오갔다.

1964년 동국역경원이 설립되면서 한강 건너 봉은사의 한켠 전각을 얻어 '다래헌茶來軒'으로 직접 이름을 지어 머물며 1975년 송광사 불일암으로 내려가기 전까지 서울살이를 했다. 그렇지만 법정 스님은 항상 '해인사 스님'이라는 생각을 염두에 두고 '소소산인笑笑山人'이라는 필명으로 글을 쓰기도 했으며 '해인사에 12년 동안 살았다'고 했다. 60년대 중반 '굴신운동 필화사건'이 생길 때도 해인사에 기거했던 방이 있었던 것으로 파악된다.

『영혼의 모음』에 수록된 「신시 서울」에는 종로 삼청동의 칠보사에 머물렀다는 기록도 보인다. 뚝섬 봉은사에 거처를 마련하기 이전 시절로 보인다. 처음 서울에 올라온 계기는 운허 스님을 도와 경전 번역에 대한 일을 하는 게 주목적이었다. 그 본래의 일은 법정 스님 스스로도 소명의식을 가지고 했고, 저술로 성과가 나타났다. 그 중간 기착지가 〈대한불교〉였고, 1963년 4월 1일 「어진 사슴」을 연재하며 법정 스님의 글이 세상에 나오기 시작했다.

「어진 사슴」 이외에도 1963년에는 네 편의 설화가 더 게재됐으며 〈대한불교〉에는 총 13편의 설화가 들어있다. 이때도 법정 스님은 대장경의 한글화를 위한 경전 번역에 몰두한다. 〈대한불교〉에 게재한 원고 역시 대장경을 번역한 내용이 주를 이룬다.

법정 스님은 불교신문(당시는 '대한불교'라는 제호였다)에 많은 원고를 썼다. 시기도 길어 1963년부터 1977년까지다. 1960년대 초반에 법정 스님은 특정한 직위를 가지지 않았지만 동국역경원 역경위원으로 있으면서 대한불교 편집회의에 참여해 신문제작에 관여했다. 또 논설위원이라는 직함으로 여러 편의 칼럼도 썼고, 1973년에는 주필(편집국장 겸직)로도 활동했다.

1973년 주필로 오게 된 계기는 유신정권이 사찰운영에 간섭하면서 조계종 총무원장이 석주 스님에서 경산 스님으로 바뀌고 〈대한불교〉 사장으로 경산 스님이 취임해 신문사 운영에 의욕을 보였다. 그러나 여력이 부족해 교구본사 주지들로 구성된 운영위원회를 소집해 대책을 논의하며 불국사 주지 범행 스님이 운영위원장을 맡았는데 법정 스님을 주필로 천거해 〈대한불교〉를 운영했다.

당시 법정 스님은 동국역경원과 대한불교에서 번역과 언론인으로 글쓰기를 병행했던 것으로 보인다. 대한불교에는 경전 번역, 불교논단, 에세이 등 다양한 영역의 글을 게재했다. 이러한 법정 스님의 글쓰기는 대한불교는 물론 일간 매체와 타 종교 매체에까지 영역을 넓혀 베스트셀러 작가로 발돋움하는 계기가 됐다.

또한 해인사 시절 큰 원을 세워 진행했던 대장경 번역사업은 동국역경원 활동으로 이어져 『숫타니파타』『신역 화엄경』『부처님 일생』(후에 『불타 석가모니』로 개정 출간)『우리말 팔만대장경』『우리말 불교성전』 등 수많은 경전 번역서를 세상에 내놓으며 전법傳法의 횃불을 들어올렸다.

1960년대 말 대한불교에 재직했던 송재운 전 동국대 교수(주간 및 편집국장 역임)는 "법정 스님은 성격부터 깐깐하셨고 글쓰기도 여간 냉철한 게 아니었다. 자신이 쓴 글에 대해서는 완벽하게 책임을 지려 하셨다. 뚝섬 봉은사에서 출퇴근까지는 하지 않았지만 정기적으로 신문사에 와서 글을 쓰기도 했다."고 회고했다.

불교계를 대표한 민주화운동

일반적으로 법정 스님을 평가할 때 '무소유無所有'의 가르침을 실천한 수행자이자 수필가로 인식한다. 그렇지만 스님의 행적을 살펴보면 초기 저작의 상당한 부분에서 사회민주화에 대한 글들이 많이 보이고 이와 관련된 활동도 상당한 것으로 파악된다. 1970년대 초에는 박정희 정권의 독재에 항거했고 유신헌법 선포 때는 불교계를 대표해 상당한 저항운동을 한 모습이 확인된다.

법정 스님이 사회문제에 대한 생각을 골똘히 한 계기는 1960년대 초반이다. 스님은 자신의 저서 『새들이 떠나간 숲은 적막하다』에서 이런 내용을 밝힌다.

"양산 통도사 원통방圓通房에서 불교사전 편찬 일을 거들면서, 비로소 신문을 보고 라디오 뉴스를 들었다. 움직이는 세상과 접하게 된 것이다. 절에 들어오기 전에 익혔던 업業이 서서히 움트

1970년대 초에 법정 스님이 머물렀던 봉은사 다래헌의 최근 모습.

기 시작했다. 이른 봄부터 늦가을까지 통도사에서 지내는 그해 4·19를 맞이했었다. 종교의 역사의식에 대해서 골똘하게 생각하면서 세상일에 관심을 갖기 시작한 시기였다."[50]

하지만 법정 스님은 출가 후 해인사에서 수행하며 정식 스님이 되는 비구계를 받을 때까지 경전과 참선수행에 매진하며 상당한 민주인사와 접촉하며 사회민주화에 대한 생각을 한 것으로 본다. 대표적인 예가 1958년 강연차 해인사에 왔던 민주화 인사인 황산덕 서울대 법대 교수와의 만남이다. 그 후 황산덕 교수는 법정 스님에게 당시 진보 잡지였던 『사상계』를 보내주고 법정 스님은 사회를 바라보는 새로운 시각을 키운다.

1960년부터는 통도사에서 운허 스님이 주도했던 『불교사전』 편찬사업에 참여하면서 신문과 뉴스를 접하기도 한다. 해인사와 서울을 오갈 때 법정 스님은 서울 선학원 앞에서 스님이 5·16 군사쿠데타로 피를 흘리는 모습을 보며 사회민주화에 대한 발원한 내용을 『새들이 떠나간 숲은 적막하다』 가운데 「박새의 보금자리」라는 글에서 술회하고 있다.

"서울 안국동에 있는 선학원은 내가 처음으로 스승을 친견, 머리를 깎고 먹물 옷을 걸치게 된 인연 있는 절인데, 『불교사전』 일로 이곳에 와 있으면서 5·16 군사쿠데타를 겪었다. 그날 아침 총성이 여기저기 들려왔고 노스님 한 분이 절 마당에서 어정거리다 팔에 유탄을 맞아 피를 흘리는 것을 목격하고, 아하 혁명이란 무력으로 피를 흘리게 하는 일이구나 싶었다."

법정 스님은 사회민주화에 대한 다양한 생각을 표현했다. 봉은사 다래헌에 주석하면서 역경에 몰두하며 불교신문의 전신인 〈대한불교〉에도 다양한 글을 썼다. 1960년대에는 동국역경원과 대한불교가 동국대학교 안에 함께 있었던 상황도 이같은 일을 가능하게 했던 것으로 본다. 1966년 7월에는 월남전쟁 파병

반대에 대한 글인 「역사여 되풀이 되지 말라」로 사회적 파장을 일으켰다.

　"역사는 되풀이 되는가? 지혜와 자비의 길을 닦는 도량道場, 거기를 우리는 사원이라고 부른다. 요즘 이 나라의 방방곡곡 불교 사원에서는 무운장구武運長久라는 깃발을 내걸고 기도를 하고 있다. 무운장구! 우리는 아직도 생생하게 기억하고 있다. 저 군국 일제日帝의 말기 그들의 식민지이던 한반도의 하늘 아래 휘날리던 그 깃발을, 밤하늘에 반짝이는 별을 헤면서 파아란 동요라도 불러야 할 그 시절의 어린이들은 살벌한 군국軍國의 노래를 불러야 했다.…(중략)…이것은 적어도 불교도들이 해야 할 축원이 아니다. '한시 바삐 싸움이 종식되어 더 이상 피를 흘리지 말고 온 누리가 평화롭게 살아지이다' 하는 염원이 앞서야 할 텐데, 그저 무운이 장구하라는 것은 무슨 망령된 말인가. 일체중생을 내 몸 같이 아끼라고 하신 불타의 교훈과는 그 거리가 십만팔천 리나 멀다."

　'청년 법정'의 젊은 혈기가 넘쳐흐르는 이 글이 게재된 이후 조계종단에서 상당한 압박이 있었는데 이는 정부로부터 압력을 받았기 때문으로 보인다. 1960년대 중반 〈대한불교〉 신문에 재직했던 송재운 전 동국대 교수는 "이 필화사건으로 인해 법정 스님은 종단으로부터 체탈도첩(멸빈: 승적을 박탈)이라는 중징계를 받은 것으로 안다. 하지만 당시에도 이미 사회적으로 유명한 인사가 되어 있어서 외부에는 공개되지 않고 유야무야 된 것으로 기억한다."고 밝혔다.

1973년에 출간한 법정 스님의 첫 수상집 『영혼의 모음』에도 사회민주화에 대한 열망을 오롯하게 담고 있다. 이 책은 법정 스님의 불교사상과 사회민주화에 대한 생각이 많이 담겨 있는데 서문에서부터 사뭇 진지하다.

"그들이 뭘 잘못했다고 이 가을의 공기는 이렇게 숨이 막히는가. 언어가, 인간의 그 언어가 어디로 사라져버렸는지 들으려야 들을 수가 없다. 요즈음 신문을 보고 있으면 눈물이 난다. 라디오를 들어도 눈물이 난다. 인간의 말이 듣고 싶어서, 우리들 이웃의 나직한 그 목소리가 듣고 싶어서 내 귀는 도리어 문을 닫는다.…(중략)…지형紙型까지 떠 놓았지만 언제 책이 되어 햇빛을 보게 될는지 알 수 없다. 영혼의 모음母音은 맑게 개인 하늘 아래서가 아니면 울리지 않을 것이기 때문에.…(중략)…1972년 입동절 다래헌茶來軒에서 저자 합장"51

책의 하단 각주에는 "이해 가을 군사독재 정부는 장기집권을 하기 위해 계엄령을 선포, 소위 10월 유신으로써 선량한 국민들로부터 언론과 집회결사 등 인간의 기본권을 박탈했다."[52]는 글귀가 달려 있다.

이처럼 법정 스님은 1970년대 초에는 박정희 군사독재 정권에 맞서 불교계를 대표하는 인사로 나섰다. 1972년 『씨올의 소리』에 처음 이름을 올린 법정 스님은 이후 편집위원으로 활동하며 불교계를 대표하는 민주인사가 되었다. 이 과정에서 숱한 감시를 받고 탄압을 받기도 한다. 그 정황은 「1974년 1월-어떤 몰지각자沒知覺者의 노래」라는 시詩에서도 보인다.

"섣달그믐 / 흩어졌던 이웃들이 모여 / 오손도손 나누는 정다운 제야除夜 / 나는 검은색 코로나에 실려 / 낯선 사벽四壁의 초대를 받는다. / 이 시대 / 이 지역에서 / 그 이름만 들어도 / 두려워 떠는 곳. / 밤새껏 냉수를 마셔가며 / 진술서에 / 강요된 자서전을 쓴다.…(중략)…손가락마다 등사잉크를 발라 / 검은 지문을 남기고 / 가슴에 명패를 달아 / 사진도 찍는다. / 근래 이런 일이 / 내게는 익숙해졌지만 / 섣달그믐 / 이 제야에는 성모 마리아의 품에라도 / 반쯤 기대고 싶었다."

송광사 불일암.

1974년에는 유신헌법에 반대하는 운동에 나서기도 했다. 김
영현 씨가 2019년 '민주화운동기념사업회 오픈 아카이브'에 기
록한 자료는 이를 잘 설명하고 있다.

"그해(1974년) 12월 25일. 민주회복국민회의는 열 명의 중앙운
영위원을 뽑았다. 지금은 대부분 작고하셨지만 당시는 아직 젊
었던 법정 스님, 계훈제 선생, 함세웅 신부, 한승헌 변호사 등과
김병걸 선생이 뽑혔다."

이처럼 왕성한 사회민주화운동에 앞장섰던 법정 스님은 1975

1970년대 후반의 불일암 시절 법정 스님.

년 10월 서울을 떠나 송광사 토굴을 보수해 '불일암'이라 이름
지어 그곳에서 새로운 삶을 이어간다. 그 이유를 법정 스님은
1993년에 출간한 자신의 저서 『버리고 떠나기』 가운데 「아직
끝나지 않은 출가出家」라는 글을 통해 담담하게 기술하고 있다.

　법정 스님은 "75년 10월 거듭 털고 일어서는 출가의 각오로
미련 없이 서울을 등지고 산으로 돌아왔다."[53]고 했다.

　1976년 4월에 법정 스님은 자신의 대표적인 수필집 『무소유無

所有』를 발간해 세상에 이름을 알린다. 그 이전에도 〈대한불교〉를 비롯해 〈경향신문〉〈서울신문〉〈동아일보〉 등 일간신문과 『신동아』『여성동아』『기독교사상』 등의 일반잡지 및 기독교 계통의 잡지에 글을 기고해 호응을 받았다. 기독교 모임에 초청강사로 강연도 했으며 함석헌이 주도했던 『씨올의 소리』의 편집위원으로 활동하며 사회민주화운동에 불교인으로 활동한다.

무소유의 맑고 향기로운 삶

"바깥소리에 팔리노라면 자기 소리를 잃고 말기 때문에. 가장
깊숙한 데서 나직이 들려오는 '내심의 소리'는 곧 우주질서의
하모니이다. 먼 강물 소리 같은. 해서 구도자들은 무성처無聲處인
'아란야'를 찾아 숲으로 들어가는 것이다.…(중략)…돌아가리로
다. 돌아가리로다. 내심의 소리를 들으려 모두들 숲으로 돌아가
리로다."

1966년 6월 5일자 〈대한불교〉에 게재한 「돌아가리로다」라는
글이다. 당시는 상경해서 동국역경원과 〈대한불교〉에서 활동하
며 왕성한 경전 번역과 집필활동을 하고 있을 때로 법정 스님은
서울살이의 고달픔과 쓸쓸함을 토로하며 마음은 늘 '산중山中'을
향하고 있었다.

1970년대를 맞아 법정 스님은 강남 봉은사에 머물면서 군사
독재의 격동기를 맞이했다. 사회민주화에 앞장섰던 법정 스님

은 장준하 선생, 함석헌 선생 등과 함께 민주수호국민협의회 유신철폐 개헌서명운동에 참여하기도 했다. 그런 상황에서 종단은 법정 스님에게 냉랭한 시선을 보냈음을 자신의 저서『버리고 떠나기』에서 회상했다.

"어용화된 불교종단에서는 이런 나를 마치 무슨 보균자처럼 취급하였다. 기관원이 절에 상주하다시피 하면서 감시하고 걸핏하면 연행해 가 괴롭혔다. 피해자의 입장에서는 군사독재의 당사자들에 대한 적개심과 증오심을 품게 되니 마음이 편치 않았다."[54]

법정 스님은 송광사 불일암으로 들어간다. 불일암은 개조되기 전에는 '자정암'이라는 암자가 비어 있는 상태였다. 법정 스님이 불일암으로 내려올 당시 송광사에서 갓 출가했던 보성 대원사 주지 현장 스님은 자신의 저서『시작할 때 그 마음으로』에서 당시 상황을 적었다.

"서울 봉은사 다래헌에 계시던 법정 스님께서 재출가의 의지로 몇 군데 토굴 터를 둘러보시고는 자정암에 오르셨다. 남향으로 햇볕이 좋고 샘물도 맛이 좋았다. 마침 매화가 향기를 뿜어내고 있었다. 낡은 자정암 건물을 헐어내고 쓸 만한 목재와 기와를 수습하여 지금 식당채로 쓰이는 하사당을 지었다. 불일암 본체는 팔작지붕으로 14평이다. 법정 스님께서 직접 설계하셨다. 예불공간과 명상실이 있고, 책 읽고 글을 쓰는 서재가 있다. 또 작은 다실이 있고 군불 지피고 더운물 사용하는 정재간이 있다. 정재간 다락은 책을 정돈해두는 서재로 사용하였다.…(중략)…불일암 본체를 지을 목재와 기와는 인부를 동원하여 등짐으로 져나른 것이다. 길부터 개설하고 자재를 나르는 요즘의 방식이 아니라 옛길을 보존한 채 2km 거리를 등짐을 져서 목재 하나 기와 한 장이 불일암까지 올라온 것이다. 마침내 1975년 11월 2일, 효봉 노스님의 기일에 맞추어 불일암 낙성을 가졌다."[55]

법정 스님의 불일암 생활도 한가롭지만은 않았다. 초기에는 대한불교 논설위원으로 활동했고 송광사 수련원장, 보조사상연구원장 등 송광사를 비롯한 절집 관련 직책도 맡고 있었다.

불일암에서도 법정 스님은 나름대로 세상과 소통하며 1978년에는 『서 있는 사람들』이라는 수상집을 발간, 군사독재 정권과 사회의 부조리를 비판하기도 했다. 책 서문에는 「선량한 이웃들을 위하여」라는 제목을 붙였다.

"70년대에 들어서면서 우리 둘레에는 부쩍 '서 있는 사람들'이 늘고 있다. 출퇴근 시간의 붐비는 차 안에서만이 아니라 여러 계층에서 제자리에 앉지 못한 채 서성거리는 사람들이 많다. 똑같은 자격으로 차는 탔어도 앉을 자리가 없어 자신의 두 다리로 선 채 끝도 없이 실려가고 있는 것이다.…(중략)…이 잡문집雜文集의 이름을 '서 있는 사람들'이라고 붙인 것은 그런 선량한 이웃들을 생각해서다. 그들이 저마다 제자리에 앉게 되는 날, 우리 겨레도 잃었던 건강을 되찾게 될 것이다."

2001년 개정판을 내면서 법정 스님은 당시에 썼던 글에 대해 "1970년대 그 암울했던 군사독재 시절, 할 말을 할 수 없고, 쓰고 싶은 글을 마음대로 쓸 수 없었던 숨막힌 때였다. 글 한 줄을 쓰려면 활자 밖의 행간에 뜻을 담아야 했던 그런 시절이었다."고 술회했다.

법정 스님은 대중들과 공동체를 이루면서 수행하지는 않았지만 무문관無門關과 다름없는 불일암에서 자신을 연마했다. 서울에서의 생활은 아니지만 여전히 함석헌 선생을 비롯한 사회민주 인사들과 교류도 하고 간간이 글도 투고했다.

스님은 눈앞에 보이는 그 어떤 정형화된 틀도 거부했다. 철저하게 모든 것은 변한다는 제행무상諸行無常의 진리 앞에 투철했다. 더욱이 법정 스님은 불교의 정형화된 틀조차 허락하지 않았다. 그래서 불교라는 이름으로 만들어 놓은 고정화된 불교까지 거부했다.

송광사 불일암을 떠나기로 마음먹고는 새가 낡은 둥지를 떠나듯 맡고 있던 직책의 짐을 하나둘씩 내려놓는다.

"지난해(1991)부터 나는 걸치고 있던 치수에 맞지 않는 '옷'을 한 꺼풀씩 벗어젖히고 있다. 10여 년 동안 관여해 오던 송광사 수련원 일에서 손을 뗐다. 보조사상연구원의 일에서도 손을 씻었다. 그리고 의례적이고 형식적인 행사에는 안팎을 가릴 것 없이 발을 들여놓지 않기로 했다."(저서 『버리고 떠나기』에서)

불일암을 떠나기 1년 전인 1991년, 마지막 여름안거를 난 법정 스님은 임제 선사의 어록을 읽으며 '차분한 시간을 가졌다'고 기록하고 있다.

"지난 4월 보름 여름안거의 결제 날에도 아랫절에 내려가지 않고 임제 선사의 어록을 읽으면서 혼자서 차분한 시간을 가졌었다. '그대가 바른 견해를 얻고 싶거든 타인으로부터 방해를 받지 말라. 안으로나 밖으로나 만나는 것을 바로 죽이라. 부처를 만나면 부처를 죽이고, 조사祖師를 만나면 조사를 죽이고, 성자를 만나면 성자를 죽이라, 그래야만 비로소 온갖 얽힘에서 벗어나 그 어떤 것에도 구애받지 않고 자유자재하리라. 친구들이여, 부처로서 최고 가치를 삼지 말라. 내가 보기에는 부처도 한낱 냄새나는 존재요, 보살과 성자는 목에 씌우는 형틀이요 손발에 채우는 자물쇠, 이 모두 사람을 결박하는 것들이니라.'"(저서『버리고 떠나기』에서)

법정 스님은 모든 것이 '손발에 채우는 자물쇠, 이 모두 사람을 결박하는 것들'이라며 진리의 칼날에 서기를 자처했다. 이는 곧 이듬해 불일암을 떠나 '머무름 없는 거처'를 다시 찾아 아무런 인연도 연고도 없는 '삶의 망망대해'이자 '진리의 숲'인 자연을 찾아 강원도 오두막으로 향하는 것으로 이어진다.

송광사 불일암으로 내려가 자연과 합일하며 연기론적 불교생태주의의 가르침을 설파한 법정 스님은 세상을 향한 목소리를 내는 글을 쓰는데도 소홀하지 않았다.

1971년부터 구산 스님이 시작한 송광사 선 수련회는 법정 스님이 수련원장(1984~1987년)을 맡으며 한 해 6~7차례에 걸쳐 500여 명 이상이 참가할 정도로 큰 호응을 받았고 이와 같은 4박 5일 간의 짧은 출가는 전 불교계로 확산되었다. 송광사와 관계된 일도 많았는데 1987년부터 1990년까지 보조사상연구원 원장을 맡아 보조지눌 스님의 가르침을 선양하기도 했다.

불일암에서도 많은 저작 활동과 각종 매체에 글쓰기로 명성이 높아지자 많은 사람들이 법정 스님의 암자를 찾아왔다. 이런 생활에 불편함을 느낀 법정 스님은 초발심을 견지하며 재출가하는 마음으로 아무도 찾을 수 없는 강원도 오두막으로 가서 주석처로 삼는다.

법정 스님은 1992년 봄 불일암을 떠나 외부에 일절 자신의 거처를 공개하지 않는 강원도 오두막으로 들어간다. 2020년 2월 호 〈맑고 향기롭게〉 회보에는 "1992년 4월 19일 저작 활동으로 명성이 높아지자 끊임없이 찾아드는 사람들로 인하여, 다시 출가하는 마음으로 정든 불일암을 뒤로 하고, 강원도 오대산 중턱 전기도 들어오지 않는 오두막으로 거처를 옮기고, '수류산방水流山房'이란 현판을 달고 홀로 수행정진 함"이라고 기록하고 있다. 화전민이 살다가 간 오두막은 스님과 인연 있는 재가불자의 제공으로 이루어졌다.

김영사가 발간한 『간다, 봐라』에는 법정 스님과 인연이 있었던 불자가 오두막을 제공한 이야기가 나온다.

"오래전 저희 부부가 뉴욕생활을 마치고 귀국했을 때, 문명을 벗어난 원시 그대로의 모습을 간직한 장소를 물색하다 찾아낸 곳이 강원도 첩첩산중 화전민이 살던 인연터였습니다. 그곳은 땔감과 아궁이, 흐르는 개울물, 범바위가 집터를 둘러싼 오지였습니다. 여러 해가 지난 어느 봄날, 스님께서 법련사(송광사 서울분원) 법회를 마치시고 갑작스레 움막 구경을 오셨습니다. 도량을 한 바퀴 도시더니 '이 오두막은 부처님께서 내 말년을 위해 감추어 놓은 회향처'라 하셨고, 곧바로 나무광에 있는 소나무 피죽을 톱질해 먹으로 '수류산방水流山房'이라 쓴 현판을 걸으셨습니다."

불일암에 기거하면서도 오로지 자신만의 공간이 필요했던 법정 스님은 처음 불일암으로 내려갔을 때와 사뭇 달라진 환경에 피로감을 느꼈을 것으로 보인다. 자연과 교감하며 자신을 관조하는 법정 스님의 불교생태주의적 사유는 학창 시절 명산대찰을 유랑하며 체득한 것으로 보인다. 출가할 당시에도 깊은 산중을 찾아 고향에서 멀리 떨어진 오대산으로 향했었다. 그곳은 숲이 있는 곳으로 법정 스님은 자신이 머물 궁극의 자리로 보았고, 그곳의 자연과 자신을 합일시키기 위해 만년에 머물 자리로 택했다.

법정 스님은 산새와 바람과 물소리가 몸속의 세포를 깨우는

동아일보 칼럼 「연못에 연꽃이 없더라」.

산사의 숲과 운명 같은 인연을 맺고 다양한 숲을 찾아가기도 했다. 특히 2001년과 2002년에는 작가 헨리 데이비드 소로Henry David Thoreau(1817-1862)의 『월든Walden』을 읽고 미국 월든 숲을 찾아가기도 했다.

강원도 오두막에 머물던 법정 스님은 가끔씩 세상과 소통하는 글을 쓰기도 했다. 그러던 1993년 7월 25일자 〈동아일보〉 5면에 세상을 들썩거리게 한 칼럼 '산에는 꽃이 피네' 코너에 「연못에 연꽃이 없더라」라는 제목의 글을 싣는다.

"돌아오는 길에 모처럼 독립기념관에 들러 보았다. 한 가지 일을 내 눈으로 확인하기 위해서였다. 내가 존경하는 원로화가로부터 작년에 들은 말인데, 나는 그때 그 말을 듣고 적잖은 충격을 받았었다. 독립기념관을 지을 때 정원에 대해서 관계기관으로부터 자문이 있어, 연못에 백의민족을 상징하는 백련을 심도록 했다. 그래서 화가가 몸소 나서서 멀리 지방에까지 내려가 어렵사리 구해다가 심었다. 그 후 연이 잘 크는지 보기 위해 가 보았더니 아 이 무슨 변고인가, 연은 어디로 가고 빈 못만 덩그러니 있더라는 것. 그래 무슨 일이 있어 빈 연못으로 있는지 그 까닭을 알아봤더니, 새로 바뀐 관리책임자 되는 사람이 왜 이런 곳에 불교의 꽃을 심어 놓았느냐고 화를 내면서 당장 뽑아 치워버리라고 해서 그리됐다는 것.…(중략)…이런 현상은 독립기념관만이 아니고 경복궁과 창덕궁에도 마찬가지라고 했다.…(중략)…꽃에게 물어보라. 꽃이 무슨 종교에 소속된 예속물인가. 불교경전에서 연꽃을 비유로 드는 것은 어지럽고 흐린 세상에 살면서도 거기 물들지 말라는 뜻에서다. 불교 신자들은 연꽃보다 오히려 백합이나 장미꽃을 더 많이 불전에 공양하고 있는 실정이다 . 아, 연못에서 연꽃을 볼 수 없는 그런 시대에 우리가 지금 살고 있다."

이 글은 종교편향 사건으로 비화되어 일파만파로 파장을 일으켰다. 당시는 대통령이 개신교 장로였던 김영삼 정부 시절이어서 더욱 그러했다. 결국 연꽃을 다시 심는 것으로 사건은 일단락되었지만 법정 스님은 당시 상당한 심적 변화를 겪었으며 그 고민의 결과 '맑고 향기롭게' 시민모임의 주창으로 이어진 것으로 보인다. 그 근거는 '맑고 향기롭게' 홈페이지 발족이야기에 실려 있다.

"1975년 송광사 뒷산에 불일암을 짓고 무소유 사상을 설파하던 법정 스님은 세상에 명성이 알려지자 1992년 강원도 산골 오두막으로 거처를 옮기고 홀로 수행 정진하던 중 1993년 연꽃이 불교를 상징하는 꽃이라는 이유만으로 독립기념관, 창덕궁 부용정 연못의 연꽃이 모두 없어지는 기막힌 현실에 아연실색하며 '살벌하고 삭막한 현실에 푸근하고 향기로운 마음의 연꽃을 피우면 어떨까' 하는 소박한 생각으로 순수 시민운동을 주창했다."

「연못에 연꽃이 없더라」라는 글을 쓴 사건이 계기가 되어 법정 스님은 마음속에 담아 두었던 생각을 구체적으로 실현했다는 게 분명해진다.

"시주의 은혜로 살아온 출가사문으로 살아오며 '생전 밥값은

'맑고 향기롭게' 근본도량 길상사 창건법회.

하고 가야겠기에 이 일 한 가지만은 꼭 하고 싶다'며 모임을 발족하여, '마음을, 세상을, 자연을 맑고 향기롭게'라는 아홉 가지 실천덕목을 바탕으로, 1994년 3월 26일 구룡사에서 첫 출발모임을 가졌다. 이후 전국 대중 강연회를 시작으로 연꽃 스티커를 나누며 서울, 부산, 대구, 경남, 광주, 대전 등지에서 뜻을 함께하는 이들을 이끌어 주셨고, 현재에도 많은 회원들이 동참하고 있다."

('맑고 향기롭게' 홈페이지에서)

이 과정에서 법정 스님은 서울 길상사를 기증받아 '맑고 향기롭게' 시민모임의 근본도량으로 삼는다. 길상사의 창건과 관련

길상사 창건법회에 참석한 법정(가운데), 청학, 덕조 스님.(우측)

된 이야기는 1987년까지 거슬러 올라간다. 미국 LA에서 거주하
고 있었던 김영한 보살(1999년 작고함)이 자신의 소유인 대원각
대지 7천여 평(23,140㎡)과 건물(40여 동) 일체를 불교의 수행도
량으로 바꾸어 달라며 기증할 뜻을 밝힌다. 당시 법정은 "평생
주지 노릇 해 본 일도 없고 앞으로도 주지가 될 생각은 없다."며
완곡하게 사양했다.

　1994년에 들어 법정 스님이 주창한 대사회 계몽운동인 '맑
고 향기롭게' 시민모임이 활발하게 전개되면서 김영한 보살의
네 차례의 기증의사를 사양하던 법정 스님은 마침내 수락한다.
1997년 길상사 창건법회에서 법정 스님의 인사말은 두고두고 많은 사람들에게 회자되고 있다.

"저는 이 길상사가 가난한 절이 되었으면 좋겠다고 생각합니다. 요즘은 어떤 절이나 교회를 물을 것 없이 신앙인의 분수를 망각한 채 호사스럽게 치장하고 흥청거리는 것이 이 시대의 유행처럼 되고 있는 현실입니다. 이 길상사는 가난한 절이면서도 맑고 향기로운 도량이 되었으면 합니다. 불자들만이 아니라, 누구나 부담 없이 드나들면서 마음의 평안과 삶의 지혜를 나눌 수 있었으면 합니다."

'맑고 향기롭게' 시민모임에는 법정 스님의 사상이 그대로 녹아 있다. 1994년 '맑고 향기롭게' 발족 때 법정 스님은 강연을 통해 취지를 밝힌다.

"깨달음에 이르려면 두 가지 일을 스스로 실행해야 한다. 하나는 자신을 속속들이 지켜보는 것이다. 스스로 자신을 관리, 감시하여 행여라도 욕심냄이 없도록 삿된 길로 빠지지 않도록 경계해야 한다. 또 하나는 사랑을 실천하는 것이다. 콩 반쪽이라도 나눠 갖는 실천행이 생활 속에, 자연스럽게 배어 있어야 한다. 이 두 길을 함께 하고자 여러분께 '맑고 향기롭게 살아가기 운동'을 제안하는 바이다."

법정 스님이 주창한 '맑고 향기롭게' 시민모임은 부처님의 가르침을 바탕으로 우리의 마음과 세상과 자연을 본래 모습 그대로, 맑고 향기롭게 가꾸며 살아가기 위한 활동이다. 또한 어려운 이웃과 함께 하고 자연을 보존 보호하는 일 등 구체적인 실천행을 도모하여 맑고 향기로운 사회를 구현하고자 했다.

시공時空을 넘어 원적에 들다

1995년에 접어들어 법정 스님이 주창한 '맑고 향기롭게 살아가기 운동'은 더욱 활기를 띠었다. 그런 흐름과 궤를 같이해 김영한 보살은 거듭 대원각을 법정 스님에게 기증하겠다는 뜻을 밝힌다. 여러 차례 사양하던 법정 스님은 주변 사부대중들의 간청을 수락해 김영한 보살의 뜻을 받아들이기로 결심한다. 다만 조건이 붙었다. 스님 개인이 아닌 조계종단의 이름으로 기증을 받겠다고 수락했다.

법정 스님은 강원도 산골 오두막에 주석처를 두고 길상사 보수공사를 진행해 수십 년 동안 요정으로 사용되었던 건물의 옛 이미지를 일소하고 사찰의 격식을 갖췄다. 우선 극락전과 설법전, 요사채, 후원, 시민선방을 만들었다. 그렇게 서울 길상사가 창건됐고, 그 이후 법정 스님은 한 번도 길상사에 머물며 하룻밤도 절에서 기거하지 않았다. 일상 업무를 본 이후에는 강원도 오두막으로 돌아가곤 했다.

길상사 개원법회에 참석한 김수환 추기경.

1997년 12월 14일 서울 길상사 창건법회가 봉행됐다. 이날은 가톨릭의 김수환 추기경이 참석해 눈길을 끌었다. 그 답례로 법정 스님은 이듬해인 1998년 2월 24일 명동성당 축성 100돌 기념 초청강연을 하기도 했다.

왕성한 시민사회 운동을 펼치던 법정 스님은 '맑고 향기롭게'와 길상사에 대한 거리두기를 하며 주변 정리를 하기 시작한다. 원적에 들기 7년 전부터다. 2003년 12월, 월간 〈맑고 향기롭게〉에 「내 그림자에게」라는 글을 통하여 길상사 회주會主와 맑고 향기롭게 이사장 직책을 사임하겠다는 뜻을 밝힌다. '회원의 한 사람으로서, 대중의 한 사람으로서, 건강이 허락하는 한 뒤에서 도울 것'이라 약속하며 길상사에서 짝수 달마다 해오던 법회를 봄·가을 두 차례만 할 뜻을 밝힌다.

"한평생 나를 따라다니느라고 수고가 많았다. 네 삶이 시작될 때부터 그대는 한시도 내 곁을 떠나지 않았다. 햇빛 아래서건 달빛 아래서건 말 그대로 '몸에 그림자 따르듯' 그대는 언제 어디서나 나를 따라다녔다. 그러니 그대와 나는 떼려야 뗄 수 없는 운명적인 동반자다. 오늘은 그대에게 내 속엣말을 좀 하려고 한다.…(중략)…그리고 얼마가 될지는 모르지만 남은 세월에 대해서 생각하지 않을 수 없다. 나에게 허락된 남은 세월을 생각할 때마다 나는 정신이 번쩍 든다. 따라서 내 삶은 추하지 않게 마감해야겠다고 다짐한다. 일을 벌이다 보니 나는 본의 아니게 '회주會主'라는 관사를 내 이름 위에 붙이게 되었다. 회주스님 소리를 들을 때마다 회장님 소리를 듣는 것 같아 속으로는 언짢았다.…(중략)… '맑고 향기롭게'에서 적당한 직책이 없어 상징적인 의미로 모임의 주관자란 뜻에서 회주라는 이름이 생겼지만 일찍이 없던 호칭이다. 길상사의 경우도 그렇다. 절은 주지에게 모든 소임이 주어져 있다. 회주는 불필요하다. 맑고 향기롭게가 됐건, 길상사가 됐건 내가 들어 시작한 것이므로 끝까지 뒷바라지할 책임이 내게 있다. 맑고 향기롭게는 회원의 한 사람으로서, 내 남은 삶을

추하지 않고 아름답게 가꾸고 싶어 한 말이니 그대가 받아주기
바란다."

　자리에 욕심이 없었던 법정 스님은 2003년 12월, 홀연히 길상
사 회주에서 물러난다. 당시 맑고 향기롭게 이사장 직함도 내
려놓겠다는 의사를 밝혔지만 임원들이 적극 만류해 사임의 뜻
을 접기도 했다. 서서히 삶을 마무리 할 생각을 했는지 법정은
2004년부터 그동안 2개월 간격으로 봉행해 왔던 길상사에서의
대중법회를 연 2회로 줄여 4월과 10월의 두 차례만 진행한다.

　오두막 생활을 하면서도 법정 스님은 해외여행을 다녀온다.
송광사 불일암에 있을 때도 해외여행을 했던 법정 스님은 해외
여행을 통해 자신의 인식세계를 넓히는 방편으로 삼았다. 스님
에게 해외여행은 단순한 나들이가 아니라 만행을 통한 자기 점
검이자 관조의 시간이기도 했다. 여행을 통해 묵은 것들을 씻어
내고 새것을 담아내어 생각의 그릇을 정화시키기도 했다. 법정
스님은 수필집 『무소유』의 「나그네 길에서」라는 글에서 여행에
대한 생각을 쓰고 있다.

　"훨훨 떨치고 나그네 길에 오르면 유행가의 가사를 들출 것도

파리 길상사 개원법회에서 법문하시는 법정 스님.(1993년)

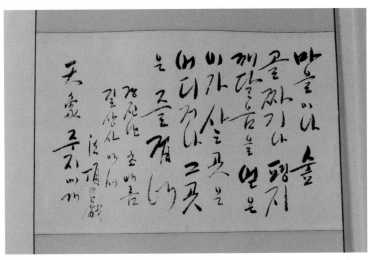

파리 길상사 초대 주지 천상 스님에게 보낸 서한.

맑고 향기롭게 발족법회.(서울 구룡사)

없이 인생이 무어라는 것을 어렴풋이나마 느끼게 된다. 자신의
그림자를 이끌고 아득한 지평地平을 뚜벅뚜벅 걷고 있는 나날의
나를 이만한 거리에서 바라볼 수 있다. 구름을 사랑하던 헤세를,
별을 기리던 생텍쥐페리를 비로소 가슴에 이해할 수 있다. 또한
낯선 고장을 헤매노라면 더러는 옆구리께로 허허로운 나그네의
우수 같은 것이 스치고 지나간다."[56]

스님은 여행이 단순히 낯선 곳을 찾아가는 취미가 아니라 자

1993년 송광사 파리분원 파리 길상사 개원.

신의 내면을 들여다보는 방편이 된다는 것을 '영혼의 무게를 느
낀다'고 표현했다.

　"나그네 길에 오르면 자기영혼의 무게를 느끼게 된다. 무슨 일
　을 어떻게 하며 지내고 있는지, 내 속 얼굴을 들여다볼 수 있는
　것이다. 그렇다면 여행이 단순한 취미일 수만은 없을 것 같다. 자
　기정리의 엄숙한 도정이요, 인생의 의미를 새롭게 하는 그러한
　계기가 될 것이다. 그리고 이 세상을 하직하는 연습이 될 수도 있
　을 것이다."[57]

　1993년에는 프랑스 파리에 송광사 파리분원인 길상사를 개원
하기도 한다. 계기는 법정 스님이 유럽을 여행하다가 프랑스 파
리에서 만난 불자 교포 유학생들의 어려운 이야기를 듣고서였
다. 프랑스에 살고 있는 한국 출신의 불자화가들이 주축이 되어

법정 스님이 원적에 든 길상사 행지실로 유품이 전시돼 있다.

모금을 해 법정 스님의 주도로 파리 근교에 길상사를 개원한다.

1994년부터 법정 스님은 자신이 주창한 대사회 계몽운동인 '맑고 향기롭게 살아가기 운동'을 본격적으로 시작한다. 그해 3월 26일 서울 양재동 구룡사에서 첫 대중법문을 시작으로 4월 4일에는 부산에서 대중법문을 열어 큰 호응을 얻는다.

"맑고 향기롭게 모임은 순수 시민단체를 지향한다. 회원 각자가 자신이 정한 방식대로 후원을 하는데 물이 흐르는 만큼 물길이 열리듯 회원들의 성의와 뜻을 모아 우선은 내 마음을 맑고 향기롭게 하여 이웃과 사회를 향한 나눔을 실천하며 소중하고 감

법정 스님이 즐겨 입으신 승복(좌), 즐겨 쓰신 밀짚모자.(우)

사하는 자연을 보전해가는 일에 힘쓰라 법문한다. 이러한 스님
의 뜻을 따라 전국 1만여 회원이 서울, 부산, 대구, 경남, 광주, 대
전 등 6개 지역 모임에서 각각 활동한다. 또한 맑고 향기롭게 장
학금을 마련하여 중고교생을 대상으로 매년 학비를 지원한다."[58]

1996년 1월에는 '맑고 향기롭게 시민모임' 이사장에 이름을
올린다. 법정 스님은 회원이 생기고 후원금이 들어오면서 모임
의 공신력이 필요하다는 건의에 따라 1996년 12월 문화관광체
육부로부터 비영리사단법인으로 인가를 받았다. 당시도 법정
스님은 부득이 '이사장'이란 세속의 직위를 받았으나 부담스러
워하며 호칭을 받으려 하지 않았다. 다만 그것은 서류상의 직책
일 뿐이라며 '이사장' 대신 '회주會主'라는 호칭을 사용해 주기를
바랐다.

맑고 향기롭게 시민모임이 조용한 가운데 활성화되었고 이듬

해인 1997년 김천 직지사에서 '제2회 수련법회'가 거행됐다. 전국에서 120여 명의 회원이 동참했고, 3박 4일 동안 일정을 법정 스님이 직접 주관해 지도했다.

길상사는 이후 '맑고 향기롭게 시민모임'의 근본도량으로 1998년 IMF 사태를 겪게 되자 명예 퇴직자를 위해 '내일을 준비하는 사람들' 프로그램을 열어 갑자기 직장에서 밀려난 가장들에게 재기의 발판을 마련해 줄 힘을 제공하기도 했다.

법정 스님은 2007년 10월 세수 75세가 되던 해 폐암진단을 받는다. 스님은 "이 병고도 나를 찾아온 친구 중 하나"라며 "어르고 달래며 지내겠다"고 했다. 하지만 지인과 상좌들의 간곡한 청에 의해 치료를 받기로 한다.[59] 이듬해인 2008년 미국으로 병 치료를 위해 출국해 치료시술을 받고 귀국해 길상사에서 대중 법문도 하고 글쓰기도 한다. 하지만 2009년 병고가 재발해 제주도를 비롯해 여러 장소를 다니며 요양한다.

법정 스님은 폐암이 깊어진 뒤에도 침상에서 예불을 거르지 않았으며 "금생에 저지른 허물은 생사를 넘어 참회할 것이며, 이제 시간과 공간을 버려야겠다."는 말씀을 남긴 뒤 2010년 3월 11일(음력 1월 26일) '맑고 향기롭게 근본도량' 길상사에서 원적에 들었다. 세수 78세, 법랍 55세였다.[60] 상좌로는 덕조, 덕인, 덕문, 덕현, 덕운(2025년 입적), 덕진, 덕일 스님이 있다.

서울 길상사에서 거행한 법정 스님 영결식으로 관도 없이 평소 입던 승복에
가사를 두르고 이 생을 건너갔다.

출가 초기 활동과
사상적 토대 형성

출가 전후 법정 스님의 시대적 상황

법정 스님의 출가 초기에 대한 내용을 다룬 글이 몇 곳에서 보인다. 출가 이유에 대해서도 구체적으로 언급하고 있다. '전생으로부터 받아 내려온 업력業力과 6·25 한국전쟁에 대한 동족상잔의 회의감이 한몫했다'는 표현으로 자신의 출가를 '잘한 일'이라고 했다.

"나는 아마 전생에도 출가수행자였을 것이다. 이렇게 단정적으로 말할 수 있는 것은 직관적인 인식만이 아니라 금생에 내가 익히면서 받아들이는 일들로 미루어 능히 짐작할 수 있다."[61]

중·고등학교와 대학 시절 친구였던 박광순 교수가 생각했던 개인사적인 것보다는 시대 상황에 대한 인식으로 출가를 한 것으로 파악된다.

"이 땅에 태어난 사람이면 누구나 그랬듯이 한 핏줄 같은 이웃끼리 총부리를 마주 대고 미쳐 날뛰던 동족상잔인 6·25 동란의 소용돌이 속에서 인간존재에 대한 물음 앞에 마주서지 않을 수 없었다. 사상과 이념이 무엇이기에 같은 형제와 겨레끼리 물고 뜯으며 피를 흘려야 하는지 어린 나로서는 도무지 이해할 수가 없었다. 한창 감수성이 예민한 학창 시절에 밤을 새워가면서 묻고 또 물으면서 고뇌와 방황의 한 시절을 보냈다."62

법정 스님은 출가 후 해인사에서 대중이 함께하는 공동체 생활을 하면서 종교의 본질에 대해 고민하고 또 자신이 출가해서 '무엇을 할 것인가'에 대한 고뇌를 하고 거기에 대한 해답을 얻은 것으로 확인된다.

"해인사 시절 내 의식의 형성에 영향을 끼친 두 가지 일이 있었다. 그때 선원 조실스님으로 금봉錦峰 선사가 계셨는데 함께 조실방에 들어간 도반과 선사의 문답을 곁에서 듣다가 나는 번쩍 귀가 뜨이고 제정신이 돌아왔다. 도반이 조실스님께 여쭈었다. '저는 본래면목本來面目 화두話頭를 하는데 의문이 가지 않아 공부가 잘 안됩니다.' 본래면목이란 부모에게서 낳기 이전 본래의 내 모습은 무엇이냐는 의문. 화두란 참선할 때 끝없이 추구하는 명제다. 이 말을 들은 선사는 즉석에서 다그쳤다. '본래면목은 그만두고 지금 당장의 그대 면목은 어떤 것인가.' 이 법문을 듣고 섬광처럼 부딪혀온 그때의 전율 같은 감흥을 나는 지금도 잊을 수 없다. 나는 더 물을 일이 없었다. 이때부터 좌선하는 일에 재미가 나서 무료하지 않았다. 잔잔한 기쁨으로 맑은 정신을 지닐 수 있었다."[63]

법정 스님의 수행자 시절 일대 전환점을 가져온 일화다. "본래면목은 그만두고 지금 당장의 그대 면목은 어떤 것인가."라는 질문을 받고 "전율 같은 감흥을 나는 지금도 잊을 수 없다."[64]라고 했다. 이 대목에서 법정 스님은 깨달은 바가 컸으며 그길로 강원에 들어가 '지금 당장의 자신의 면목'을 찾아 나서는 공부에 몰두했다.

"지난 여름(1990년) 파리에 사는 방혜자 씨가 가족들과 함께 내 산거에 들렀다. 그때 함께 온 일행 중에 스위스에 사는 철학자 한 분이 후박나무 아래서 무슨 이야기 끝에 내게 이런 질문을 했다. '스님이 혼자서 이런 산중에 사는 것이 사회적으로 어떤 의미가 있습니까?' 나는 미소를 지으면서 대답했다. '내가 산중에서 사는 일이 사회적으로 어떤 의미를 지니는지 아직까지 한 번도 생각해 본 적이 없습니다. 나는 어떤 틀에도 갇힘이 없이 그저 내 식대로 살고 싶을 뿐입니다. 그런데 이따금 지나가는 사람들이 내가 사는 모습을 보고 이렇게 살아도 괜찮은 모양이구나 하는 생각을 하게 됩니다.'"[65]

이 글에서 법정 스님은 자신이 왜 출가를 했는지를 간접적으로 설명하고 있다. "나는 어떤 틀에도 갇힘이 없이 그저 내 식대로 살아갈 뿐"이라는 주체적인 삶의 방식을 추구하며 그렇게 살고자 하는 법정 스님의 인생관이 엿보인다. 법정 스님의 출가 당시 사회적 상황도 자신의 글에서 언급하고 있다.

"지금 돌이켜 생각해 보면 내 20대 출가할 무렵에도 우주고宇宙苦를 혼자서만 치른 것같이 여겨진다. 몇 밤을 뜬눈으로 지새면서 회답도 없는 물음을 토했다. 카인의 후예들이 날뛰던 동족상잔의 저 6·25. 모든 질서와 가치의식이 뒤죽박죽 흩어져 버린 틈바구니에서 어떻게 살아남을 수 있었던가.

그 무렵 어떤 친구들은 바다를 건너가기만 하면 신천지가 전개될 줄 알고 그저 밀항密航에만 들떠 있었다. 우리는 몇 차례나 가난한 학생의 처지에서 주머니를 털어가며 송별연을 베풀었던지. 또 어떤 친구는 그 우주고를 이기지 못해 나머지 생애를 스스로 반납해 버리기도 했었다. 남들은 말짱한데 어째서 우리들은, 우리 친구들은 그런 고뇌를 겪어야 했던가. 지금 생각하면 크느라고 홍역을 호되게 치렀던 모양이다.

　마침내 입산 출가를 결심하게 되자 나는 온갖 시름에서 일단은 벗어날 수 있었다. 출가수도의 길을 택한 그때의 내 심정은 그후 산에 들어와 읽은 것이지만, 소설 『광장廣場』에 나오는 이명준과 비슷한 것이었다. 남도 북도 아닌 중립국을 선택해 가다가 그 중립에서조차 물로 뛰어내린 그런 심정. 그러나 그와 다른 점이 있다면 내 인생을 스스로 포기해 버리지 않고 끝까지 추구해 보고 싶은 생명의 요구에 따른 점이다. 그래서 출가를 말할 때 도피가 아니라 추구라고 한다. 소극적인 도피가 아니고 적극적인 생명의 추구라는 것. 내 인생을 그 누구도 어떻게 해 줄 수 없기 때문에 내 의지로써 스스로 구축하고 재구성하려는 것이다. 똑같이 집을 나온 사실을 가지고 출가出家라 하고, 가출家出이라고 하는 것은 추구냐 도피냐에 달린 것이다."[66]

20대 시절 우주고를 이기지 못해 방황하던 시절과 6·25 한국 전쟁으로 동족상잔을 목도目睹한 법정 스님은 그 어느 이데올로기에도 속하지 않으려는 '절대 평화'의 영역에 서고 싶었는데 그 방법이 출가의 길이라고 생각했다.

"출가수행자는 한 번의 출가만으로는 출가의 뜻을 이룰 수 없다. 승단僧團도 하나의 중생계衆生界이므로 그 안에도 온갖 세속적인 모순과 갈등이 없을 수 없다. 이런 외부적인 모순뿐 아니라 그에 못지않게 자기 내면의 모순은 또 얼마나 많은가. 이와 같은 안팎의 모순과 갈등으로부터 거듭거듭 출가를 해야 한다. 그러니 출가란 끝이 없는 탈출이고, 수도생활이란 일종의 장애물 경주와 같다."67

출가 후에도 승단의 갈등에 대해서도 "승단도 하나의 중생계이므로 그 안에도 온갖 세속적인 모순과 갈등이 없을 수 없다."라며 현상적인 모습을 간파한다.

출가 후 승단의 모순에 대해 적극적인 해결방안을 제시하는 법정 스님의 모습을 보면 일찌감치 이런 문제에 직면할 것이라는 것을 알고 있었고, 적극적으로 해결해 나갈 의지를 가지고 있었다.

출가 전에도 문학에 관심이 많았던 법정 스님은 춘원 이광수의 소설을 탐독했다. 춘원은 법정 스님을 감동시킬 정도로 우수한 문학작품을 쓰기도 했고, 법정 스님이 관심을 가졌던 불교와 관련된 인물인 원효대사, 마의태자, 이차돈 성사 등도 춘원의 작품에 있어 관심이 더했다. 출가할 때도 법정 스님은 책 몇 권을 고르고 고르다가 세 권을 가지고 갔다고 한다. 궁극에는 별로 도움이 되지 못했지만, 책 즉 활자에 대한 관심은 무척 많았다.

"집을 떠나오기 전 내가 망설였던 일은 책 때문이었다. 넉넉지 못한 집안에서 자랐지만 독자讀者인 나는 하고 싶은 일을 내 마음대로 하면서 비교적 자유롭게 자랄 수 있었다. 할머니의 사랑이 나를 그렇게 길러주었을 것이다. 평소에 애지중지하던 책더미 앞에서 나는 또 생나무 가지를 찢는 아픔을 겪지 않을 수 없었다. 그것이 내 유일한 소유물이었기 때문이다. 서너 권쯤은 몸에 지니고 싶어 이 책을 뽑았다가 다시 꽂아놓기를 꼬박 사흘 밤을 되풀이했었다. 그것은 지독한 집착이었다. 책을 몇 권을 가지고도 이러는데, 정든 처자권속을 두고 나오는 사람들의 심정은 어떨까. 능히 이해할 만한 일이다. 결국 세 권을 뽑아 짐을 꾸렸지만 산에 들어와 보니 모두가 시시하고 별로 도움이 되지 않는 것들이었다."[68]

법정 스님의 책에 대한 사랑은 정찬주 소설가가 쓴 『소설 무소유』에도 보인다. 정찬주는 자신이 쓴 소설에 대해 "대부분은 사실에 입각해서 법정 스님의 이야기를 적었다."[69]고 밝힌 바 있다.

법정 스님이 출가 전 머물렀던 목포의 정광정혜원 법당.

"청년은 행랑채 골방으로 돌아와 여행가방 속에 책을 챙겼다.
고향을 떠나 어느 절을 가더라도 몇 권의 책은 가지고 가려 했다.
모든 것은 다 두고 가더라도 아끼는 책마저 놓고 갈 수는 없었다.
6·25 전쟁이 끝난 직후부터 불어댄 영어 광풍은 청년도 예외는
아니었다. 영어를 잘해야 출세할 것 같고, 모르면 낙오자가 될 것
같은 분위기였다. 그래서 청년은 일찌감치 『영한사전』 한 권을
여행가방 속에 넣어두고 있었다. 나머지 책들은 행랑채 궤짝 속
으로 들어갔다 나왔다가 수십 번이나 반복했다. 청년은 최후로
세 권을 정했다. 이미 결정한 『영한사전』에다 고3 때부터 탐독했
던 니시다 기타로가 쓴 『선禪의 연구』, 그리고 당시 국내 최고의

문장가가 쓴 문고판 수필집 한 권을 넣었다. 서옹 스님이 추천한 『임제록』은 결국 뺐다. 백양사 목포포교당인 정혜원에서 불교학생회 총무일을 볼 때 구입했던 불교서적 가운데 읽고 또 읽었던 책이 『임제록』이었던 것이다."[70]

출가 후 법정 스님은 책에 대한 새로운 눈을 뜨게 된다. 절집에 들어온 출가자로서 책을 보는 눈이자, 지혜를 밝히는 눈이었다. 출가 후에도 많은 독서를 하긴 했지만 출가수행자 법정 스님의 책은 세속에서의 그것과 느끼고 생각하는 바는 많은 차이가 있었다. 이런 글은 스님의 책 『무소유無所有』에도 보인다.

"지리산에 있는 쌍계사 탑전塔殿! 그곳에서 나는 16년 전 은사 효봉 선사曉峰禪師를 모시고 단둘이서 안거를 했었다. 선사에게서 문자文字를 통해 배우기는 『초발심자경문初發心自警文』 한 권밖에 없지만 이곳 지리산 시절 일상생활을 통해서 입은 감화는 거의 절대적인 것이었다.…(중략)…하루는 장에 갔다가 돌아오는 길에 소설을 한 권 사왔었다. 호손의 『주홍글씨』라고 기억된다. 아홉 시 넘어 취침 시간에 지대방庫房에 들어가 호롱불을 켜놓고 책장을 펼쳤다. 출가한 후 불경 이외의 책이라고는 전혀 접할 기회가 없던 참이라 그때의 그 책은 생생하게 흡수되었다. 한참을 정신

없이 읽는데 방문이 열렸다. 선사는 읽고 있던 책을 보시더니 단박 태워버리라는 것이다. 그런 걸 보면 '출가出家'가 안 된다고 했다. 불연세속不戀世俗을 출가라고 하니까. 그길로 부엌에 나가 태워버렸다. 최초의 분서焚書였다."[71]

선운사에 잠시 머물다 해인사로 들어간 법정 스님은 해인강원 3기생으로 경전을 배운다. 해인사에서 법정은 고려대장경을 접하면서 부처님의 가르침을 한글화하는 경전 번역을 한다. 해인사에 보관된 팔만대장경은 고려 고종 임금 때에 대장도감(고려시대 대장경판을 새기기 위해 만든 관청)에서 목판으로 새긴 것으로 고려시대에 만든 것이라서 '고려대장경'이라고도 하며 또 팔만여 판에 이르러서 '팔만대장경'이라고도 한다.[72] 이런 인연에는 학창 시절 책을 가까이했던 법정 스님의 성격과도 연관돼 있다. 경전 번역에 대한 결심을 하게 된 특별한 계기도 해인사에서 있었다.

"또 한 가지 일은 방선放禪 시간에 법당 둘레를 거닐고 있었는데, 시골에서 온 듯한 아주머니 한 분이 장경각에서 내려오면서 나를 보더니 불쑥 팔만대장경이 어디 있느냐고 물었다. 방금 보고 내려오지 않았느냐고 하자, '아, 그 빨래판 같은 것이요'라고 되물었다. '빨래판 같은 것'이라는 이 말이 내 가슴에 화살처럼 꽂혔다. 아무리 뛰어난 지혜와 자비의 가르침이라 할지라도 알아볼 수 없는 글자로 남아 있는 한 그것은 한낱 빨래판 같은 것에 지나지 않는다. 이때 받은 충격으로 그해 여름 안거를 마치고 나는 강원으로 내려가 경전을 배우고 익혔다. 국보요, 법보라고 해서 귀하게 모시는 대장경판이지만, 그 뜻이 일반에게 전달되지 않을 때는 한낱 빨래판에 지나지 않는다는 생각이 나를 끝없이 부추겼다. 어떻게 하면 누구나 알아볼 수 있는 쉬운 말과 글로 옮겨 전할 것인가, 이것이 그때 내게 주어진 한 과제였다."[73]

해인사에서 경전을 통해 불교관을 확립하며 '억새풀처럼 시퍼렇던 기상'은 운허 스님을 만나면서 『불교사전』 편찬작업에 동참하며 그 힘이 녹아들었다.

"다음으로 의지해서 살던 곳이 합천 해인사. 팔만대장경판이 봉안된 장경각 담 밖에 있는 퇴설당 선원이었다. 큰 절에서 많은 대중과 어울려 살게 되니, 보고 듣고 느끼면서 배울 것이 많지만 무가치한 일에 시간을 쏟아버리는 그런 아쉬움도 있었다. 어쨌든 이곳 가야산 해인사에서 열두 해를 살면서 말하자면 중으로서 잔뼈가 굵은 셈이다. 아침저녁 큰 법당에서 대중과 함께 예불을 마치고 나서, 따로 장경각에 올라가 절을 하면서 기도하던 그 정진이 지금도 좋게 기억된다. 기도란 무슨 소원을 비는 일이 아니라, 마음을 활짝 여는 수행이란 걸 겪었던 시절이다. 해인사에서 운허 스님을 만나게 된 인연으로 내 중 살림살이는 크게 바뀌게 되었다. 그전까지는 걸망 하나 메고 이 산, 저 산 찾아다니는 운수승雲水僧이었는데 이때부터 원고지 칸을 메우는 일에 발을 적시게 되었다. 좋게 말하면 수도생활이 사회성을 띠게 되었다고 하겠지만, 억새풀처럼 시퍼렇던 기상이 가시게 되었다."[74]

이런 인연으로 편찬에 참여한『불교사전』은 법정 스님에게 개인사적으로나 종단사적으로 상당한 의미가 있다. 개인사적으로는 불교의 가르침을 체화했고, 종단에서도 법정 스님의 불교 교학적 소양을 인정했다는 점이다.

당시『불교사전』편찬사업을 주도했던 당대의 선지식었던 운허 스님의 부름을 받은 그 자체만으로 법정 스님은 불교교단에서 주목을 받은 인물이 된 셈이다.『불교사전』은 우리나라 최초의 불교사전이었다. 윤창화 민족사 대표는 〈법보신문〉에 기고한 글에서『불교사전』에 대해 다음과 같이 기술하고 있다.

"이운허의『불교사전』. 개화기 이후 근대 한국불교문화사에서 특필하지 않으면 안 될 책은 이운허耘虛(1892-1980) 스님이 편찬한 『불교사전』이다. 그의 나이 70세 되던 1961년 5월 22일 법보원(후에 홍법원으로 명칭 변경, 석주 스님)에서 간행된 이 책은 우리나라 최초의 『불교사전』으로서 불교출판의 역사에서는 물론 불교 대중화에도 많은 기여를 했던 사전이다.…(중략)…운허 스님은 『불교사전』 간행을 위하여 1960년 3월부터는 강사를 그만두고 선학원에 주석하면서 인환, 법정, 정묵, 법안 등 젊은 스님들과 함께 편집·교정에 착수한 지 1년 2개월 만에 간행의 결실을 보게 되었다.…(중략)…이 책은 오늘날 각종 불교사전의 모체이자 뿌리라고 해도 과언이 아니다. 신국판 양장, 색인을 포함하여 약 1,000쪽으로 법보원에서 출판된 이후 법통사와 동국역경원에서 각각 재판되었다.”[75]

『불교사전』 편찬과 인연 맺은 법정 스님은 당시의 대 강백이었던 운허 스님이 주도했던 동국역경원의 일원으로 참여했고 이후 해인사를 떠나 상경하는 계기가 된다.

법정 스님에게 해인사는 출가 초기생활의 대부분을 차지하는 공간이었다. 그곳에서 법정 스님은 출가수행자로서의 공동체적 삶의 소양을 함양했다. 다양한 수행자들을 만나면서 많은 것을 배우기도 했다. 이런 경험들을 법정은 자신의 저서 『텅빈충만』

에서 소회하며 후배들에게도 애틋한 당부를 하기도 했다.

"가야산에서 내 생애의 20대 후반과 30대 초반을 보냈다. 출가하여 처음 중노릇을 익히고 다지던 중요한 시기다. 선원인 퇴설당에 방부를 들일 무렵에는 해인사에 전기가 들어오기 전이다. 물론 매표소를 지어 놓고 관광객들에게 관람료라는 걸 받지도 않았다. 강당인 궁현당 시절에도 해질녘이면 명등明燈(등불을 켜고 관리하는 소임)이 호야燈皮(등불이 바람에 꺼지지 않게 하기 위해 덧씌우는 유리로 된 물건)를 닦아 내걸던 그런 때다. 관음전 한쪽 방, 비봉산이 3백 호쯤 되는 전경으로 내다보이는 그 소소산방笑笑山房 시절에야 전기가 들어왔었다. 5·16혁명 이후가 된다. 해인사에 살면서 누린 은혜는 무엇보다도 고마운 스승들을 가까이서 모실 수 있었던 일이다."76

동국역경원과 대한불교(불교신문)와의 인연

　해인사에서 출가수행자로 소양을 몸에 익히면서 역경에 전
념해 왔던 법정 스님은 운허 스님의 부름을 받고 1960년부터
1961년까지 통도사에서 진행한 『불교사전』 편찬불사에 동참한
다. 그 인연으로 1964년 7월 동국대학교에 설립된 동국역경원[77]
에서는 역경위원을 맡으며 출가수행자의 삶에 변곡점을 맞이한
다. 이 기간을 전후해서 법정 스님은 〈대한불교大韓佛敎〉와 인연
을 맺는다. 〈대한불교〉는 현재 〈불교신문〉의 전신으로 1960년
1월 1일자로 창간한 '대한불교조계종 기관지'로 초대 발행인이
당시 총무원장이었던 청담 스님이었다.

　〈대한불교〉 발행인인 청담 스님은 창간사에서 "우리 불교는
앞으로 더욱 많은 중생에게 포교하여 모든 국민에게 영적 구원
을 주고 건전한 사회건설에 공헌할 사명을 띠고 있다. 이 중차대
한 사명을 완수하려면 우리 전국 승려와 신도들은 가일층 수도
에 힘쓰고 포교에 매진해야 하며 여러 가지 건설적이며 실제적

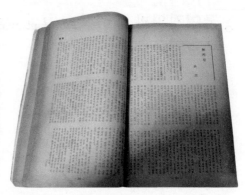

법정 스님의 「무소유」를 실은 잡지 현대문학.

인 방안을 수립해야겠다. 그의 일단으로서 우리 조계종단의 기관지 〈대한불교〉를 창간한다.”[78]고 밝히고 있다.

불교계 최초의 신문인 〈대한불교〉는 1964년 7월 이한상이 운영권을 인수한 이후 주간 대판 4면으로 확대했고, 1980년 언론 통폐합의 아픔을 겪은 뒤 〈불교신문〉으로 재창간해 역사를 이어간다.

이처럼 대한불교조계종을 대표하는 신문에는 법정 스님과 같은 소위 '불교 엘리트스님'이 필요했고, 이 일에 적격자로 법정 스님이 초기에는 자연스럽게 필자로 참여한 듯하다. 이 일에는 고은 시인도 참여하고 있었던 것으로 확인된다. 문학활동에 대한 도움도 고은 시인이 일정부분 교량 역할을 한 것으로 파악된다. 당시 문단에 영향력을 가지고 있었던 고은 시인은 법정 스님이 문단에 나오는 데 도움을 주었다는 것이다.[79] 법정 스님은 즐겨 읽었던 『현대문학』에 산문을 실으며 문단에도 데뷔한다. 그 작품이 이 『무소유』에 실린 「무소유無所有」로 1971년 3월호에 실렸다. 이후 「소음기행騷音紀行」이라는 작품도 1972년 12월호에 실었다.

이런 와중에 법정 스님은 직·간접적으로 〈대한불교〉 창간에 역할을 했던 고은 시인(당시에는 사형)을 도우며 신문작업에 참여했다. 1968년 9월 8일자 신문에는 '법정 스님이 논설위원論說委員으로 위촉되었다'는 내용과 '신문 편집회의에 참석해 집필에 동참해 왔었다'는 내용도 실려 있다.

"동국역경원東國譯經院 편집부장編輯部長인 법정 스님을 본사 논설위원으로 위촉하였다. 법정法頂 스님은 종전부터 본사 편집회의에 참석하여 집필하여 오다가 그동안 해인사에 가 있는 동안 본사에 나오지 못하였는데 이번에 동국역경원 편집부장으로 취임하게 되어 다시 본사 논설위원에 취임하였다."[80]

경전의 한글역경을 위해 상경한 법정 스님은 역경활동에 매진하면서 〈대한불교大韓佛教〉에 다양한 원고를 게재한다. 이들 원고에는 역경과 관련된 글들이 많았고, 자신의 감정을 담은 시편

동국역경원 시절 법정 스님.

들도 있었다. 1964년 동국역경원이 설립되었을 때는 주요 요직에는 이름을 올리지 않았지만 역경위원으로 경전을 번역하는 일에는 적극 매진하고 있었고 1968년 7월 2일에 편집부장으로 임명돼 활동하기도 했다. 법정 스님에게 동국역경원과 〈대한불교〉는 자신의 시대정신을 형성하고, 펼쳐 나가는 데 디딤돌 역할을 했던 것으로 판단된다.

　이미 알려진 것처럼 법정 스님은 동국역경원의 역경위원으로 활동하며 고려대장경(해인사 팔만대장경) 번역에 매진하고 있었다. 그 장소가 현재 동국대학교에 있었고, 당시 〈대한불교〉도 같

은 건물에 있으면서 잦은 왕래가 있었다.[81]

　법정 스님이 상경할 당시에는 스승이었던 효봉 스님도 1960년 통합종단의 초대 종정을 맡아 종단 정화불사에 헌신하고 있었고, 해인사 주지도 당연직으로 대한불교조계종 총무원장이었던 청담 스님이 맡고 있었다.

　〈대한불교〉에서 법정 스님은 다양한 글을 기고하는 한편, 주필[82]과 논설위원으로 활동하게 된다. 그 기간은 1963년부터 1977년이다. 이 기간 동안 법정 스님은 문학 활동과 경전 번역, 불교논단, 에세이 등 다양한 영역에서 글을 쓴다. 이들 원고에는 '법정法頂'이라는 법명도 있지만 해인사에 거처를 두었던 '소소산방笑笑山房'의 이름을 딴 '소소산인笑笑山人' 혹은 '청안淸眼'이라는 필명으로 글을 쓰기도 했다.[83]

　「설해목雪害木」은 1968년 4월 21일자 〈대한불교〉에 게재한 작품으로 그의 첫 작품인 『영혼의 모음』에 실렸으며 법정 스님을 세상에 널리 알리게 된 베스트셀러 『무소유』에도 실렸다.

경전 번역과 불교설화 창작

1960년에 창간한 〈대한불교〉에 법정 스님의 원고가 등장하는 시기는 1963년 4월부터다. 당시에는 매월 4면씩 발간하는 월간지였는데 총 15편의 설화가 실린다. 기명은 '법정法頂과 '소소산인笑笑山人'이라는 이름으로 게재되기 시작한다.

1963년에 게재된 원고는 총 5편으로, 법정 스님이 동국역경원에서 팔만대장경 경전을 번역하면서 그 내용을 토대로 윤문하는 정도의 글들이 보인다. 글 말미에는 경전의 출처도 달아 놓았다. 글쓴이의 이름을 정확히 밝힌 설화는 경전 번역에 충실하면서 그 의미를 다치지 않게 창작성을 가미하고 있다. 그 첫 번째 작품이 「어진 사슴」이다.

「어진 사슴」

"옛날 인도의 간지스 강가에 사슴이 한 마리 살고 있었다. 배가 고프면 벌에 나가 풀이나 뜯고 목이 마를 땐 강기슭에서 흐

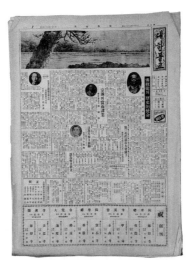

대한불교(불교신문 전신) 창간호.

르는 물을 마셨다. 낮에는 나무 그늘에 앉아 허공중에 한가로운 흰구름을 바라보며 눈망울을 맑히고 밤이면 숲속 나뭇가지에 걸린 별들을 세며 좀 외롭긴 하여도 평화롭게 살고 있었다. 그런데 신기하게도 이 사슴은 아홉 가지 털빛을 띠고 있었고, 그 뿔은 이상스레 하얗다.…(중략)…그 뒤부터 많은 사슴들은 이 사슴이 있는 곳으로 모여와서 마음 놓고 살게 되고, 온 나라 사람들도 모두 평화롭게 살았다고 한다. 그때 아홉 가지 털빛을 가진 사슴은 부처님이 지난 성상을 보살행을 닦을 때의 몸이고 사슴을 따르던 까마귀는 부처님을 오랫동안 모신 '아난다'란 제자이며 은혜를 저버린 사내는 한평생 부처님을 괴롭히던 '데바닷다'였다고."

-『불설구색록경佛說九色鹿經』84에서85

위의 원고는 법정 스님이 〈대한불교〉에 처음 게재한 원고다. 1963년 4월 1일자 3면에 '법정法頂'이라는 이름으로 게재된 이 글은 법정 스님이 동국역경원에서 역경위원으로 활동하며 〈대한불교〉에 처음 실은 원고로 추정된다. 내용 역시 경전의 말씀을 번역했는데 원문의 시작 부분은 다음과 같다.

"옛적에 보살의 몸이 아홉 빛깔 사슴이 되었으니, 그의 털이 아홉 가지의 빛깔이었으며 그 뿔이 눈과 같이 희었는데, 항상 항수恒水가에 살면서 물과 풀을 마시고 먹었으며 항상 한 까마귀와 더불어 잘 알고 지냈다. 그때 물 가운데 한 사람이 빠져서 물결에 휩쓸려서 흘러 내려오는데, 혹은 나오고 혹은 빠졌다가 나무를 잡고 머리를 들고 하늘을 우러러 부르짖었다. '산신山神과 수신水神과 모든 하늘과 용신龍神이시여, 어찌 저를 불쌍히 여기지 않으십니까?' 사슴은 사람의 소리를 듣고 달려서 물 가운데 이르러 빠진 사람에게 말하였다. '당신은 두려워하지 말고 나의 등에 올라 내 두 뿔을 잡으면 내가 마땅히 당신을 업고 물속에서 나오겠습니다.'"86

2개월 뒤인 1963년 6월 1일자 〈대한불교〉에는 「조용한 사람들」이라는 제목으로 원고가 실린다.

「조용한 사람들」

"어느 달 밝은 보름밤의 일이었다. 포근한 달빛 아래서 사람들은 무어라 말할 수 없는 즐거움으로 가슴마다 부풀어 올랐다. 젊은이들은 마음 통하는 이를 찾아가 그리움을 나누었고, 늙은이는 그들대로 지나온 인생살이에서 겪은 잊을 수 없는 달밤의 기억들을 되새기며 새삼 젊어지려 했다. 그리하여 궁중에서도 임금이 많은 신하들과 함께 어떻게 했으면 이 밤을 보다 즐겁게 보낼 수 있을까 하고 의논하게 되었다.…(중략)…부처님은 조용히 대답하셨다. '임금님은 사람의 근본을 이루고 있는 마음을 가라앉히려고는 하지 않고 사람들의 겉모양만을 다스리려고 합니다.' 이 말을 듣고 난 임금님의 마음속에는 어느새 보름달처럼 조용하면서도 밝은 빛이 번지고 있었다. 부드러운 밤바람은 나뭇잎을 스치고 신하들도 임금님 곁에서 빙그레 미소를 띠고 있었다."

– 『비나야파승사毘奈耶破僧事』[87] [20][88]

위 원고 역시, 법정 스님이 동국역경원의 일원으로 역경사업에 매진하면서 번역한 팔만대장경을 〈대한불교〉에 쉽게 대중들이 접할 수 있도록 게재한 것이다. 출처인 『비나야파승사』는 『근본설일체유부 비나야파승사』의 줄임말로 고대 인도불교의 유파인 근본설일체유부가 새로운 사상을 정립한 뒤 완성한 율장 중 하나로 인도에서 가장 교리가 발달했던 부파불교에서 수행하며 연구했다. 법정은 복잡한 이야기의 한 구절[89]을 떼어 내어 각색하고 문학적 수사로 윤문하여 스토리텔링하고 있다.

「겁쟁이들」

"어느 강기슭에 울창한 야자나무 숲이 있었다. 그 숲에는 여섯 마리의 토끼가 사이좋게 지내고 있었다. 바람기도 없이 고요한 어느 밤 수풀 아래서 토끼들이 자고 있을 때 익을 대로 익은 야자 열매가 제물에 겨워 강물에 떨어지면서 '풍덩!' 큰 소리를 내었다.…(중략)…'허참 겁쟁이 때문에 속았군……' 하면서 모두들 제각기 뿔뿔이 흩어져 갔다."

–『근본설일체유부비나야根本說一切有部毘奈耶』38 [90]

세 번째 설화 「겁쟁이들」에서 법정 스님은 각주 형식의 '후기'를 달았다. 이는 일종의 해설로 원문[91]에서 전달하고자 하는 의도를 상세하게 풀어서 제시했다. 이는 법정 스님이 전하고자 하는 바를 적확히 기술하고자 함으로 보인다.

「저승의 선물」

"옛날 어떤 임금의 이야기이다. 그는 사람이 죽은 뒤에는 죽은 사람들만 있는 '밤의 나라'에 가서 그곳의 왕인 '야마'에게 여러 가지 재판을 받는다는 말을 언제부터인가 전해 듣고서 자기가 죽은 뒤에는 나라 안의 보배를 선물로 가지고 가겠다고 생각하였다.…(중략)…그러하오니 상감마마께서 마련하실 가장 큰 선물은 나라를 잘 다스리시고 수행자와 가엾은 사람이나 가난한 이에게 '보시'를 하는 일이 아닌가 하옵니다. 임금도 과연 그렇겠다고 고개를 끄덕거렸다."

－『대장엄론경大莊嚴論經』[92]에서

1963년 8월 1일자에 수록된 「저승의 선물」 설화는 해인사 팔만대장경에 수록돼 있는 『대장엄론경大莊嚴論經』을 읽고 일부분[93]을 윤문하고 각색한 글이다. 『대장엄론경』의 흥미진진한 이야기로 스토리텔링하는 것은 고도의 창작 활동임에 틀림없다. 이러한 일을 법정은 '번역 불사'로 여기고 〈대한불교〉에 전한 것이다. 전법과 포교에 대한 열정이 없으면 할 수 없는 일로 여겨진다. 이러한 활동은 법정 스님의 행적을 기록한 책에서도 보인다.

「그림자」

"한 사나이가 커다란 못가에 멈추어 서서 한참 동안 뚫어지게 못 속을 들여다보고 있었다. 그러다가 물속에 거꾸로 비춘 자기의 그림자에 눈이 가자 후다닥 놀라 양손을 번쩍 들고 '사람 살려!' 하고 외치면서 그곳에서 뛰쳐갔다.…(중략)…그러나 그 사나이는 끝까지 자기가 물속에 빠져 있다고 믿으면서 사람들의 말에 귀를 기울이려고 하지 않았다."

　　　　　　　　　　－『대위덕다라니경大威德陀羅尼經』에서94

　1963년 9월 1일자 5면에 실린 원고로, 1963년에 실린 5편의 작품 가운데 마지막으로 실린 것이다. 『대위덕다라니경』은 "수隋나라 때(596년) 사나굴다闍那崛多가 한역한 경으로 모두 20권으로 되어 있으며, 간단히 줄여서 『위덕다라니경』 또는 『대위덕경』이라고도 한다. 다라니가 지니고 있는 위덕이 어떠한지, 다라니법에 대한 상세한 설명과 함께 여러 가지 선악의 사상事相에 대해서 말하고 있다."95고 전한다. 다른 작품들과 마찬가지로 작품 출처를 달아 경전 번역에 충실한 흔적이 보인다. 법정 스님은 이러한 일련의 경전 번역 작업을 신문작업에 투영해 나름대로의 경전 번역 실력을 계속 축적했다.

　1964년에 접어들어서는 게재한 불교설화 편수도 늘어나 총

10편이나 된다. 내용도 다양할 뿐 아니라 원고 뒤에 '후기'라는
각주 비슷한 형식을 글꼬리로 단 작품도 출현한다. 이때부터는
'법정'이라는 법명을 명기하지 않고 '소소산인笑笑山人'이라는 필
명을 사용했다. 아마도 법정 스님이 공부했던 해인사 '소소산방
笑笑山房'을 딴 이름으로 보인다. 또 말기 작품에는 창작설화 형태
를 띠며 법정 스님의 글쓰기가 진일보하는 모습이 보인다.

「장수왕」

"원한을 원한으로 갚으려 하면 원한은 그칠 새가 없다. 다만 원
한을 버림으로써 그치나니 이 법은 영원히 변치 않으리라."

-법구오게法句五偈

"옛날 중인도에 코살라라고 하는 큰 나라가 있었는데 그 나
라 임금인 장수왕長壽王에게는 '장생長生'이라는 태자가 하나 있었
다.…(중략)…여기에 나온 장수왕은 부처님의 전신이고 장생 태
자는 아난존자이며 브라흐마닷타는 부처님을 괴롭히던 데바닷
타였다."

-『장수왕경長壽王經』에서96

이 설화는 '소소산인笑笑山人'이라는 필명으로 게재된 원고로 법

정 스님이 해인사 팔만대장경을 번역하면서 교훈적인 이야기를 윤문한 것이다. '소소산인笑笑山人'이라고 필명을 쓴 이유는 해인사 '소소산방笑笑山房'에서 원고를 작성했을 때 사용했거나 비슷한 지면에 게재한 시에 쓴 '법정法頂'이라는 동명同名을 피하기 위함으로 추측된다. 『장수왕경長壽王經』은 "1권으로 된 경전으로 번역자는 미상이다. 장수왕의 인연을 설한 내용으로 중아함 17 『장수왕본기경長壽王本起經』에도 수록"[97]돼 있다.

『장수왕경長壽王經』의 원문은 다음과 같이 시작한다.

"어느 때 부처님께서 사위국舍衛國 기수급고독원祇樹給孤獨園에 계셨다. 이때 부처님께서 여러 비구들에게 말씀하셨다. '옛적에 보살이 큰 나라의 왕이었던 적이 있는데 이름은 장수長壽였고, 왕에게 태자가 있었으니 이름은 장생長生이었다. 왕은 나라 다스리기를 정사政事로 하였고 칼이나 매 때리는 고뇌를 관리와 백성들에게 가加하지 아니하였으니, 바람과 비가 제때에 오고 5곡穀이 넉넉하게 익었다.' 이웃에 나라가 있었는데, 그 왕은 다스리는 데 포학暴虐하고 바른 정치를 닦지 아니하여 국민이 빈곤하였으므로 옆에 있는 신하에게 말하였다. '내가 들으니 장수왕의 나라가 여기서 멀지 아니한데 크게 넉넉하고 풍락豐樂하지만 무장兵革을 갖추지 않았다 하니, 내가 가서 그 나라를 쳐서 빼앗고자 하는데,

성사 시킬 수 있겠는가 없겠는가?' 옆에 있던 신하가 대답하였다. '매우 좋습니다.' 드디어 군대를 일으켜 나아가 장수왕이 다스리던 나라의 경계에 이르렀다."[98]

'장수왕 이야기'는 1992년과 2005년 동국역경원이 출간한 『비유와 인연설화』와 2009년에 문학의숲 출판사가 출간한 『인연 이야기』에서 「원한을 원한으로 갚지 말라」는 주제로 『육도집경1』의 내용을 윤색해 책으로 나왔다.

「봄 길에서」

"봄. 그러니까 하늘과 땅은 그 무거운 핫옷[99]을 벗고 있었다. 산은 움터오는 새싹으로 온몸이 가려워 아른아른 아지랑이를 피우면서 이따금 재채기를 하였다. 새들은 맑은 목청으로 새싹들을 간질이고 시냇물은 가슴을 풀어 헤친 채 새 노래를 받았다. 허공을 지나는 구름도 물이 오른 나뭇가지의 눈매에 이끌려 가지 끝에서 서성거리고 있었다.…(중략)…산에게도 무슨 괴로움이 있을까? 저렇게 온몸에 아지랑이를 피우면서 이따금 재채기 소리가 쩌렁쩌렁 골 안을 울리는 걸 보면."

–『승가나찰경僧伽羅刹經』에서[100]

『승가나찰소집경僧伽羅刹所集經』의 약칭인『승가나찰경』은 "부진符秦의 승가발징僧伽拔澄[101]이 번역한 것이다. 부처님이 인위因位의 행법行法과 과果에 이른 뒤 화상化相을 설한 것"[102]이다. 이 경전 역시 해인사 팔만대장경에 들어 있는 경전으로 법정 스님은 교훈적인 이야기를 한 부분 떼어 내어[103] 창작성을 가미해 창작설화로 완성시켰다.

「봄 안개 같은」

"물론 먼 옛날의 이야기다. 나라가 태평하고 백성들이 평안한 고장이면 으레 그렇듯이 그 나라에도 은혜로운 임금이 살고 있었다. 산골짜기에서는 진달래가 붉게 가슴을 태우고 있을 어느 봄날, 임금은 다음과 같이 포근한 목소리로 담화를 발표했다. '사랑하는 우리 형제들이시여! 저는 새봄을 맞이하여 우리 형제들에게 무엇인가를 베풀고 싶어졌습니다. 누구든지 저의 집에 오셔서 보물을 한 움큼씩 가져가시기를 즐거운 마음으로 기다리겠습니다.'…(중략)…임금은 이 말에 크게 울림을 받아 그전보다 어진 정치를 하게 되었습니다. 물론 해마다 오곡이 풍성하게 무르익고 백성들은 태평성세를 노래하며 문을 걸어 닫는 풍속이 철거된 지는 이미 오래되었다. 이웃 간에 오순도순 다사로운 인정을 나누며, 사람이 살아가는 세상답게 살아갔다. 영 너머에서는 봄 안개 같은 뻐꾸기 울음이 들릴 것도 같은데."

–『법구비유경法句譬喩經』에서104

『법구비유경法句譬喩經』은 총 4권 39품으로 구성돼 있다. "중국 서진西晉(265-316)의 법거法炬 스님이 번역한 것이다. 『대의출요 경大意出曜經』과 같으나 다만 차례가 다르다."105고 알려져 있다. 역 시 한문으로 되어 있는 고려대장경(팔만대장경)『법구비유경法句譬 喩經』의 일부분106을 법정 스님은 번역하고 각색했다.

「모래성」

"바닷가. 수평선이 멀리 바다 끝을 가리고 흘러 다니다가 피곤 해서인지 섬들은 듬성듬성 졸고 있었다. 갈매기는 다음날 항구 의 갠 날씨를 노래하고 한 무리의 귀여운 아이들이 놀고 있었다. 잔물결이 모래알을 간질이고 있는 그러한 바닷가에서 무심 이상 李箱의 그 고독한 '아이들'처럼 꼬마들은 조약돌과 모래를 한 데 모아 성을 쌓거나 집을 짓고 있었다.…(중략)…우리들은 밤이 오 면 저마다 어버이의 품을 찾는 어린 꼬마. 찾아갈 다사로운 품(의 지할 곳)을 갖지 못할 때, 우리는 그를 일러 고아라 한다. 인생의 고아! 그리고 실향사민失鄕私民이라고도 한다."

–『수행도지경修行道地經』에서107

이 설화도 법정 스님이 고려대장경을 번역하는 과정에서 『수행도지경修行道地經』의 일부분[108]을 윤문해서 〈대한불교〉에 실은 작품이다. 『수행도지경』은 총 7권으로 "인도의 사문 중호衆護가 찬撰하고 서진西晉의 축법호竺法護가 번역함. 30품으로 되어 있으며 오음五陰 등의 법상法相과 삼승三乘의 행법行法을 밝힌 논장論藏. 또는 『수행경修行經』이라고 함."[109]이라고 정의하고 있다. 이 경전 역시 어려운 초기 한문대장경으로 법정 스님이 번역해서 일반인들도 이해하기 쉽게 창작한 불교설화로 아래와 같은 원문을 각색한 것이다.

"행도자行道者는 마땅히 55가지 인연으로 자신의 몸을 관觀해야만 하니, 이 몸은 거품과 같아서 잡을 수 없고, 이 몸은 바다와 같아서 다섯 가지 즐거움을 싫어하거나 만족하게 여기지 않으며, 이 몸은 큰 강과 같아서 날마다 죽음의 바다에 이르기를 원하고, 이 몸은 대변大便과 같아서 지혜로운 사람은 좋아하지 않으며, 이 몸은 모래성과 같아서 빨리 무너져 흩어져 버린다. 이 몸은 무너지는 성城을 만난 것과 같아서 원망하는 이가 많으며, 이 몸은 퇴화하는 성城과 같아서 가지고 있을 수도 잡을 수도 없고, 이 몸은 뼈의 관문骨關 같아서 피와 살이 묻어 있으며, 이 몸은 망가진 수레와 같아서 힘줄로 얽혀 있고, 이 몸은 집고양이家猫와 같아서 탐욕 성냄 어리석음의 몸뚱이다."[110]

「연둣빛 미소」

"'엄마!' '아가!' 아이와 어머니는 얼싸안은 채 목이 메어 말을 잇지 못했다. 어머니는 한참 만에야 눈물을 거두고 아이에게 물었다.…(중략)…'아가!' '엄마!' 아기 자라와 엄마 자라는 꼬옥 안은 채 더 말을 잇지 못했다."[111]

「연둣빛 미소」는 상당한 의미를 가진 설화다. 왜냐하면 법정 스님이 해인사 팔만대장경을 번역하면서 순수하게 창작한 흔적이 보이는데 그 첫 번째 작품이기 때문이다. 특정 경전을 출처로 하지 않고 여러 경전을 번역한 후 재구성한 창작설화다.

초기 법정 스님의 원고에서는 긴 문장이 보인다. 이는 경전의 일부 문구를 직역하는 과정에서 나온 것으로 추측된다. 법정 스님은 〈대한불교〉에 자주 원고를 기고하면서 긴 문장도 점차 단문화 되어 가는 경향을 보인다. 「연둣빛 미소」는 불교의 5계 가운데 불살생계不殺生戒에 대해 법정 스님이 창작성을 발휘해 만든 작품으로 훗날 다양한 원고를 창작하는 밑거름이 됐다.

「치병제일장治病第一章」

"의좋은 두 친구가 있었다. 둘 다 많은 재물을 가진 점에서는 같았지만 한쪽은 아주 깊이 부처님에게 귀의하고 있었는데 다른 한쪽은 조상 적부터 해와 달을 신으로 섬기고 있었다. 그러기 때문에 의술醫術 같은 것은 아예 신용하려고 하지 않았다.…(중략)…샤아캬무니의 간곡한 가르침을 듣고 병자는 마치 먹구름이 걷히고 밝은 해가 나타나듯 마음속이 환히 개이게 되었다. 따라서 몸은 의사가 치료해 주도록 맡기고 마음을 안정하게 되었으므로 병은 하루하루 쾌차하게 되었다."

-『법구비유경法句譬喩經』에서112

'소소산인笑笑山人'으로 게재된 이 설화는 미출간 상태로 〈대한불교〉에 남아 있다가 이번에 처음 책으로 나온 원고다.『법구비유경』의 내용을 풀어서 쓴 원고에는 부처님께 교화를 받는 한친구의 이야기를 통해 부처님의 가르침이 얼마나 위대한지를 보여주고 있다.

「어머니 마음」

"옛날 인도에 시비왕이라고 하는 임금님이 있었다. 이 임금님은 마음이 하도 어질어서 백성들은 그를 어버이처럼 섬

겼고, 뿐만아니라 새나 짐승들도 마음 놓고 그에게 가까이 따르게 되었다. 어느 이른 봄날. 한 마리의 비둘기가 사나운 매에게 쫓겨 시비왕에게로 피신을 왔었다.…(중략)… 굶주린 아기에게라면 무엇을 주어도 아깝지 않은 어머니의 마음을 우리는 알고 있으므로."

–『보살본연경菩薩本緣經』에서113

'소소산인笑笑山人'이라는 이름으로 게재한 「어머니 마음」이다. 굶주린 아기를 위한 것이라면 무엇도 아깝지 않은 무한한 사랑과 생명 존중을 잘 담아내고 있다. 출처인『보살본연경』은 "3세기 중엽 지겸支謙이 한역한 것으로, 부처님께서 보살로 계실 때의 전생이야기를 담고 있는 불교 경전이며, 총 3권 8품으로 구성되어 있다."114고 전한다. 위의 내용처럼 '부처님 전생이야기'는『보살본연경』을 비롯한 『자타카』『육도집경』『현우경』 등 여러 경전에 유사한 내용에도 보이는데 부처님의 전생이야기를 다루고 있다.

"옛날 석가가 보살로서 큰 나라 왕이었을 적에 이름이 살바달薩婆達이었다. 널리 중생들에게 보시하여 그들이 원하는 것을 주었으며 가엾이 여기는 마음으로 액난을 구제하였으므로, 하늘과 귀신, 용신들이 모두 말하였다.…(중략)…왕은 말하였다. '비둘기가 왔기에 생명을 살려 준 것은 틀림이 없는 일이다. 네가 진실로 고기를 원한다면 내가 백 배를 더 무겁게 주리라.' 매는 말하였다. '제발 비둘기를 돌려주십시오. 다른 고기는 소용이 없습니다.' 왕은 말하였다. '무슨 물건을 너에게 주면 네가 비둘기를 놓아주고 기꺼이 떠나겠느냐?' '만약 왕께서 반드시 자비와 은혜로 중생을 가엾이 여기신다면, 왕의 살을 베어서 비둘기와 바꾸시지요. 나는 그것이라면 기꺼이 받겠습니다.' 왕은 아주 기뻐하면서 몸소 넓적다리 살을 베었다. 그 비둘기를 저울에 달아 비둘기와 똑같은 무게를 만들려고 하였는데, 비둘기가 자신의 몸무게보다 더 넘었기 때문에 자기 몸의 살을 다 베어냈는데도 여전히 같은 무게를 만들 수 없었으며, 상처의 아픔 또한 한량없었다."[115]

위의 내용처럼 『보살본연경』을 비롯해 몇몇 경전에 유사한 내용이 보이는데 부처님의 전생 이야기를 다루고 있는 것으로 생명의 무게는 동일함을 강조하고 있다.

「어떤 도둑」

"옛날 한 마을에 예쁜 소녀가 살고 있었다. 얼굴뿐만 아니라 마음씨도 고와서 이웃 마을까지 소녀에 대한 칭찬이 자자했다.

심술꾸러기 아이들은 걸핏하면 소녀의 본을 받으라고 엄마한테 꾸중 들었을 것은 어느 고장에서나 있을법한 일. 어느 날 밤. 이 마을에 산적 떼가 들어와 마을 집들을 죄다 털려고 하였다.…(중략)…산적의 괴수와 그의 무리들은 잠자코 소녀의 얼굴을 바라보았다. 그들은 마음속에 깊은 감동을 받고, 한참을 멍하니 서 있다가 조용히 집을 떠나갔다. 그날 밤 이 마을에서 산적에게 털린 집은 물론 한 집도 없었다. 그리고 그 뒤부터 무서운 산적의 자취도 그 근처에서 영영 사라지고 말았다. ”

-『비나야잡사毘奈耶雜事』에서116

이 설화 역시 고려대장경을 한글화하는 과정에서 법정 스님이 『비나야잡사』에 나오는 이야기117를 각색해 〈대한불교〉에 게재한 원고로 보인다.

당시 〈대한불교〉는 월 1회 발행하는 신문이었으므로 매달 한 꼭지의 글을 게재했을 것으로 추측된다. 『비나야잡사』는 한문 대장경의 한 부분으로 법정이 번역해 각색한 불교설화다.

「땅거미薄暮」

“‘옛날’이라고 미리 입가심을 하지 않아도 좋으리라. ‘예쁘다!’ 이렇게 한 말로 때우기에는 어여쁜 공주가 있었다.…(중략)…‘왜 이러시오. 형씨? 어째서 그리 헐떡거리지? 무슨 일이라도 있었나?' '형씨고 나발이고 말 마라. 지금 막 땅거미란 놈한테 붙들려. 임마 까딱했더라면 죽을 뻔했어.'…(중략)…원숭이는 소리를 치면서 정신없이 나뭇가지로 뛰어올랐다. 악마는 이때, '저놈이 땅거미임에 틀림없다. 무섭다는 그 땅거미가 아니고야 영리한 원숭이 놈을 저렇게 형편없이 만들겠는가?' 하고는 두 주먹을 불끈 쥐고 산골짝 깊이 도망치고 말았다. 원숭이의 얼굴과 밑이 빨갛게 된 것은 이때부터라고. 막망상莫妄想118! 막망상莫妄想!"

–『본생담本生譚』에서119

『본생담』120은 "범어 '자타카 jātaka'로 부처님 전생의 삶을 묘사한 설화."121다. 위의 원고에서는 법정 스님의 창작성 글쓰기가 보인다. 팔만대장경을 번역한 내용이지만 법정 스님의 창작이 가미되어 있는 점이 눈에 띈다. 문장에서도 "그러니까 설사 '미스유니버스'네 어쩌고 하는 수선스런 모임이었다 하더라도", "왜 이러시오. 형씨", "형씨고 나발이고 말 마라" 등에서처럼 구어체 문장이 보인다.

이런 문장들은 법정 스님이 적절한 문장을 찾아나서는 과정에서의 실험적인 요소가 보이는 초기작품의 흔적이 보인다. 어느 문장가도 다 그러하듯이 초기작품은 조금은 거칠기도 한 게 보편적이다. 비록 팔만대장경의 경전 이름을 뒤편에 달아 놓았지만 법정 스님의 입장에서 풀어내려는 노력이 보이는 원고로 법정 스님의 글쓰기의 추이를 살필 수 있는 중요한 자료다.

「구도자」

"어제부터 내리는 눈은 쉬이 멎을 것 같지가 않았다. 허공에는 마냥 부옇게 묻어오는 잿빛뿐이었다. 한 젊은 사나이가 눈길을 걷고 있다. 푹푹 빠지는 길을 피곤한 줄도 모르고 묵묵히 걸어가고 있다.…(중략)…'스님, 지금 제 마음이 몹시 불안합니다. 제발 저를 안심시켜 주십시오.' '그래? 어디 그럼 그 마음을 내게로 가지고 오너라. 그러면 너를 안심하게 해 주마'…(중략)…푸드득 멥새가 날자 가지 위에 쌓인 눈이 달빛처럼 내렸다. 그새 눈은 멎어 있었다. 잿빛 하늘이 열린 틈으로 아침 햇살이 눈부시게 쏟아지고 있었다."[122]

이 설화는 법정 스님의 글쓰기에서 획기적인 변화를 보이는 작품으로 '1차 완성형' 원고로 평가할 수 있다. 1963년부터 시작된 법정 스님의 글쓰기는 설화 부분에서 상당히 진척된 모습을 보인다. 초기작품 15편 가운데 마지막 작품인 「구도자」는 법정 스님의 순수한 창작설화다.

작품의 소재도 후기에서 "중국 선종의 제2조인 혜가가 초조인 달마를 찾아가 설중단견雪中斷臂으로써 구도한 이야기"라고 밝히고 있다. 설중단견은 눈 속에서 팔을 자르면서까지 법을 구한다는 내용으로 중국 선종 제2조인 혜가慧可(487-593)의 투철하고 신념에 찬 구도정신을 표현한 것으로 선禪의 생명이 무엇인가를 극명하게 보여주고 있는 대목이다. 위의 원고에 이르러 법정 스님은 비로소 경전을 활용하고 불교의 가르침을 방편으로 설화문학을 성취하는 단계에 이르렀음을 확인할 수 있다.

이런 종류를 모아 법정 스님은 『비유와 인연설화』라는 제목으로 1992년 동국역경원에서 '현대불교신서 10'으로 발간했으며 2005년에는 개정판을 발행하기도 했다. 독자들의 반응이 계속 이어지자 내용을 보완해 2009년에는 『인연 이야기』로 '문학의 숲' 출판사에서 출간하기도 했다.

문학적 감수성의 시 창작

법정 스님은 1963년부터 〈대한불교〉에 시詩를 게재한다. 법정 스님이 시를 썼다는 사실은 널리 알려지지 않았다. 법정 스님은 시를 창작해 틈틈이 〈대한불교〉에 시를 게재하며 문학적 소양을 다져갔다. 학창 시절에 시를 썼다는 이야기는 어느 글에도 보이지 않는다. 그런데 출가 후 서울에서 생활하며 〈대한불교〉에 시를 게재했다.

법정 스님이 시를 썼다는 것은 문학에 대한 관심이 있다는 증거가 된다. 해인사 팔만대장경을 번역하며 설화를 썼던 법정 스님은 비슷한 시기에 시도 간간이 썼다. 많은 편수는 아니었지만 〈대한불교〉에 12편의 시가 발견되며, 또한 『간다, 봐라─법정 스님 사유 노트와 미발표 원고』에 2편, 『씨울의 소리』에 1편 등 총 15편이 발견된다.

법정 스님이 창작한 15편의 시는 초기 자연친화성이 있는 작품부터 존재에 대한 고민과 사회참여 성격에 이르기까지 다양

〈표1〉 법정 스님 창작 시詩

번호	시제목	실린곳	게재시기	시성격
1	봄밤에	〈대한불교〉	1963년 5월 1일	자연친화성
2	쾌청快晴	〈대한불교〉	1963년 7월 1일	자연친화성
3	어떤 나무의 분노憤怒	〈대한불교〉	1963년 10월 1일	자연친화성
4	정물靜物	〈대한불교〉	1964년 3월 1일	자연친화성
5	미소微笑	〈대한불교〉	1964년 9월 27일	자연친화성
6	먼 강물 소리	〈대한불교〉	1965년 1월 17일	존재고민성
7	병상에서	〈대한불교〉	1965년 4월 4일	존재고민성
8	식탁유감	〈대한불교〉	1965년 5월 30일	존재고민성
9	내 그림자는	〈대한불교〉	1965년 10월 17일	존재고민성
10	입석자立席者	〈대한불교〉	1967년 2월 26일	존재고민성
11	초가을	〈대한불교〉	1968년 9월 1일	자연친화성
12	다래헌茶來軒 일지	〈대한불교〉	1969년 11월 9일	사회참여성
13	쿨룩쿨룩	『간다, 봐라―법정 스님 사유 노트와 미발표 원고』	1974년 2월 7일	사회참여성
14	1974년의 인사말	『간다, 봐라―법정 스님 사유 노트와 미발표 원고』	1974년 2월 10일	사회참여성
15	1974년 1월	『씨울의 소리』 1975년 1·2월호	1974년 중후반	사회참여성

하다. 초기작품에는 법정 스님이 마음속 깊은 곳에서 나오는 솔직한 마음도 엿보이기도 해 인간적인 면모를 살필 수 있기도 하다. 법정 스님의 시를 살펴보아도 그가 사회를 바라보는 시각이 어떻게 변해갔는지를 살필 수가 있다.

「봄밤에」

내 안에서도
움이 트는 것일까
몸은 욕계欲界에 있는데
마음은 저 높이 무색계천無色界天

아득히 멀어버린
강江 건너 목소리들이
어쩌자고 또
들려오는 것일까

하늘에는
별들끼리
눈짓으로 마음하고

산山도
가슴을 조이는가
얼음 풀린
개울물 소리

나도

이만한 거리에서

이러한 모습으로

한 천년 무심한

바위라도 되고 싶어[123]

- 「봄밤에」 전문

1963년 5월, 이 시기는 법정 스님이 해인사와 서울을 오가던 시기다. 『불교사전』 편찬에 참여한 뒤 운허 스님을 도와 경전 번역을 본격적으로 하기 이전이다. 그 이듬해인 1964년이 동국역경원 창립이었으니 그 당시는 운허 스님을 도와 서울과 해인사를 오가던 때로 보인다.

「봄밤에」는 외부에 드러난 법정 스님의 최초의 시詩다. 겨울을 지내고 봄이 오는 여정을 언급하며 "내 안에서도 움이 트는 것일까"[124]라는 어구로 자신을 들여다본다. 이 시는 황지우 시인의 「겨울-나무로부터 봄-나무에로」라는 시처럼 인고忍苦의 겨울을 버텨 내고 희망의 봄을 찾는 시인의 감정이 이입돼 있다.

온몸이 으스러지도록

으스러지도록 부르터지면서

터지면서 자기의 뜨거운 혀로 싹을 내밀고

천천히, 서서히, 문득, 푸른 잎이 되고

푸르른 사월 하늘 들이받으면서

나무는 자기의 온몸으로 나무가 된다

아아, 마침내, 끝끝내

꽃피는 나무는 자기 몸으로

꽃피는 나무이다.[125]

　　　　　　　　　－「겨울-나무로부터 봄-나무에로」 일부

　1985년에 발표된 시로 황지우 시인은 고난의 겨울을 이겨내고 봄을 맞아 꽃을 피우는 나무의 생명력을 노래하고 있다. 황지우 시인의 시처럼 자연의 섭리攝理를 노래한 법정 스님은 경전을 번역하며 불교사상을 정립하는 불교적 색채를 더하고 있다.

　"몸은 욕계欲界에 있는데 / 마음은 저 높이 무색계천無色界天"이라는 대목에서 법정 스님은 육신은 현재 세속인 욕계에 있는데 마음은 벌써 이상향인 무색계천에 가 있는데 현실의 목소리가 들려오는 점을 적시하고 있다. 그러면서 "아득히 멀어버린 / 강江 건너 목소리들이 / 어쩌자고 또 / 들려오는 것일까" 하고 되뇌인다.

　"하늘에는 / 별들끼리 / 눈짓으로 마음하고"라고 운을 떼운 후 "산山도 / 가슴을 조이는가 / 얼음 풀린 / 개울물 소리"라며 자연이라는 현실에서 전해져 오는 소리들을 듣는다. 이는 열반에 들어 선정락禪定樂에 들어가려 하는데 현실에서 고통받는 중생들의 소리가 들리는 듯한 모습을 연상하게 한다.

결론에 이르러 법정 스님은 "나도 / 이만한 거리에서 / 이러한 모습으로 / 한 천년 무심한 / 바위라도 되고 싶어"라며 무심한 자연에 합일되고 싶어하는 마음을 피력한다. 법정 스님의 첫 시에는 자신이 몸담고 있는 자연의 섭리를 시인의 마음에 투영시켜 그 속에서 희망의 봄을 찾아 나서는 몸부림이 느껴진다.

「쾌청快晴」

지루한 장마비 개이자
꾀꼬리 새목청 트이고
홈대에 흐르는
물소리도 여물다

나무 잎새마다
햇살 눈부시고
매미들의 합창에
한가로운 한낮

산山은

그저 산山인 양한데

날개라도 돋치려는가

이내 마음 간지러움은

이런 날은

'무자無字'도 그만 쉬고

빈 마음으로

눈 감고

숨죽이고

귀만 남아 있거라

-구고舊稿에서126 「쾌청快晴」 전문

자연에 기대어 자신의 존재를 관조하는 법정 스님이지만 언제나 수행자의 태도는 견지하고 있다. "이런 날은 / '무자無字'도 그만 쉬고"에 보이는 것처럼 늘 '무無'라는 화두를 들고 있었음을 알 수 있다. 화두를 든다는 것은 자신을 찾아 나서는 일이기도 하다.

'구고舊稿에서'라는 표현을 쓴 것으로 보아 법정 스님은 원고를 싣기 이전에 시를 썼다는 추론을 할 수 있다. 출가수행자라면 당연지사로 삼아야 할 자기관조는 '화두참구'로 이어지고 있다. 이는 우리 시대에 왔다 간 선승이자 무애도인이었던 무산 오현 스님(1932-2018)[127]의 시 「심우尋牛」에 나타난 것처럼 '잃어버린 자신을 찾아가는 심우'의 모습을 연상하게 한다.

「무산심우도霧山尋牛圖」

누가 내 이마에 좌우 무인拇印[128]을 찍어놓고
누가 나로 하여금 수배하게 하였는가
천만금 현상으로도 찾지 못할 내 행방을.

천 개 눈으로도 볼 수 없는 화살이다.
팔이 무릎까지 닿아도 잡지 못할 화살이다.
도살장 쇠도끼 먹고 그 화살로 간 도둑이여.[129]

—「심우尋牛」전문

자연과 소통하며 거기에서 모티브를 얻고, 자신의 감정에 이입시켜 자신을 관조한 법정 스님은 초기 가운데서도 하반기에 접어들면서부터는 대자연에 마음을 투영하기 시작하는데 대표적인 시가 「어떤 나무의 분노憤怒」다. 이 시는 '상처투성이 얼굴'

이 보이는데 이는 해인사 계곡에 상처받은 나무를 의인화하고
있다.

「어떤 나무의 분노^{憤怒}」

보라!
내 이 상처투성이의 얼굴을

그저 늙기도 서럽다는데
네 얼굴엔 어찌하여 빈틈이 없이
칼자국뿐인가

내게 죄라면
무더운 여름날
서늘한 그늘을 대지에 내리고
더러는
바람과 더불어
덧없는 세월을 노래한
그 죄밖에 없거늘
이렇게 벌하라는 말이

인간헌장人間憲章 의

어느 조문條文에 박혀 있단 말인가

하잘것없는 이름 석 자

아무개!

사람들은 그걸 내세우기에

이다지도 극성이지만

저 건너

팔만도 넘는 그 경판經板 어느 모서리엔들

그런 자취가 새겨 있는가

지나간 당신들의 조상은

그처럼 겸손했거늘

그처럼 어질었거늘…

언젠가

내 그늘을 거두고

고향으로 돌아가는 날

나는 증언하리라

잔인한 무리들을

모진 그 수성獸性 들을

보라!

내 이 상처투성이의 처참한 얼굴을

-물 맑고 수풀 우거진 합천 해인사. 거기 신라의 선비 최고운崔
孤雲 님이 노닐었다는 학사대學士臺에는, 유람하는 나그네들의 이
름자로 온몸에 상처를 입은 채 수백 년 묵은 전나무가 한 그루 서
있다.[130]

　　　　　　　　　　　　　　-「어떤 나무의 분노憤怒」 전문

　해인사 홍류계곡 학사대에 상처받은 전나무를 모티브로 쓴
이 시는 상처받은 나무의 모습을 보면서 나무의 마음으로 녹아
들어 거기에서 느끼는 감정을 표현하고 있다. 이와 함께 법정 스
님의 마음 저변에는 여전히 채워지지 않는 존재론적 무상함의
허전함이 시심에 깔려있다. 시적 은유가 한층 심화돼 있는 이 시
에서 법정 스님은 무상한 인간의 유한성有限性을 거론하며 고려
대장경을 조성한 이들의 이름을 새겨 넣지 않은 점을 드러내 보
이며 그들의 겸손함을 설파하고 있다.

　이러한 면모는 법정 스님이 대장경을 번역하면서 자신의 이
름을 드러내지 않으려 했던 곳에서도 느낄 수 있다. 이후에도 법
정 스님은 사촌 동생인 박성직 거사에게 보낸 편지에서도 자신

을 드러내지 않으려는 사실을 살필 수 있다.

"스님은 1960년 통도사 운허 스님을 중심으로 7명의 편집위원들과 『불교사전』 편찬을 시작합니다. 그 후 1962년에는 『선가귀감』을 번역하고, 1967년 동국역경원 편찬부장[131]을 맡으며 『법화경』 『숫타니파아타』 등을 한글로 번역합니다. 그리고 마침내 1972년부터 고故 서경수 동국대 교수와 함께 2년여에 걸쳐 『우리말 불교성전』을 출간하기에 이릅니다. 당시 스님은 '고려대장경, 팔만대장경에 누가 이름을 새긴 적이 있는가?' 하시며 저자로서 이름을 올리지 않았습니다."[132]

「정물靜物-거리距離」

한 쟁반 위에

한 사과 알의 빛을

이만치서 바라보다

날 저물고

이제

과일이란

맛보다도

바라보는

그리움

은하銀河 건너 별을

두고 살듯……

너무 가까이 서지 맙시다

너무 멀리도 서지 맙시다[133]

-「정물靜物-거리距離」 전문

"은하銀河 건너 별을"이라는 시구는 법정 스님이 즐겨 읽었던 『어린왕자』의 이야기가 연상된다. 사하라 사막에서 만난 어린왕자와 나누는 대화는 흥미롭다.

"그럼 아저씨도 하늘에서 온 거네. 어떤 별에서 왔어?"

그 순간 신비스런 어린왕자의 존재를 밝혀 줄 한 줄기 빛이 언뜻 비치는 것을 깨달았다. 나는 어린왕자에게 재빨리 물었다.

"그럼 넌 다른 별에서 왔니?"

어린왕자는 대답하지 않고 내 비행기를 바라보면서 가만히 머리를 끄덕였다.[134]

법정 스님은 이러한 '별'을 시에 녹여 낸다. 이어지는 시 「미소」도 한 편의 수채화를 연상하게 한다.

「미소微笑」

어느 해던가
욕계欲界 나그네들이
산사山寺의 가을을 찾아왔을 때
구름처럼 피어오른
코스모스를 보고
때 묻은 버릇을 버리지 못했다

이 한때를 위한
오랜 기다림의 가녈은 보람을
무참히 꺾어버리는
손이 있었다
앞을 다투는 거친
발길이 있었다

아름다움을

아름답게 지니지 못하는

어둡고 비뚤어진 인정人情들…

산그늘도 내리기를 머뭇거리던

그러한 어느 날

나는

안타까워하는 코스모스의

눈매를 보고

마음 같은 표지를 써 붙여 놓았다[135]

–「미소微笑」 전문

"욕계欲界 나그네들이 / 산사山寺의 가을을 찾아왔을 때 / 구름
처럼 피어오른 / 코스모스를 보고 / 때 묻은 버릇을 버리지 못했
다"고 평하는 법정 스님은 무아를 깨달은 지혜를 갈구한다. 세
간에서 출세간으로 접어든 수행자의 흔들리는 마음이 '언뜻언
뜻 먼 산 구름'처럼 보이는 대목이다.

출가수행자이자 한 사람의 인간사의 내면에 "아름다움을 / 아
름답게 지니지 못하는 / 어둡고 비뚤어진 인정들…"을 담아내
며 갈등하는 인간적인 모습을 본다. 결국 혼돈의 우주질서를 갈
무리할 수 있는 '코스모스의 눈매'를 살피는 감수성 가득한 시인

법정 스님을 만난다.

「먼 강물 소리」

창호窓戶에
산그늘이 번지면
수런수런 스며드는
먼 강물 소리

-이런 걸 가리켜 세상에서는
외롭다고 하는가?
외로움쯤은 하마
벗어버릴 때도 되었는데
이제껏 치른 것만 해도
그 얼마라고-

살아도 살아도
늘 철이 없는 머시매
내 조용한
해질녘 일과日課라도

치를까 보다

노을에 눈을 주어
아득한 우회로迂廻路를…

호오 호오
입김을 불어
호야를 닦고

물통에 반만 차게
물을 길어 오자[136]

-「먼 강물 소리」전문

‘창호’ ‘산그늘’ ‘강물’ ‘해질녘’ ‘노을’ 등 자연 소재의 단어가 등장한다. 제목 「먼 강물 소리」가 전해 주듯 이 시에서 시인 법정은 외로움을 언급하고 “이제껏 치른 것만 해도 그 얼마”라며 ‘외로움은 벗어버릴 때도 되었다’라고 독백한다. 독신 비구의 삶을 “살아도 살아도 / 늘 철이 없는 머시매”라며 저녁 일과를 보내며 노을에 눈을 돌리고 있다. 전기가 없던 시절 저녁 불을 밝히는 ‘호야’[137]를 닦고 우물물을 길러 먹던 시절을 연상하는 물통이 등장하고 조금은 부족하게 살아가는 삶의 방식을 '물통 반 채우기'로 표현하는 듯하다.

1960년대 중기 시 가운데 솔직하고 인간미 넘치는 시가 「병상病床에서」다. 대부분의 시가 자연친화적인 소재인데 비해 이 시는 아주 개인적인 감회가 진하게 묻어나는 작품이다.

「병상病床에서」

누구를 부를까
가까이는 부를 만한 이웃이 없고
멀리 있는 벗은 올 수가 없는데…

지난밤에는
열기熱氣에 떠
줄곧 헛소리를 친 듯한데
무슨 말을 했을까

앓을 때에야 새삼스레
혼자임을 느끼는가
성할 때에도 늘 혼자인 것을

또

열熱이 오르네

사지四肢에는 보오얗게

토우土雨가 내리고

가슴은 마냥 가파른 고갯길

이러다가 육신肉身은

죽어가는 것이겠지…

바흐를 듣고 싶다

그중에도

'토카타와 푸가' D단조短調 138를

장엄莊嚴한 낙조落照 속에 묻히고 싶어

어둠은 싫다

초침秒針 소리에 짓눌리는 어둠은

불이라도 환히 켜둘 것을

누구를 부를까

가까이는 부를 만한 이웃이 없고

클래식을 좋아하던 법정 스님이 즐겨 찾았던 광주 베토벤 음악감상실.

멀리 있는 벗은 올 수가 없는데…139

–「병상病床에서」 전문

혼자 사는 출가 비구의 삶에 대한 애환이 느껴지는 시 「병상
에서」는 제목 그대로 법정 스님이 아파 몸져누워 있으면서 느낀
소회를 솔직하게 쓴 작품이다. 혼자 사는 처지라 아파도 가깝게
부를 이웃도 없고, 벗들도 멀리 있어 찾아올 수 없는 암울한 심
정을 고백한다.

지난밤 몸에 열이 펄펄 끓어 '헛소리'까지 한 것 같은데 혼자
임을 느끼는 막연한 외로움은 존재론적 고독으로 이어지고 있

다. 그러면서 "성할 때에도 늘 혼자인 것을"이라며 존재론적 외로움은 애시당초 세상에 존재하고 있었다고 위안을 삼는다.

다시 몸에 열이 오르고 '흙비土雨가 내리고 가슴은 가파른 고갯길'이 되는 대목은 몸이 아파 어쩔 줄 모르는 상태를 간접적으로 표현하고 있다. 당시에는 황사黃沙도 없던 시절인데 '토우土雨'라는 단어를 등장시켜 몸 상태가 좋지 않음을 표현하고 있다. 이 시에서는 클래식 음악을 좋아하는 법정 스님의 취향도 바흐의 '토카타와 푸가 D단조'라는 곳에서 간파할 수 있다.

불교교단 내의 문제를 시로 표현한 첫 번째 시가 「식탁유감食卓有感」이다. 이 시는 1965년 5월 30일자 〈대한불교〉에 게재한 작품이다.

「**식탁유감**食卓有感」

(1)
우리는
풀을 뜯는 초식동물草食動物

식탁食卓은 그러니까

순수초원純粹草原

불면 날을 듯한
까칠한 잎새들

오고 가는 몸짓에도
푸성귀 냄새

(2)
'성한 몸에 성한 정신'
새삼스런 말씀

주지住持를 맡아도
임기任期를 못 채우고

한낮에도 안개 속
가벼운 체중體重

한국 비구승比丘僧의
창백한 식성食性

(3)

먹는 것이 가늘수록

시은施恩이 적느니라

아암 그렇고말고

그 무게가 어떤 것이라고

병病들어 먹는 약藥이

시물施物이 아니라면

청산靑山 아래 한주閑主 자리

쓸쓸한 미소微笑

-「식탁유감食卓有感」 전문

위의 시와 관련된 내용은 법정 스님이 1967년 11월 12일자 〈대한불교〉에 기고한 글 「가사상태假死狀態」라는 글과 일맥상통한다.

"지난해 가을 한국종교인협회 모임이 익산 원불교본부에서 열린 때의 일입니다. 몇 분의 스님들과 함께 필자도 그 자리에 끼어 이틀 동안 빈틈없이 스케줄을 따라 지내다 온 일이 있습니다. 그때 우리들에게 가장 곤란한 것은 식탁이었습니다. 신부님을 비

롯해서 다른 교직자들은 식사 때마다 즐겁게 먹곤 했는데, 우리
는 먹는 체하고만 말았습니다. 빈 젓가락을 들고 우물쭈물하는
것을 딱하게 여기고 '생선은 괜찮지요?' 하였지만, 우리가 먹을
수 있는 찬은 장 한 가지뿐이었습니다. 이렇게 먹는 둥 마는 둥
서너 끼니를 지내니, 맥이 빠져 '회의고 뭐고 뜨뜻한 방에서 좀
쉬었으면 좋겠다'는 것이 한결같은 소원이었습니다. 우리는 다
른 종교인들에게 체력으로는 지고 있다는 것이 그때의 솔직한
느낌이었습니다."

위의 글에서 법정 스님은 불교교단의 식단에 대해 이의를 제
기한다. "물론 우리가(아니, 필자 자신이) 하고 있는 짓으로 봐서는
지금 수용하고 있는 음식도 과분합니다. 그러나 예의 '과로'라는
증상으로 자주 앓아눕게 될 때마다 식생활에 대해서 생각하지
않을 수 없습니다."라고 문제를 제기한다. 더불어 이 원고에는
다음과 같은 글로 대안을 제시하고 있다.

"이런 상태로 살다가는 구도자의 사명은 고사하고 몸시중만
하다가 아무 일도 못할 것 같은 생각이 듭니다. 지금 승려들이 이
렇다 할 작업하나 못하고 입만 살아 허송세월을 하는 것도, 못난
소리 같지만 결국 '흡수와 배설의 균형'을 잃고 있기 때문이 아닌

가 변명하고 싶습니다. 이 몸뚱이가 유기체라는 사실을 우리는 시시로 경험합니다. 어떤 음식을 먹고 사느냐가 자랑될 일은 아닙니다. 종교인으로서 오늘의 현실에 무슨 일을 어떻게 하고 있느냐가 문제인 것입니다. 우리 승단의 식생활은 시급히 개선되어야 할 일들 중에 하나입니다. '단료형고但療形枯'[140]의 희미하고 소극적인 뒤뜰에서 벗어나, 적극적인 참여의 앞마당으로 나와야 하기 때문입니다. 식생활 개혁은 헤비급 체중을 유지하기 위해서가 아니라, 누렇게 발효된 채 가사상태假死狀態에 놓여 있는 한국불교의 동작을 위해서인 것입니다."

1960년대 중반의 불교계 스님들의 식생활과 영양상태를 단적으로 보여주는 대목이다. 요즘 사찰음식이 건강식으로 각광받고 있는 시대이고 보니 격세지감이 느껴지지만 당시에는 스님들의 영양불균형이 심각했음을 말해 주고 있다. 그러면서 하루빨리 승단의 식단개선을 요구하는 현실적 제안은 당시의 시급함을 느끼게 해 준다.

서울살이의 고단함이 배어 있는 시가 있는데 「내 그림자는」이다. 해인사와 서울을 오가며 번역을 하던 법정 스님이 서울에 정착하며 뚝섬 봉은사(당시는 경기도 광주군)에 걸망을 풀었지만 봉은사와 서울 종로를 오가며 느끼는 일상의 피곤함이 켜켜이 쌓여 있다.

「내 그림자는」

너를 돌아다보면
울컥, 목이 메이더라
잎이 지는 해질녘
귀로歸路에서는

앉을자리가 마땅치 않아
늘 서성거리는
서투른 서투른 나그네

산山에서 내려올 땐
생기生氣 파아랗더니
도심都心의 티끌에 빛이 바랬는가?

'피곤하지 않니?'
'아아니 괜찮아…'

하지만 21번 합승과

4번 뻐스 안에서

너는 곧잘 조을고 있더라

철가신 네 맥고모처럼

오늘도 너는 나를 따라

산山과

시정市井의 기로岐路에서

수척해졌구나

맑은 눈매에는 안개가 서리고…

'스님, 서울 중 되지 마이소'

그래 어서어서 산山으로 데려가야지

목이 가는 너를 돌아다보면

통곡이라도 하고 싶어

안스러운 안스러운 그림자야.

-「내 그림자는」 전문

1965년 10월 17일자 〈대한불교〉에 게재돼 있는 이 시에서 법
정 스님은 "앉을자리가 마땅치 않아 / 늘 서성거리는 / 서투른

서투른 나그네"라는 표현과 "산에서 내려올 땐 / 생기生氣 파아랗더니 / 도심의 티끌에 빛이 바랬는가?"라는 표현으로 서울생활에서 느끼는 피곤한 심적상태를 표출한다.

"스님, 서울 중 되지 마이소"라는 시구와 "그래 어서어서 산으로 데려가야지"라는 표현이 말해 주듯 법정 스님의 마음은 언제나 산승山僧임을 잊지 않고 있다. 1975년 많은 고뇌를 안고 불일암으로 은거하지만 일찍이 법정 스님은 상경해 생활할 때부터 산중을 그리워하고 있었음을 엿볼 수 있다.

「입석자立席者」

그에게는
칼렌다를 걸어둘 벽壁이 없다

바람소리 들으며
먼 산 바라볼 창窓이 없다

꿇어앉아
마주 대할 상像이 없다

계절季節이 와도

씨를 뿌리지 못한다

그는 늘

엉거주춤한 앉음새로

지도地圖가 붙은 수첩手帖을 꺼내들고

다음날 하늘 표정表情에 귀를 모은다

그는

구름 조각에 눈을 팔리느라

지상地上의 언어言語를 익히지 못했다

그는

뒤늦게 닿은 시민市民이 아니라

너무 일찍 와버린 길손이다

그래서

입석자立席者는

문밖에 서성거리는

먼 길의 나그네다.141

1970년에 접어들어 적극적인 민주화운동에 나섰던 법정 스님이 1967년 때부터 감시를 받고 있는 듯한 느낌을 받는 시다. 이 시로 보아 법정 스님은 1960년대 말부터 정부 기관의 감시를 받고 있었던 것으로 보인다. 당시 불교계에는 대통령 비서실장이었던 이후락 씨가 1967년 전국신도회 수석부회장을 거쳐 1969년에는 회장으로 활동하고 있었고 박정희 정권도 불교계에 호의적이었지만 법정 스님은 정부에 쓴소리를 자주 하는 편이어서 '감시대상'이었다. 이런 상황에서 법정 스님의 시는 어둡고 침울한 분위기 일색이다.

「초가을-원관산유색遠觀山有色」

지난 밤
산골에 몸부림하던 소나기
여름날에 못다한
열정을 쏟더니

오늘은

안개

수척해진 수림樹林에

달무리 안개

저 무색계천無色界天에

'비둘기'라도 띄울까

산방山房

한나절의

허허로운 이 무심無心을

원관산유색遠觀山有色

근청수무성近聽水無聲

다로茶爐에 차는 끓어도

더불어 마실 이 없네

여름철 도반들은

엊그제 하산을 하고

해발 천이백

눈 감고

귀로 듣는

초가을 안개

비발디의 '가을'

아다지오 몰토[142]

　　　　　　　　　　-「초가을-원관산유색遠觀山有色」 전문

　법정 스님이 중국 송나라 선승이었던 야부도천 선사의 글을
인용해 쓴 시다. 1968년 9월 1일자 〈대한불교〉를 보면 이난호
작가가 그린 산수화에 '화제畵題'를 붙이고 시를 쓴 것으로 확인
된다. '원관산유색遠觀山有色'이라는 부제를 달아 초가을의 그림풍
경을 한 문단의 시로 표현했다. 시 중간에 나오는 글귀 '원관산
유색遠觀山有色 근청수무성近聽水無聲'은 "멀리 바라보는 산은 빛깔
이 있는데 / 가까이 물소리 들으려 해도 들리지 않네."라는 뜻으
로 해석된다. 글씨나 그림으로 말하면 일필휘지一筆揮之로 시를
쓴 느낌이다.

　이 시에서는 법정 스님의 심적상태가 표현돼 있지 않고 그림
의 풍광이 시로 표출된 자연친화성의 감정이 들어 있다. 1960년
대 후반기의 시 가운데 비교적 담담한 마음으로 쓴 시다. 그렇지
만 "다로에 차는 끓어도 / 더불어 마실 이 없네 / 여름철 도반들
은 / 엊그제 하산을 하고"라는 표현은 어딘가 우울한 마음을 담
아내고 있다. 이러한 마음을 법정은 "비발디의 '가을' / 아다지오

몰토"라는 시적 표현으로 클래식을 선호하는 자신의 음악적 성향이 보이고 있다.

「다래헌 일지茶來軒 日誌」

연일連日 아침안개
하오下午의 숲에서는 마른 바람소리

눈부신 하늘을
동화童話 책으로 가리다
덩굴에서 꽃씨가 튀긴다

비틀거리는 해바라기
물든 잎에 취했는가
쥐가 쏠다 만 맥고모처럼
고개를 들지 못한다

법당法堂 쪽에서 은은한 요령搖鈴 소리
낙엽落葉이 또 한 잎 지고 있다

나무들은 내려다보리라

허공虛空에 팔던 시선視線으로

엷어진 제 그림자를

창호窓戶에 번지는 찬 그늘

백자白瓷 과반果盤에서 가을이 익는다

화선지를 펼쳐

전각篆刻에 인주印朱를 묻히다

이슬이 내린 정결한 뜰

마른 바람소리

아침 안개[143]

－「다래헌 일지茶來軒[144] 日誌」 전문

　1969년에 발표한 「다래헌 일지茶來軒 日誌」는 당시 법정 스님이
암울한 시대에 대한 자신의 심정을 가장 잘 표현하고 있다. 노골
적인 감시와 탄압을 받고 있다는 표현은 쓰고 있지는 않지만 자
신이 머물고 있는 다래헌에서 일상은 평화롭지 않다는 사실을
느끼게 해 준다.
　이 시에서 보이는 "비틀거리는 해바라기" "쥐가 쏠다 만 맥고

모처럼" "엷어진 제 그림자" "창호에 번지는 찬 그늘" "마른 바람 소리" 등의 표현은 법정 스님의 심정을 단적으로 표현하고 있다. 이러한 와중에서도 법정 스님은 경전 번역과 〈대한불교〉를 비롯한 여러 언론에 글을 게재하는 한편 불교계를 대표하는 진보적인 스님으로 인정받으며 타 종교계의 초청을 받아 강연을 나가기도 하고 부지런히 진보적인 인사들과 교류를 하고 있었다.

1970년대에 접어들면서 법정 스님은 사회문제에 적극 관심을 가지고 세상에 자신의 주의 주장을 펼친다. 이미 장준하 선생, 함석헌 선생과 인연이 있었던 법정 스님은 1972년『씨올의 소리』가 주최한 「민족통일民族統一의 구상構想, 토론회討論會」에 참석해 발언을 한다. 그 내용이 그해 8월호에 게재되는데 "평소에 존경하던 선생님들께서 말씀하신다고 해서 사실은 들으러 왔습니다."145라며 겸손해 하는데 기실 발언 내용은 많은 생각으로 준비해 온 듯 일목요연하게 토론했다.

"저는 소박한 의미에서 과연 우리가 어떤 식으로 통일을 해야 할 것인가 이 점에 대해서 말씀드리겠습니다.…(중략)…첫째 상호간에 종래의 고정관념, 가령 자유민주주의가 됐건 공산주의가 됐건 종래의 고정관념에서 탈피해야 되지 않겠는가, 왜냐하면

씨올의 소리.(1975년 1-2월호)   씨올의 소리에 기고한 글.

어느 한쪽이 이념이라든가 사상이 옳다고 고집할 때 현실적으로 재결합은 불가능하다는 겁니다.…(중략)…둘째는 제 자신도 그렇습니다마는 저쪽을 상호간에 너무 모르고 있습니다. 따라서 저쪽을 바르게 알고 또한 이쪽을 바르게 알리는 일, 그동안 오해가 이해로서 전환되려면 우선 알고 알리는 일이 선행돼야 되지 않겠는가? 그래야만 재결합으로 나갈 수 있다는 그런 뜻입니다. 셋째로…(중략)…민족이라 할 때 어떤 배타적인 것보다도 가장 인연이 짙은 이유, 다시 말하면 운명을 같이 하고 있는 민족으로서의 감정적인 동질화 이것이 있어야 되지 않겠느냐?…(중략)… 넷째는 아까 함^咸 선생님께서 말씀이 계셨습니다만 어떤 새로운 지도이념, 종래 어떤 기성관념에서 벗어난 가장 현실적이고 이상적인 여기에는 현재보다 오히려 과거와 미래에 초점을 둔 그

런 새로운 지도이념이 나와야 되지 않겠는가? 저는 이렇게 소박
하게 네 가지로서 생각해 봤습니다."146

『씨올의 소리』에 처음 이름을 올린 법정 스님은 이후 편집위
원으로 활동하며 불교계를 대표하는 민주인사로 활동한다. 이
과정에서 숱한 감시를 받고 탄압을 받기도 한다. 그러한 결과물
이「1974년 1월」이라는 시다.

「1974년 1월-어떤 몰지각자沒知覺者의 노래」

(1)
나는 지금
다스림을 받고 있는
일부一部 몰지각한 자者
대한민국大韓民國 주민住民 3천5백만
다들 지각知覺이 있는데
나는 지각知覺을 잃은 한 사람.

그래서 뻐스 안에서도
길거리에서

또한 주거지住居地에서도

내 곁에는 노상

그림자 아닌 그림자가 따른다.

기관機關에서 고정배치된

네 개의 사복私服

그 그림자들은

내가 어떤 동작動作을 하는지

스물네 시간을 줄곧 엿본다.[147]

…(중략)…

(8)

우리는 지금

다스림을 받고 있는

일부一部 몰지각자者

대한민국大韓民國 주민住民 3천5백만

다들 말짱한 지각知覺을 지녔는데

어찌하여 우리는 지각知覺을 잃었는가

아, 이가 아린다

어금니가 아린다.

입을 가지고도 말을 못하니

이가 아리는가

들어줄 귀가 없어 입을 다무니

이가 아리는가

들어줄 귀가 없어 입을 다무니

이가 아리는가

오늘도 부질없이

치과의원齒科病院을 찾아 나선다.

흔들리는 그 계단을 오르내린다.[148]

　　　－「1974년 1월－어떤 몰지각자沒知覺者의 노래」 일부

　8연으로 된 위의 시는 특별히 해설이 필요하지 않을 만큼 읽는 자체로 당시 상황을 이해를 할 수 있다. 당시 정치적 상황이 어떠했으며 법정 스님이 받았던 감시와 탄압의 모습이 적나라하게 표현되어 있다. 박정희 정권의 막강한 권력 앞에서 주눅 들지 않고 이런 시를 쓴 법정 스님의 강직함과 정의감에 불탔던 감정을 표현한 시로 평가된다. 이 시의 제목 아래에는 "본지 편집위원本誌 編輯委員"이라는 직함이 적혀 있는 것이 인상적이다.

　다음 두 편의 시는 1974년 2월을 전후해서 발표된 뒤늦게 세

상에 선보인 시들이다. 위의 「1974년 1월」 이후에 곧바로 쓴 시로 보이는 첫 번째 시가 「쿨룩 쿨룩」이다.

「쿨룩 쿨룩」

쿨룩 쿨룩
웬 기침이 이리 나오나
쿨룩 쿨룩

이번 감기는
약을 먹어도 듣지 않네
쿨룩

법이 없는 막된 세상
입 벌려 말좀 하면
쿨룩 쿨룩
비상군법회의 붙여
십오 년 징역이라
쿨룩

자격을 또 십오 년이나
빼앗아 버리니
쿨룩 쿨룩
이런 법이
이런 법이 어디 있는가
쿨룩 쿨룩

입 다물고 기침이나 하면서
살아갈거나
쿨룩 쿨룩

기침은 마음 놓고 해도
그 무슨 조치에 걸리지 않는지
쿨룩 쿨룩

기침도 두렵네
기침도 두렵네
쿨룩 쿨룩 쿠울루욱…149

-「쿨룩 쿨룩」 전문

위의 시는 '1974년 2월 7일'에 쓴 시로 기록돼 있다.[150] 박정희 정권의 유신독재의 서슬이 시퍼렇게 작동하고 있을 때다. 시의 내용으로 보아 법정 스님도 비상군법회의에 회부되어 15년의 형을 받은 듯하다.

이와 비슷한 시기에 또 한 편의 비슷한 경향의 시가 쓰여지는 데 「1974년의 인사말」이다.

「1974년의 인사말」

그동안 별일 없었어요?
만나는 친구들이
내게 묻는 안부
요즘 같은 세상에서
이 밖에 무슨 인사를 나눌 것인가

별일 없었느냐구
없지 않았지
별일도 많았지
세상이 온통 별일뿐인데
그 속에서 사는 우리가 별일이 없었겠는가

낯선 눈초리들에게 내 뜰을 엿보이고

불러서 오락가락 끌려다녔지

다스림을 받았지

실컷 시달리다 돌아올 때면

또 만나자더군

정 떨어지는 소린데

또 만나자고 하더군

별일 없었느냐구

왜 없었겠어

치자治字가 모자라 별일 없었지

친구여, 내 눈을 보는가

눈으로 하는 이 말을 듣는가

허언虛言은 입으로 하고

진언眞言일랑 눈으로 하세

아, 우리는 이 시대의 벙어리

말 못하는 벙어리

몸조심 하세요

친구들이 보내는 하직인사

그래, 몸조심 해야지

그 몸으로 이 긴 생을 사는 거니까

그런데 그게 내 뜻대로 잘 안 돼

내 몸이

내게 매인 게 아니거든[151]

　　　　　　　　　　　　-「1974년의 인사말」전문

이 시는『씨올의 소리』12월호에 게재한「돌아본다 1974년」
의 첫째 문단의 제목이기도 하다.

"1974년의 인사말. 연말이 가까워지면 누구나 지난해를 돌아
보게 된다."[152]

법정 스님은 1970년대에 접어들어 당시 민주화 인사였던 함
석헌, 장준하 등과 긴밀하게 교류를 가지면서 사회민주화에 적
극 가담하였는데 불교계를 대표하는 인사로 활동하며 '참여시
인'의 모습을 보여주었다. 이러한 모습은 지금까지 조명되지 않
았던 측면으로 법정의 사상을 연구하는 새로운 영역이 될 것으
로 사료된다.

법정 스님은『씨올의 소리』편집위원으로 활동하며 유신헌법
에 반대하는 글과 시를 기고했다. 그 대표적 글이 앞에서 언급한
「1974년 1월」시다. 이보다 한 호 앞선『씨올의 소리』12월호에

씨올의 소리 합본호.

서 법정 스님은 비슷한 내용의 장문의 글을 실었다.

"돌아본다 1974년. 친구들을 만날 때마다 주고받는 인사말은 한결같이, 그동안 별일 없었느냐는 것이다. '별일 없었느냐' 혹은 '별고 없었느냐'는 이 말밖에 무슨 인사말을 나눌 수 있겠는가. 그만큼 우리들은 별일과 별고 속에서 별스럽게 살았던 것이다. 이 세상이 온통 '별일'뿐인데 그 안에 사는 우리들에게 어찌 별일이 없을 수 있었겠는가. '밤새 안녕하셨습니까?' 이런 인사말은 이제 우리들에게 별로 실감이 나지 않을 것이다. 관광호텔에 투숙한 사람들을 향해서는 그러한 인사가 필요할지 모르지만, 적어도 1974년 이 한반도 남쪽에서 일부 몰지각자로 불린 사람들에게는 밤 사이의 안부가 아니라 백주의 안녕이 문제였기 때문이다."[153]

「돌아본다 1974년」은 10쪽에 달하는 긴 글로 당시 암울했던 시대상황을 잘 보여준다. 법정 스님이 살았던 처소에 사복경찰이 붙어 일거수일투족을 감시하는 내용이 적나라하게 드러나 있다.

"1월 8일 밤 대통령 긴급조치가 발동되자 그때까지 '헌법개정 청원운동'을 벌였던 중추 멤버들은 갑자기 몰지각자가 되어 호되게 다스림을 받는다. 내게는 그 다음날 식전 아침 기관에서 왔다는 네 사람의 사복이 그 시각부터 고정배치의 임무를 띠게 된다. 그들은 내 일거일동을 낱낱이 살피어 시간마다 상부에 보고한다. 변소에만 가도 따라붙을 만큼 그 사복들은 충직한 그림자가 된 것이다. 지금 생각해도 가슴 아픈 것은, 절에 왔던 신도들을 내 앞에서 검문하던 일. 이 일은 가죽잠바와 함께 두고두고 내 기억에서 사라지지 않을 것 같다. 전화가 공공연하게 가로채이는 일은 그전부터 있는 일이지만, 우편물도 검열을 받아 숫제 개봉이 되어 들어오곤 했다. 그리고 뒤늦게 안 사실이지만 어떤 서신은 전혀 들어오지도 않았던 것이다. 저 전제군주 시절에도 상소라는 제도가 있었는데, 억울한 백성들이 두들길 북이 있었다는데, 이 시대의 시민들은 재갈을 물린 채 쉬쉬 눈치만 살피면서 벙어리가 되고 귀머거리와 장님이 되었던 것이다. 오로지 국민 총화를 위해서."154

박정희 독재정권이 개정한 헌법으로 인해 많은 시민들이 반대의 목소리를 냈고 이로 인해 고초를 겪기도 했다. 긴급조치가 발동되고 개헌이 이루어진 정부의 행태를 보고 법정 스님은 "정말 무섭고도 비민주적인 법이라는 걸 알게 되었다."[155]며 구체적인 내용을 적고 있다.

"한 사람이 갑자기 신문이나 방송을 통해 말을 해 놓으면 그 시간부터 그것은 무서운 법이 된다. 그 말을 털끝만치라도 어기거나 비방하면 15년 징역에다 또한 15년 자격까지 정지된다. 일찍이 이런 법이 우리 역사 안에 언제 있었던가. 이런 법이기 때문에 민주적인 법으로 고쳐야 한다고 청원운동을 벌였던 것이 아닌가. 이 일로 우리들은 중앙정보부로 혹은 비상군법회의 검찰부로 실려 다녔었다. 많은 동료들이 중형을 받아 복역중이다."[156]

긴급조치가 발동되면서부터 헌법개정 청원운동을 벌였던 당시 민주인사들은 상당한 감시와 고초를 당했는데 함석헌, 계훈제, 장준하 등이 이들이었다. 1974년 유신헌법을 반대하는 내용의 시국선언인 「국민선언」이 그해 11월 27일 발표되었다. 여기에 불교계를 대표해 법정 스님도 앞장서고 있다.

"정부가 곧 국가라는 전제적 사고방식은 민주주의에 역행하는 것이며 반정부는 반국가가 아니다. 민주국가의 국민은 국가를 위하여 정부에 수시로 요망사항을 제시하여 정부의 실정을 비판하여 시정을 촉구하고 나아가서는 정부의 퇴진까지 주장할 수 있다는 데 민주체제의 발전적 생명력이 있는 것이다. 오늘 국가기강을 송두리째 문란시키는 갖은 부정부패가 이 나라에서 판치게 된 것은 무엇보다도 민주주의의 본질적 요소인 자유로운 비판이 봉쇄되어 온 때문이다. 우리는 반정부행동으로 말미암아 복역, 구속, 연금 등을 당하고 있는 모든 인사들을 사면 석방하고 그들의 정치적 권리를 회복시키고 언론의 자유를 보장할 것을 요구하는 바이며 그럼으로써 민주적 과정을 통한 국민적 합의 위에 국가과업의 수행을 뒷받침할 참다운 국민총화도 이루어질 수 있다고 확언한다."[157]

이러한 절박한 시국선언은 당시 『씨올의 소리』 관계자 가운데 편집위원인 김동길, 장준하가 구속 중이었던 상황과도 무관하지 않다. 또한 당시에는 문화공보부가 『씨올의 소리』에 대한 압류와 삭제 지시, 인쇄인으로 하여금 인쇄를 기피하거나 거부케 하는 압력행사 등에 대한 항의를 하고 있는 상황이었다는 사실이 적시돼 있다.[158]

당시 편집위원으로 활동하고 있었던 법정 스님은 박정희 독재정권의 유신헌법에 정면으로 반대하는 시국선언에 불교계 인사로 유일하게 이름을 올려놓고 있었다.[159]

법정 스님은 이러한 반정부 활동으로 상당한 고초를 받은 것으로 확인된다. 이는 법정 스님 원적 후 발간된 책 『간다, 봐라』에 게재된 「1974년 1월」이란 시의 각주에 그 내용이 다음과 같이 기록돼 있다.

"박정희 정권 시절, 유신독재 체제에 반대하는 지식인, 종교인들을 구금하고 탄압할 때 몸소 겪은 심정을 표현한 시이다. 당시 박정희 정부는 유신헌법을 만들어 일체의 개헌 논의를 금지했고, 이에 반대하는 사람들을 검거해 감옥으로 보냈다. 이 무렵 스님도 반체제 재야인사인 함석헌, 장준하, 지학순 주교 등과 함께 수감되어 비상군법회의 계엄법정에서 15년형을 선고받기도 했다. 인혁당사건(제2차 인혁당사건)[160]을 계기로 스님은 출가수행자로서 어떻게 살아야 할지 번민하던 끝에 서울 봉은사 생활을 마감하고 조계산 송광사 산내 폐사지에 불일암을 지어 머물기 시작했다."[161]

책 『간다, 봐라』에는 "이 무렵 스님도 반체제 재야인사인 함석

헌, 장준하, 지학순 주교 등과 함께 수감되어 비상군법회의 계엄
법정에서 15년 형을 선고받기도 했다."[162]라고 기록하고 있으나
이 같은 사실은 확인되지 않는다. 이런 점으로 볼 때 형을 선고
받고 곧바로 풀려났거나, 사실을 오인했을 가능성도 있다.

대장경 번역의 원력과 방법론 제시

법정 스님이 〈대한불교〉에 게재한 글 가운데는 특별히 고려대장경 번역에 관한 글들이 많이 보인다. 평소 법정 스님의 관심사이기도 했거니와 출가 초기부터 꾸준히 역경사업을 펼쳐 왔기 때문이다. 법정 스님의 역경사업은 대한불교조계종이 1960년부터 역점을 두고 진행해 왔던 3대 중점사업인 포교·역경·도제 양성의 한 축이었으며 이는 1994년 조계종 개혁불사로까지 이어져 '사회운동으로서의 조계종 종단개혁운동' 차원까지 이어졌다.

법정 스님은 역경을 통해 자신을 돌아보기도 했고, 때로는 책으로 출간해 대중들과 소통하기도 했다. '고려대장경을 어떻게 번역할까'부터 역경사업을 위한 조직을 꾸리는 문제에도 천착했다. 1964년 7월 21일 동국역경원이 개원[163]했다.

당시 불교계 유일의 신문이었던 〈대한불교〉는 7월 26일자 1면 톱기사 제목으로 "민족문화발전民族文化發展에 신기원新紀元—팔

대한불교 동국역경원 개원 기사.

만고려대장경八萬高麗大藏經 우리말로 완역完譯", "동국역경원東國譯
經院 개원開院, 사상초유史上初有의 상설기구常設機構로 발족發足", "30
년 계획 1억5천만 원 들여 장경藏經, 팔리어경전巴利語經典 등等 각
종 불경한역佛經韓譯"164이라고 보도했다.

동국대학교 소속으로 되어 있는 동국역경원의 초대 원장은
운허 스님이었으며, 법정 스님은 역경위원으로 역경에 참여했
다. 동국역경원 설립에 주축을 이뤘던 법정 스님은 60명의 역경
위원 중의 일원으로 참여했다. 그 이전부터 법정은 〈대한불교〉
에 고려대장경을 번역한 내용에 창작성을 가미해 불교설화 형
태로 게재하고 있었다.

동국역경원 개원 이전부터 법정 스님은 동국역경원이 나아가

야 할 길을 제시하는 글을 〈대한불교〉에 싣는다. 그 내용은 이
분야에서는 전문가 수준의 식견으로 '청년 법정'의 진지한 모습
이 보인다. 특히 우리말로 번역한 대장경의 명칭을 '한글대장경'
으로 하는 부분에 대한 강한 반대의견을 피력하는 개진안을 제
시하는 게 돋보인다.

출가하면서 해인사에서 '아주머니 빨래판 사건(대장경을 보고
빨래판 같다고 말한 것에 대해 충격을 받은 일화)' 이후 대장경 번역에
대한 원력을 세운 법정의 집념이 보이는 원고들이다. 이런 글들
은 1964년 1월 1일자부터 역경원 창립 2주년이 되는 1966년까
지 총 7편의 원고에서 잘 드러난다.

「64년도 역경, 그 주변」

현황現況

새해 역경譯經에 대한 전망을 말하기 전에 먼저 지금까지 진행
되어 온 그 상황을 살펴보아야겠다.…(중략)…총무원 산하에 역
경위원회라는 게 있다지만 이름만 있고 실속이 없다. 그러한 유
령기관이 아닌 모임이 아쉽다는 말이다.…(중략)…뒤늦은 감이
없지 않지만 총무원 측에서는 그 금액의 다소多少는 알 수 없으나
신년도부터 역경사업비로써 예산이 책정되리라는 소식이 산사

에까지 번져 오고 있는 걸 보면 반가운 일이다.…(중략)…이제까지는 펑계로 통했다. 제대로 손대지 못한 일이면 무엇이나 '종단 정화 때문에'라는 야릇한 펑계로. 그러나 그 야릇한 펑계도 이제는 시효가 지났다. 부디 올해부터는 삼대사업의 번질한 그 대의명분에도 이 이상 부도가 나지 않기를 이만치서 조용히 빌어야겠다. 망언다사妄言多謝.165

"소식이 산사에까지 번져 오고 있는 걸 보면 반가운 일"이라는 글 맥으로 유추할 때 당시 법정 스님은 해인사에 거처를 두고 있었던 것으로 보인다. 〈대한불교〉 신년호에 실린 기사로 법정 스님에 대한 필자 소개에 "역경위원譯經委員"으로 소개하고 있다. 이미 동국역경원이 개원하기 이전부터 역경위원으로 활동하고 있었던 것으로 확인되는 대목이다.

고려대장경을 어떻게 번역할 것인가에 대한 깊은 고민의 흔적이 보이는 이 글은 현황과 반성, 제언으로 나누어 역경에 대한 전반적인 문제를 일목요연하게 지적하고 있다. 법정 스님은 역경에 대해 어느 누구보다도 진지한 고민과 노력을 하고 있었던 것을 확인할 수 있다.

1964년 7월 21일 동국역경원이 정식 개원한 후 몇 개월이 지

동국역경원이 출간한 한글대장경 일부.

난 1965년 2월에 법정 스님의 역경에 관해 주장한 두 번째 글이
등장한다. 1965년 2월 14일부터 3주 동안 「낡은 옷을 벗어라」
라는 주제로 3회에 걸쳐 '상上·중中·하下'로 나누어 역경에 대한
전반을 진단하고 있다. 내용 역시 당시 첨예하게 논란이 되고 있
던 문제를 다루고 있어 전문을 정독해 볼 필요가 있다.

「낡은 옷을 벗어라」 상上

1. '겨울이 지나가면 봄철이 오고…' 이것은 '쏠베이지의 노래'
그 허무라기보다는 건전한 우주질서이다. 무량겁을 두고 흘러내
리는 잔잔한 우주의 질서인 것이다. 우리들이 계절의 변화를 감
촉하게 되는 것은 카렌다를 넘기는 데서가 아니라 수런수런 창
변窓邊에 밀려드는 대자연의 호흡 같은 그 기운에 의해서이리라.

철 따라 옷을 갈아입는 것은 우리들 생활인의 즐거운 습관이기도 하다. 철 지난 옷을 그대로 걸치고 있는 걸 볼 때 정상적인 가슴들은 답답증을 느낀다. 그건 그렇고 요즈음 독경에 대한 관심이 날로 높아가고 있는 현상은 뒤떨어진 우리 불교계로는 축복할 만한 징조이다.…(중략)…

2. 역경원에서 각 역경위원 앞으로 보내온 기획위원회의 '결의요항'이라는 걸 보면 번역 태도에 있어서 이런 요지로 말하고 있다.

① 장경 전반에 걸쳐 (고려대장경을 중심으로) 총괄적으로 빠짐없이 번역한다. ② 시대적 감각이나 포교의 필요에 의한 번역이 아니라 순수한 학문적 입장에서 정역精譯한다. ③ 어디까지나 원문에 의거하여 직역해야 하고 원문 이탈할 의역은 하지 않는다.…(중략)…

원전 그대로를 다른 언어로 옮긴다는 것은 도저히 불가능한 일이다. 왜냐하면 언어란 그 사회의 풍속과 사유방법을 혈맥처럼 지니고 있기 때문이다. 그러기에 번역은 원전의 뜻을 저버리지 않고 또 경전으로서의 품위나 존엄성을 잃지 않는 한계 내에서 번역되는 나라의 말이나 글로써 성립이 되도록 의역하지 않을 수가 없는 것이다. 그리고 읽힐 수 있도록 역자가 두뇌와 솜씨를 윤기 있게 베풀어야 한다는 것은 바로 역자의 사명이기도 하다. 〈차항미완 此項未完〉166

3회에 걸쳐 글을 쓴 관계로 1회에서는 동국역경원에서 기획위원회의 '결의사항'을 요약하고 있다. 이러한 내용에 2회부터는 '우정 있는 충고'라고 완곡하게 표현하고 있지만 작심한 듯 자신의 올곧은 의견을 주장하고 있다.

「낡은 옷을 벗어라」 중中

현재 진행되고 있는 역경 과정에서 그대로 모른 체 할 수 없는 몇 가지를 들어 이의 시급한 시정을 촉구한다. 이러한 의견은 비단 필자 한 사람만의 관심사가 아니겠기에 '우정 있는 충고'로써 제언하는 바이다.

1. 앞으로 나올 우리말 대장경이 한역장경의 사생아가 되어서는 안 되겠다.…(중략)…

필자는 이런 것을 구상해 보았다. 윤문을 거칠 원고를 인쇄소에 보내기 전에 최종적으로 한 번 더 '독회讀會'의 과정을 거치자는 것이다. 그 모임에는 3인 이상의 증의위원, 3인 이상의 윤문위원, 3인 이상의 번역위원들이 한자리에 모여 그중 한 사람이 원고를 소리 내어 읽어나가면서 보편적이고 정확성을 띤 원고로 가다듬어 혼자서 보았을 때의 있기 쉬운 잘못을 이 기회에 없애자는 것이다. 들리는 말에 의하면 기독교 측에서 요즘 새로 번역하고 있는 바이블은 털끝만한 오역과 잘못이 없도록 빈틈없이 과정을 두고 많은 사람이 치밀한 검토를 한다고 한다. 성전聖典을 다루는 태도가 그처럼 조심스러워야 할 것이라고 필자도 공감한 바가 있다.[167]

마지막 편에서 법정 스님은 우리말로 번역하는 고려대장경의 명칭에 대해 우리말 대장경을 주장하고 있다. 이미 한글대장경이라는 이름으로 출간될 예정인 점을 제시하며 우리말 대장경이 옳다고 주장하는 부분은 인상적이다. 결국 출간된 경전 명칭은 한글대장경으로 지금까지 사용되고 있지만 당시 주장하고 있는 우리말 대장경에 대한 명칭은 타당성이 있어 보인다. 그러면서 곧 출간될 한글대장경을 '다시 한 번 면밀하고 신중하게 검토해 달라'고 주장하고 있다.

「낡은 옷을 벗어라」 하下

새로 나올 경전의 명칭은 『한글대장경』이라고 하는 것이 거의 결정적인 모양이다. 이것을 두고 역경원 측에서도 신중을 기해 많은 시간을 들여 널리 묻고 생각한 것을 필자도 알고 있다. 진리 앞에 겸손이란 일종의 악이라는 의지를 가지고 여기서 다시 한번 말해야겠다. '한글'이란 우리나라 글자文字의 이름에 지나지 않는다. 로마글자를 '알파벳'이라 하고 일본에서 쓰는 글자를 '가나'라고 하듯이. 그러므로 '한글대장경'이란 말은 마치 '가나대장경' '알파벳대장경'이란 말처럼 당치도 않는 웃음꺼리다. 우리말로 번역한 셰익스피어 전집을 두고 '한글셰익스피어 전집'이란 말을 과문한 탓인지는 몰라도 아직 들어보지 못했다.

'한글불교사전'이란 책 광고도 역시 들어보지 못했다. 그래서 필자는 일찍이 우리말로 옮겨진 대장경이기 때문에 그냥 '대장경'이라고만 하자고 했었다. 밋밋한 맨머리가 좀 안되어 삿갓 같은 거라도 굳이 필요하다면 '우리말대장경'으로 하자고 했다.…
(중략)…

끝으로 역경원 측에 거듭 강조하고 싶은 것은 4월의 출간을 위해서만 서두를 일이 아니라 적어도 반세기란 긴 시간을 두고 끊임없이 계속할 사업이고 또한 과거를 위한 작업이 아니라 현재와 미래의 트인 지평地平에 시점을 두어야 할 역사적이라는 것을 자각해서 다시 한번 지금 진행되고 있는 일들을 면밀하고 신중하게 검토해 달라는 말이다.

졸속주의가 낳기 마련인 부실과 단명短命을 이제 우리가 할 신성한 불사에만은 제발 되풀이하지 말자는 말이다. 만약 오늘 이 땅에 부처님이 출현해서 말씀을 하신다면 어떠한 말씀을 어떻게 하실까? 한말식韓末式 사고로써 그 시절에 쓰던 한어식韓語式으로 말씀을 하실까? 아니면 지금의 우리 귀에 익은 우리말을 쓰실

까? 철 지난 옷을 언제까지고 걸치고 있으려는 고집은 이제 웃음
거리밖에 낳을 것이 없다. 겨울이 지나가면 봄철이 온다는 이 엄
연한 우주질서를 이제는 더 외면할 수가 없는 것이다. 이 새로운
계절 앞에서 그만 낡은 옷을 벗어 던지고 새 옷으로 갈아입지 않
으려는가?[168]

「낡은 옷을 벗어라」는 글 제목이 말해 주듯이 법정 스님의 고
려대장경 번역에 대한 생각이 응축되어 있는 원고다. 3회에 걸
쳐 〈대한불교〉에 게재된 글은 '역경승 법정譯經僧 法頂'의 고려대장
경 번역에 관한 열정과 주장이 오롯하게 담겨 있다.

이러한 경전 번역에 대한 주장은 다시 해를 넘겨 1966년 2월에
다시 한번 등장한다. 내용은 주의주장이 아닌 '경전을 읽자'는 계
도성 글이다. 부제목도 「경의 새로운 이해」로 '경전을 읽는 것은
부처님의 육성을 듣는 길이니 경전을 열심히 읽자'는 요지다.

「경전 결집과 그 잔영殘影」
-경經의 새로운 이해

우리들이 경전을 읽는다는 것은 곧 부처님의 육성을 듣는 길
이다.…(중략)…무명의 안개에 싸여 앞을 내다볼 수 없는 우리 중

생들이 어떤 언어로 해서든 경전을 읽는다는 것은 2,500년 전에 실존했던 부처님의 목소리를 친히 듣는다는 것과 조금도 다를 수가 없는 것이다.[169]

고려대장경의 우리말 번역에 대한 깊이 천착穿鑿하고 있음을 보여주고 있는 글들이 계속 보이는 가운데 중국은 어떻게 대장경을 한역漢譯했는지에 대한 과정을 2회에 걸쳐서 연재한다. 많은 역경사譯經師들의 지난한 노력과 관계기관의 물적 지원의 토대아래서 여실하게 이루어지고 있음을 알려주는 법정 스님은 '우리도 이러한 과정이 반드시 필요하다'는 것을 중국의 사례를 들어 주장하고 있다.

「한역장경漢譯藏經의 형성形成 1」
-중국은 이렇게 역경했다

1. 앞으로 반세기 안에 우리는 우리말로 된 대장경을 갖게 될지도 모른다. 반세기란 결코 짧지 않은 인간계의 시간이다.…(중략)…

2. 중국에 있어서 역경의 역사는 양자강 줄기만큼이나 길다. 148년경부터 171년에 걸쳐 낙양에서 역업譯業에 종사한 안세고安

世高를 비롯하여 북송(960-1127) 때까지를 꼽으면 장장 일천 년의 세월. 그때로부터 천년 뒤인 지금, 우리가 한역장경을 대할 때 원전에 못지않은 그 팔팔한 솜씨들을 보고 놀라지 않을 수 없다. 더구나 표음表音 문자인 인도의 언어(산스크리트)를 표의 문자인 한자로 옮길 때, 그 일이 얼마나 어려웠을 것인가는 능히 짐작되는 일이다.…(중략)…

4. 구관제九官制란 다음과 같은 것이다.

역주譯主, 정면에 앉아 원본인 범문梵文을 소리내어 읽어간다.

증의證義, 역주의 왼편에 앉아 그가 읽어가는 범문의 구성과 의미를 음미한다.

증문證文, 역주의 바른편에 앉아 역주가 읽는 범문을 듣고 문자와 그 읽는 법에 틀림이 없는가를 살핀다.

서자書字, 이것은 범학승梵學僧의 역할로서 자세히 범문을 듣고 그것을 한자로 쓴다. 여기에서는 단지 범음을 한자로 음사할 뿐이고 의역은 하지 않는다.

필수筆受, 범어를 번역하여 중국어로 옮기는 일. 여기서는 주로 단어만을 다룬 것 같다.

철문綴文, 번역된 문자의 차례를 바꾸어 중국어의 문장으로 고치는 일.

참역參譯, 다시 한번 원문과 번역문을 대조하여 틀린 데가 없도록 한다. 그러니까 역문譯文을 재음미하는 단계.

간정刊定, 표현이 산만한 곳을 잘라 압축시킨다.

윤문潤文, 역주譯主에 다음가는 중요한 직책이었던 모양이다.

번역된 글을 최종적으로 손질하는 단계인데 경전의 문장으로서 그 표현을 다듬는 일이다.[170]

한문대장경을 보유한 중국은 어떻게 경전을 번역했는지는 우리가 본받아야 할 본보기가 될 것이 자명하기 때문에 법정 스님은 2회에 걸쳐 자세하게 글을 게재한다. 곧 중국의 경우를 우리가 본받아야 하기 때문이다. 이 글에서 역시 법정 스님은 세밀하고 뛰어난 전문가적 식견을 글로 표출하고 있다.

「한역장경漢譯藏經의 형성形成 2」
-중국은 이렇게 역경했다

1. 이와 같은 '역경의 구관제九官制'에서 우리는 다음의 사실을 알게 된다.

첫째, 번역은 결코 역주譯主 혼자서 한 일이 아니었다는 점이다. 지금 한역장경에 밝혀진 역자의 이름 가운데는 대개 외국에서 온 사문이 많다. 그들 자신이 그처럼 유창한 중국어를 썼을 것이라고는 도저히 생각할 수 없다. 한역漢譯장경 중에서도 구마라집의 번역이 가장 윤기 있고 유창하다는 것은 누구나 잘 알고 있는 바이지만 그렇게 표현되기까지에는 많은 협력자들(중국의 학승들)이 거들었을 것이다. 특히 윤문 분야에 있어서는 비상한 문장의 스타일을 지닌 인재가 있었던 모양이다.…(중략)…

　50년 후 우리 후세들은 지금 우리가 번역하고 있는 '대장경'을 두고 어떻게 평가할 것인가? 그것은 먼 50년 후에 물을 일이 아니라 당장 지금 살아 있는 사람들에게 물어볼 일이다. 어떻게 읽히고 있는가를. 얼마나 한 울림을 받고 있는가를. '꽂아놓고 바라보기'만 하는 대장경이라면 그것은 아무런 창조적 의의도 없는 도로徒勞다. 누구나 읽고 지혜의 눈을 떠서 불보살의 대원해大願海에 뛰어들 수 있는 '힘'을 보여 줄 때, 거기에는 판매를 위한 광고의 수고도 없어질 것이다. 반세기 후 지금의 우리는 낙엽처럼 다 져버렸을지라도 우리 꼬마들의 서가에는 이 시대에 빚어진 유산遺産들이 거기 그렇게 꽂혀 있을 것이다.[171]

　1964년 7월에 개원한 동국역경원 2주년을 맞아 또 한 번의 글을 게재한다. 여기서 법정 스님은 그동안 해 온 공을 살펴본 뒤 앞으로 해야 할 과제까지 차분하게 제시하고 있다.

「우이독경牛耳讀經」

-역경원譯經院 창립 2주년에 부쳐

'오오, 짜라투스트라여, 여기는 대도시다. 그대는 여기에서 찾을 아무것도 없고 일체를 잃어버릴 뿐이다. 그대는 왜 이 흙탕 속으로 걸어가려 하는가? 부디 그대의 발을 측은히 생각하라. 도리어 도시都市의 문에 침을 뱉고 돌아서라!' -니이체

개구開口의 변辯

사람은 왜 말을 하고 싶어 하는 것일까? 그것도 구체적인 가슴에 대고서라면 모르지만, 메아리도 없는 회색의 광장에 대고…. 시고是故로 제題하여 우이독경야牛耳讀經也라.

오는 7월 21일로 동국역경원東國譯經院은 그 창립 둘째 돌을 맞는다. 두 살짜리의 건강한 발육을 위해서 몇 가지 마음에 고인 온도를 보내야겠다는 희미한 사명감에서 이렇게 휴일의 여백을 메우고 있다. 그렇지 않을 수 없는가? 그렇다. 그렇지 않을 수 없다!…(중략)…

우리가 살고 있는 이 시대에 수행되는 역경사업이기 때문에 너나 할 것 없이 우리 모두에게 공동책임이 주어진 것이다. 창립 2주년을 계기로 우리 역경계에도 새로운 비약이 있기를 바라면

서 무더운 여름날 고독한 작업을 마치려 한다. 우이독경牛耳讀經!
그것은 인이독경人耳讀經의 오식誤植이기를![172]

위의 원고는 1966년 7월에 게재된 것으로 법정 스님이 한창
동국역경원에서 '역경위원'으로 활동하고 있던 시기다. 당시에
는 기독교 인사(윤성범·김길성 교수 / 성서번역위원)들을 초청해 역
경의 문제점을 토의(불교측은 동국역경원장 석주 스님과 역경위원 법
정 스님 참여)하기도 했다.[173] 그해 8월 8일부터 1주일간은 해인사
에서 역경원장 운허 스님, 역경위원 법정 스님, 최현배 연세대학
원장, 이희승 학술원장 등 내외 관련 인사들과 함께 1주일 동안
300여 개의 역경술어를 심의하기도 했다.[174] 경전 번역에 대한
열정은 그 뒤로도 계속 이어져 1968년 7월 2일 동국역경원 편
집부장을 맡아 활동하기도 한다.

불교 가르침 정립과 정법구현 칼럼

이 영역은 법정 스님이 가장 많이 남긴 원고다. 여기에는 법정 스님의 생각과 사상이 응축돼 있다. 처음 고려대장경을 번역하는 원고를 게재한 곳곳에는 긴 문장이 보이나 법정 스님은 칼럼과 논단 서평을 쓰면서 문장이 짧아지는 단문을 많이 구사한다.

법정 스님을 가장 유명하게 만든 글들인 칼럼에는 법정 특유의 글솜씨가 반영돼 있다. 자연과 소통하면서 거기에서 진리를 보고, 독자들의 마음을 감화시키는 글들도 즐비하다. 자연에 살면서도 자연을 정복하려 하지 않고 자연친화성을 통해 공생과 상생의 가르침을 전하기도 하고, 계절의 자연스런 순환과 순리를 관찰하며 사람들의 삶이 어떠해야 하는지를 일깨워 주기도 한다.

몇 편의 논단은 〈대한불교〉에만 있는 '청년 법정'의 기백을 엿볼 수 있다. 물론 짧은 칼럼과 긴 칼럼에서도 법정 스님이 불교교단, 즉 대한불교조계종에 대한 애정 어린 비판의 목소리도 들어 있기도 하다. 이들 논단은 법정 스님의 논리 정연함이 가미된 절제되고 설득력 있는 글들로 50년이 지난 현재도 한국불교, 즉 대한불교조계종이 고민해야 할 문제들이어서 큰 울림을 주고 있다.

「다시 계절季節 앞에」

지금 우리를 슬프게 하는 것들은 '안톤 슈낙'의 보랏빛 슬픔이 아니다.…(중략)…

의젓한 불명을 가진 신도들이 불단에 교복과 학용품을 펼쳐놓고 기원하는 것을 본 적이 있다. 묻지 않더라도 그 교복과 학용품은 시험장에 들어갈 때 소용될 것이리라. 아이들의 전도前途에 대한 어버이의 애틋한 심정을 이해 못할 바 아니지만, 그래 그와 같은 기발한 착상은 불경의 어느 대목에서 보고 그러는 것일까. 이것은 분명히 종교의 궤도에서 벗어난 무속이다. 이런 행위는 마치 빨간 바지를 입으면 오래 살고, 교문에 엿을 붙이면 응시에 붙는다는 '샤먼'과 무엇이 다르겠는가. 불교는 결코 샤먼이 아니다. 이성적인 버젓한 종교인 것이다.…(중략)…

불교에 있어서 기복의 요소는 어디까지나 종교의 부수 현상일 뿐이지 종교의 본질은 아니다. 그런데 이와 같은 부수 현상이 본질에 앞설 때 그것은 사이비종교이며 미신 사교인 것이다. 불교

대한불교 1965년 12월 19일자 4면 기사.

는 본래 지혜의 종교로서 그 최고 이상理想인 보리覺는 일체지一切
智이며 정변지正偏智이다.…(중략)…

　우리는 어떠한 형태로든 간에 반무속적인 기복의 신심들에 팔
려 '위태로운 청부請負'를 맡는 우愚를 범犯하지 말 일이다. 그토록
떳떳하지 못한 밥을, 삼륜三輪이 청정하지 못한 시은施恩을 받고
있다는 것은 얼마나 우리를 슬프게 하는 것들인가.[175]

　1965년을 마무리하는 형식의 기획기사로 4회에 걸쳐 게재한
원고다. 안톤 슈낙의 책『우리를 슬프게 하는 것들』[176]이라는 책

의 제목을 차용해 불교계에 만연해 있는 개선점들에 대해 수사修
辭적인 비유를 들고 문학적인 요소를 가미해 비판한 글이다. 첫
번째인 이 글은 미신적이고 무속적인 불교를 단연코 배격해야
함을 주장하고 있다. 불교의 정법구현正法具現과 파사현정破邪顯正
을 촉구하는 '청년 법정'의 기백이 들어 있다.

「사문沙門은 병病들고」

사문이란 더 말할 것도 없이 도에 뜻을 둔 구도자이다. 세속적
인 온갖 것을 버리고 출세간적인 청정도淸淨道를 닦는 수행자이
다. 그런데 오늘날 이 고장에 살고 있는 사문들의 생태는 어떠한
가? 반문할 여지도 없이 우울할 뿐이다. 물론 걸망 하나로 이 산
에서 한 철 저 골짝에서 한 철, 운수雲水를 벗하여 걸림 없이 정진
하는 극소수의 본분납자들은 차한此限에서 부재로 하고. 필자의
청진기로는 지금 승단이 앓고 있는 질병을 제발 오진誤診이기를
바라면서 이렇게 진단하고 있다. 10대와 20대는 '학교병學校病'에
들고, 30대는 '주지병住持病' 4·50대에는 '안일병安逸病'에 걸려 있
다고. 출가해서 오래지 않은 어린 승려들이 세속의 학교병에 걸
렸다는 것은 한 말로 해서 승단에 교육이 없다는 것이다. 재래식
강당 공부에 적응되기에는 그들의 머리에 '상투'가 없다. 그들은
현대에 살고 있기 때문이다. 기회가 있을 때마다 누차 말한 바 있

지만, 승단교육의 과감한 개혁 없이 한국불교의 내일은 없다.…
(중략)…

귀에 익은 부처님 말씀이다. 어느 한쪽이 방하착放下着하지 않는
한 다툼은 휴일이 없을 것이다. 어떻게 불로써 불을 끌 수 있겠는
가. 지난날의 가까운 도반들이 하잘것 없는 일에 말려들어 싸운다
는 것은 안타까운 일이다. 우리 승단에서도 얕지 않은 수행경력과
지도층에 있는 분들이 맞서있을 때 후배들은 어디 가서 누구의 본
을 받을 것인가. 이것이 또한 우리를 슬프게 하는 일이다.[177]

출가수행자의 본분사가 무엇인지를 일깨워 주는 글이다. 출
가한 후 곧바로 겪게 되는 수행자들의 난제難題에 올바른 입장을
견지하게 안내해 주는 글이다. 결국 출가사문은 어떤 길을 걸어
가야 하는지에 대해 진지하게 묻고 그 해답을 제시해 주고 있다.

「사원 찾는 관광객, 그들은 불청객인가」

봄 그리고 가을이 오면 가난한 우리 겨레의 가슴에도 관광이
라는 들뜬 계절풍이 밀물처럼 스며들게 된다. 가계부家計簿의 온
도溫度에 구애됨이 없는 것이다. 그들은 문화민족의 글자를 마음
껏 발휘하기 위해서 찾아가는 곳은 으레 문화재가 수두룩 깔려
있는 산중의 고찰古刹이기 일쑤다.…(중략)…

종교가 대중사회에 파고 들어가야 한다지만 이런 영역에만은 사회참여를 하지 말았으면 좋겠다. 청정을 내세우는 사원에 목욕탕 시설이 없다는 것은 말이 안 된다. 그 흔한 불사佛事에 왜 목욕탕은 짓지 않는가? 이런 일이 또한 우리를 슬프게 하는 것들이다.[178]

한 해를 넘겨 세 번째 게재한 원고다. 여기에서는 사찰의 관광지화에 대한 문제를 지적하고 있다. 사찰 입장에 따른 관광객의 증가로 인한 사찰의 유흥지화에 대한 문제를 제기한다. 하지만 이 문제만을 지적하지 않고 사찰로 유입되는 관광객들을 위해 사찰이 무엇을 하고 있는지에 대한 문제를 제기하고 있다. 이 문제는 지금도 사찰이 관람료 사찰로 전락해 포교의 역할을 하고 있지 못하는 어려움에 봉착하고 있다.

이 문제에 대해 법정 스님은 '사찰에 진정한 수도인이 부재不在하기 때문'으로 진단한다. 그러면서 "대중이 모여 공부하는 도량이라면 아무 때나 무상 출입하도록 열어 두어서는 안 될 것"이며 "수행에 필요한 곳은 결계結界를 하여 외인들이 접근하지 못하도록 해야 할 것"이라고 설파한다. 결론에 이르러서는 "밖에서 찾아드는 나그네들을 귀찮아 할 것만 아니라 그들을 자비와 인내로써 교화하여 적어도 사원에 대한 인식이 그 전과는 달라지도록 해야 할 것이고, 그리하여 앞으로는 그들이 사찰을 찾아오는 의미가 새로워지도록 우리 모두가 교화의 사명을 띠고 힘써야겠다."고 주장한다. 지금도 이 가르침은 유효해 보인다.

「깎이는 임야林野」

지난번 중앙종회에서 통과된 66년도 총무원 예산은 1,400여만 원이라고 한다. 해마다 그렇듯이 올해도 그 세입 중 70%는 기본재산인 임야의 처분에 의존한 것이다. 현재 우리 종단의 재원은 사찰임야 말고는 거의 없는 것처럼 생각되고 있다.…(중략)…

필자는 사문沙門의 이름으로 종단에 간곡히 제의한다. 계획성 있는 도제양성의 실현을 위한 그 첫 단계로 각 강원의 강사와 선원의 입승, 종단의 교육위원, 그리고 종립학교(동국대의 경우라면 불교대학)의 교수들을 한 자리에 초청하여 우리가 당면한 도제양성의 제반사를 논의하고 연구해서 하루바삐 실현성 있는 종단 교육의 좌표를 설정하기 바란다. 그리고 관계기관에서는 수도장으로서 가능한 여건을 갖춘 몇 군데 사원을 지정하여 현지 운영자와 유기적인 관계를 가지고 피차에 한국불교의 재기를 위해서 있는 힘을 다 기울여야 할 것이다.…(중략)…

잎이 져버린 숲에서는 탁목조啄木鳥의 나무 쪼는 소리가 빈 골짝을 울리고 있군요. 고독한 구도자 스피노자의 의지를 거듭 되새기면서 이 '메아리 없는 독백'을 멈추어야겠습니다. '아무리 내

일로 세계의 종말이 명백하다 할지라도 나는 오늘 한 그루의 사
과나무를 심는다.' 베토벤 씨! 고뇌하던 우리 베토벤 씨![179]

'우리를 슬프게 하는 것들' 완결편으로 종단 예산을 세우는 데
임야를 팔아 충당하는 모습을 안타깝고 슬프게 여기고 있다. '임
야는 수행자의 의지처'이기에 다른 방법으로 종단 재원을 확보
해야 한다는 간곡한 주장이 들어 있다. 또한 세출의 절반을 소송
비로 흩어버리는 현실이 '우리를 슬프게 하는 것들'이라고 지적
한다.

세속 나이로 33살, 승랍으로 11년의 '청년 비구 법정'은 이러
한 문제를 극복하기 위해서는 인재양성이 대안임을 지적하며
"오늘처럼 승단이 만신창이가 된 것은 인재가 없기 때문이다.
인재를 기르지 않았기 때문이다. 승단을 정화하겠다는 사람들
이 승단의 기둥인 사문을 기르지 않고, 썩어가는 절간만 차지하
기에 열광하지 않았던가. 사원은 수도인이 그 안에서 수도하기
위해서 지어놓은 건물에 지나지 않는다."고 강조한다. 또한 "계
획성 있는 도제양성의 실현을 위한 그 첫 단계로 각 강원의 강사
와 선원의 입승, 종단의 교육위원, 그리고 종립학교(동국대의 경
우라면 불교대학)의 교수들을 한 자리에 초청하여 우리가 당면한
도제 양성의 제반사를 논의하고 연구해서 하루바삐 실현성 있

는 종단 교육의 좌표를 설정하기 바란다."고 주장한다. 지금 읽어도 법정 스님의 주장은 유효하고 명약관화明若觀火한 주장이다. 원고 중간에 "필자는 사문沙門의 이름으로 종단에 간곡히 제의한다."는 피맺힌 절규의 문장은 법정 스님이 종단에 대해 얼마나 애정을 가지고 대안을 제시하는 비판을 하고 있는지를 알게 해 주는 대목이다.

「세속世俗과 열반涅槃의 의미意味」

–법정法頂 스님 / 이기영李箕永 박사東大敎授180 (대담)

열반이라면 우리는 흔히 면벽선승들만이 가는 길인 줄 안다. 일체의 세속을 끊고. 그러나 과연 중생의 고뇌를 그대로 뒤에 둔 채 진정한 의미의 열반이 이루어질 수 있을까? 또한 세속은 무엇인가. 말할 것도 없이 우리가 살고 있는 이 땅이란 뜻이다. 그러나 자비의 행을 근본으로 하는 승가의 눈은 세속을 달리 본다. 열반을 보는 눈도 그렇고. 여기에 법정 스님과 이기영 교수의 대담을 실어 '열반과 세속'의 새로운 의미를 파악해 본다. (편집자)

법法: 최근 서경수徐景洙 교수가 쓴 『세속의 길 열반의 길』이란 책에서 저자는 이런 말을 하고 있더군요. "종교는 이면불二面佛이다. 한편으로는 '절대'를 추구하려고 하면서, 다른 한편으로는 상대적 세계로 내려와서 중생을 제도해야 한다. 종교가 절대를 추구하는 중생과는 아무런 관계도 없다."고요. 불교에서 절대를 지향한다는 것은 곧 열반의 길을 뜻하는 것이라고 생각되는데요. 그런데 여기서 문제되는 것은 종교인이 자기중심의 열반에의 길만을 지향할 때, 그것은 곧 열반의 길이 아니라는 것입니다. 서徐 교수는 이 문제에 대하여 사회참여 같은 '행'을 중시하는 입장에서 제도 면을 강조하고 있는데 그렇다면 과연 세속과 열반은 어떠한 관계에 있는 것인지, 여기에 대해서 선생님과 의견을 나누어 보고 싶습니다. 신문사 측에서 이렇게 멍석도 깔아놓고 했으니.(웃음) …(중략)…

이李: 아까 법정 스님께서 서경수 교수[181]의 『세속의 길 열반의 길』을 들어 이 문제를 꺼내셨는데 저도 그 책을 읽었습니다. 서徐 교수 자신이 믿음을 갖고 사유와 행을 통해서 세속적 자기를 극복해 가는 도정을 잘 그렸더군요. 그리고 그가 자기 스스로의 자책적 이해의 견해를 실었다는 점에서 높이 평가될 수도 있고요.

법法: 그래요. 서 교수는 불교적 프리즘을 통해서 현실을 파헤치고 있습니다. 그가 세속이냐 열반이냐 하는 갈림길을 이면불二面佛이라고 지적하면서 열반의 새로운 의미를 제시한 것은 종교적으로도 중대한 결심이라고 할 만합니다.

이후: 특히 '한국종교사 서설을 위한 에세이'는 이제까지 아무도 시도해 본 적이 없는 새로운 종교사관을 가지고 서술되었더군요. 참 좋았습니다.[182]

1960년대 말 불교학계에 주목을 받았던 서경수 동국대 교수의 저서 발간에 즈음해 당대의 석학으로 이름을 떨쳤던 이기영 교수와 신간 서적에 대한 내용을 담은 대담이다. 이 글은 법정 스님이 당대의 석학들과 자유롭게 대담을 할 수 있는 능력을 가진 스님이었다는 사실을 간접적으로 보여주고 있다. 대담에서 이기영 교수는 "열반은 주객의 분열 없는 유식唯識, 심원深源 없는 '당유當有'이지만 존재存在는 아니다."라고 주장하고 있다. 이어 법정 스님은 "자비행慈悲行 없이 열반 없다. 부처님은 그 길을 가르치신 것, 보살의 하화중생下化衆生은 열반의 길"이라는 논지를 보여주고 있다. 불교학적으로 풀어낸 이기영의 논지는 난해한 부분이 있지만 법정 스님의 논지는 일반인도 쉽게 이해할 수 있게 논파하고 있다.

이 당시에 법정 스님은 동국대학교 소속의 동국역경원 역경위원으로 활동하고 있었고, 〈대한불교〉에도 자신의 법명인 '법정法頂'이 새겨진 기획기사를 연재할 수 있을 만큼 불교계 언론에도 주목을 받았던 논사의 위치에 있었다.

「성탄聖誕이냐? 속탄俗誕이냐?」

잔치를 벌이고 있었다. 그 절 주지스님의 생일이라고 했다. 그 스님을 따르는 신도들이 장꾼처럼 모여서 웅성거렸다. 이날을 위해 충성스런 신도들은 백일 전부터 기도를 붙였다는 것이다. 주지께서는 새로 만들어온 값진 옷을 입고 치맛자락에 둘러싸여 희희낙락喜喜樂樂 화기 띤 얼굴로 비단 방석 위에 앉아 계셨다.… (중략)…거액트額을 들여 거리거리에 아치를 세우는 등 예년보다 더 호화로운 행사를 하리라고 야단이다. 아직도 승단僧團은 길을 잃은 채 제구실을 못하고 있는데, 오늘도 사원의 문전에는 헐벗고 굶주리는 이웃들이 줄을 잇고 있는데…. 부처님은 자비의 화신. 자비 대상은 물론 중생. 이런 불협화음不協和音 속에서 부처님은 과연 탄생할 것인가, 질식할 것인가?[183]

법정 스님이 주장하고자 하는 논지를 적절한 비유를 들어 독자들에게 다가가는 글로 필자명을 '청안淸眼'으로 밝히고 있다. 당시 불교계는 부처님오신날을 경축행사로 크게 진행하고 있었다. 이런 관례는 지금도 이어지고 있기도 하다. 이 원고에서 법정 스님은 부처님오신날의 '4월 초파일'보다는 '부처님이 되신 날'인 성도절을 더 의미 있게 경축해야 한다고 주장하고 있다.

요즘 불교계는 성도절을 전후해서 '불교도 경건주간'으로 선포하고 용맹정진하는 시간을 가진다. 법정 스님이 원고를 썼던 당시에는 성도절에 대한 행사가 별로 없었던 모양이다. 이런 점을 간파해 불자들은 부처님이 탄생한 날보다 깨달음을 성취한 성도절이 훨씬 의미 있는 명절이라고 법정 스님은 주장하고 있다. 불자들의 의식을 각성시키는 불교언론의 기능을 충실하게 이행하고 있는 원고로 평가할 수 있다.

「만남追邂」

사람은 엄마에게서 태어난 것만으로 인간人間이 되는 것은 아니다. 거기에는 동물적動物的인 나이가 있을 뿐 인간人間으로서의 정신연령精神年齡은 부재不在다.…(중략)…험한 눈길을 헤치고 스승을 찾아간 사나이가 있었다. 스승을 만나기 위해 밤새 내려 쌓이는 차가운 눈 속에 묻히면서도 물러가지 않은 꿋꿋한 사내. 그는 다음날 스승 앞에 자기 팔을 끊어 신信을 보인다. 법法을 위해 신명身命을 버린 것이다.…(중략)…사람은 혼자 힘으로 인간이 될 수 없다. 만남에 의해서만 인간이 형성되는 것이다. 이렇게 우리는 무엇인가 만나야겠다.[184]

필자명을 '청안淸眼'으로 쓴 원고로 불법佛法을 만나기 위해서는 간절함이 있어야 한다는 내용을 주장하기 위한 글이다. 선종의 초조인 달마대사를 만나기 위해 2대조인 혜가 스님이 팔을 끊는 절실함으로 진리를 구했다는 '설중단비雪中斷臂'의 고사를 풀어내고 있다. 이처럼 진리를 구함에 있어 "생명의 환희歡喜가 없는 것은 '만남'이 아니라, 마주치는 것이요, 사교社交일 뿐이다. 만나는 데는 구도적求道的인 자세가 있어야 한다."185고 법정 스님은 진지함을 표출하고 있다.

「망우리 유감忘憂里 有感」

언제부터인지 토우土雨가 부옇게 내릴 무렵이면 으레 한 닷새 시름시름 앓았다. 베갯머리에 솔바람 소리가 먼 바다의 해조음海潮音처럼 들려왔다. 아득한 그 소리에서 죽음의 발자취 같은 것을 느낄 때가 있다. 그러던 어느 날 문득 망우리忘憂里에 가보고 싶은 생각이 일었다. 홍제동 쪽은 빛깔이 너무 짙어 시詩가 없을 것 같았다. 이렇게 갑작스런 생각을 하게 된 것은 성에 차지 않은 내 생을 조명하고 싶어서였을까. 여지餘地가 없는 무덤의 행렬은 거기 그렇게 있었다. 말하자면 주택난은 이곳에도 마찬가지였다.…(중략)…"제행무상諸行無常이니라, 부지런히 정진精進하라." 이것은 부처님이 남기신 마지막 말씀이다. 우리도 언젠가 한 번은 죽기 마련이다. 죽음의 나그네가 우리를 호명할 때 "예!" 하고 선뜻 털고 나설 수 있는 연습을 해두어야겠다. 그 연습이란 일상의 정진精進에서 쌓이는 것. 때문에 우리가 두려워할 것은 죽음이 아니라, 생生 그것이다. 우리는 어떻게 살아야 할 것인가. 우리는 무엇을 해야 할 것인가.[186]

존재론적 고민에 봉착한 법정 스님이 '청안清眼'이라는 필명으로 망우리 공동묘지를 찾아 제행무상諸行無常을 깨달으며 부지런히 정진하겠다는 다짐을 하는 글이다. 자기관조의 글인 이 원고는 '죽음에 직면해서 두려워하지 말고 매일 매일의 정진의 삶을 모아 죽음에 당당히 맞서라'고 설파한다. 그래서 "우리가 두려워할 것은 죽음이 아니라, 생生 그것"이라고 강조한다. 35세의 법정 스님이 삶에 대해 느끼는 마음자세를 엿볼 수 있는 글이다.

「크나큰 미소, 석가」

석가, 예수, 공자, 마호메트, 소크라테스의 다섯 분은 인류의 영원한 스승, 혹은 영원한 지혜의 별이라고 추앙한다. 그들의 시대나 인종, 지역을 초월하여 새로워질 수 있는 역사상의 인물은 없다. 근간 신구문화사에서 이 다섯 스승들의 전기집『영원한 인간상』을 발행한 것은 삭막해지는 우리들의 정신적 풍토를 감안할 때 퍽 다행한 일이다. (이분들의 전기나 다른 서적들이 기왕에 나오지 않은 것은 아니지만) 그중 제3권의 『크나큰 미소, 석가』는 일본의 도변조굉渡邊照宏의 『신석가전新釋迦傳』을 서경수徐景洙 씨가 옮긴 것으로 인간 석가의 참모습을 가장 잘 표현한 명저라고 할 수 있다.…(중략)…과거의 많은 불서들이 딱딱한 교리해설이 아니면 전설적, 신화적, 또는 신격화한 것인 데 반하여 이 석가전을 비롯한 영원한 인간상의 처지에서 서술하고 있다. (4×6판 394면, 값 640원)"[187]

법정 스님이 쓴 책 서평의 글이다. 신문에 '서평書評'이라는 코너를 달고 필자의 기명을 단 원고다. 당시 불교학계에 주목을 받았던 학자가 번역한 책을 평가하고 있는 법정 스님의 불교교단 내에서의 위상을 짐작하게 하는 글이다. 서평에서 법정 스님은 "인간상의 처지에서 서술하고 있다."라고 기술하며 부처님의 인간적인 모습을 표현한 점을 높이 평가하고 있다.

「석존釋尊은 좌불坐佛이 아니었다」

석존釋尊의 생애生涯에서 가장 감격스런 장면의 하나는 그가 가야아에서 지혜의 눈을 뜬 뒤 베나레스의 녹야원鹿野苑에까지 가서 최초最初의 설법을 하게 된 일이다. 가야아에서 베나레스까지는 2백 킬로, 우리 잇수로는 장장 5백리里. 비행기도 택시도 없던 시절, 불볕이 쏟아지는 머나먼 길을 홀홀단신單身 맨발로 걸어간 것이다.…(중략)…그는 각자覺者의 사명을 다하느라고 하루도 쉴 날이 없던 '활불活佛'이었다. 마지막 입멸入滅하는 그 순간까지도 교화중생하던 젊은 '동불動佛'이었다. 그는 가만히 앉은 자리에서 시물施物이나 받아먹는 노오란 좌불坐佛이 아니었다.[188]

1967년 12월 17일 쓴 원고다. 1967년에는 〈대한불교〉에 글쓰기가 뜸한 시기의 글로 석가모니 부처님은 앉아서 시물施物이나 얻어먹은 좌불이 아니라 평생 길에서 교화에 나섰던 활불活佛이었음을 강조하고 있다. 이 같은 부처님의 활불 행을 부각시켜 당시 교화에 등한시했던 교단의 스님들에 대한 통렬한 비판을 하고 있다. 특히 '자칭 중량급'의 법사 스님들의 안일한 모습을 질타하며 출가수행자는 중생교화의 사명을 늘 띠고 전법에 나서야 함을 강조하고 있다.

「굴신屈伸운동」

근래 몇몇 사원에서 종풍宗風처럼 떨치고 있는 참회의 열의를 볼 때마다 흐뭇함을 느끼는 한편, 참회의 본뜻을 생각할 때 의구심 같은 것이 없지도 않다. 참회라고 하면 절禮拜을 연상하리만큼 동일시되고 있는 경향인데, 예배는 참회하는 방법 중의 하나이

대한불교 1968년 1월 14일자 「굴신운동」.

지 그것이 곧 참회의 전부는 아니다. 흔히 불전佛前에서 몇 자리의 절을 했다고 해서 무슨 기록의 보지지保持者처럼 으스대는 걸 보게 된다. 어느 스님한테 가서 며칠 동안 몇만 배를 하고 왔다느니, 절을 하고 나니 얼굴이 예뻐지고 재수가 좋아지고 무슨 병이 낫고 어쩌고저쩌고. 이런 사람들은 진정한 의미에서 참회한 사람이 아니다. 참회인은 겸허하고 순수해야 한다. 그런데 전에 없던 상相이라는 루즈를 입에 바른 것이다.

그런 사람들의 절하는 동작 또한 가관이다. 몇 시간 동안 몇천 배拜를 채우겠다는 기록의식에서인지, 아니면 최면상태에서 그런지는 몰라도 숨 가쁘게 굴신운동屈伸運動을 하고 있는 것이다. 하필이면 부처님 앞에서 그토록 경박스런 동작으로 굴신한단 말인가. 예배란, 더구나 참회의 예배란 간절한 마음에서 우러나는 것이므로 어디까지나 그 동작이 공손하고 진중해야 한다. 그리고 예배의 의미는 널리 모든 중생을 공경하는 데에 있는 것이지 어떤 특정한 공간이나 시간에만 한정되는 것은 아니다.[189]

〈대한불교〉 '여시아문如是我聞' 코너에 실린 이 글은 당시 상당한 파문을 일으킨 사건을 불러오기도 했다. 불교계나 사회에 날카로운 비판을 가했던 법정 스님이 해인사에서 성철 스님을 친견하기 위해 온 대학생들이 3천배를 하는 모습을 보고 '기계적인 절'로 생각해 비판을 가한 내용이다. 훗날 이 글로 인한 오해는 풀어졌으나 당시에는 크게 논란이 일어나기도 했다. 여기에 대한 이야기는 한 일간신문이 책을 소개하면서 일화를 기록하고 있다.

"1968년에는 법정 스님이 필화에 휘말리기도 했다. 성철 스님이 자신을 찾아오는 모든 이에게 3천배를 하도록 한 규칙을 정면 비판하는 글을 〈대한불교〉에 기고한 것이다. 한여름 대학생들이 성철 스님을 만나기 위해 땀을 뻘뻘 흘리며 법당에서 절을 하는 모습을 보고 '그것은 절이 아니라 몸을 굽혔다 폈다 하는 굴신屈伸운동에 지나지 않는다.'고 꼬집은 것이다. 성철 스님은 별

반응이 없었지만, 다른 젊은 스님들이 발끈해 법정 스님의 물건들을 치워버린 탓에 법정 스님은 서울로 수행처를 옮긴 일은 유명한 일화다."[190]

정부에 비판적인 시각을 가졌던 법정 스님이 당시 박정희 대통령의 연두 기자회견 내용을 불교적인 입장에서 해석하고 있는 특별한 원고도 있다. 법정 스님의 글이라고 보기에는 생경生硬해 보이지만 원고를 자세하게 살펴보면 정부의 경제정책의 갈 길에는 불교의 '내면적인 세계의 질서가 선행되어야 한다'고 강조한다. 더불어 당시 사회에서 배태되고 있었던 향락문화에 대한 경각심을 지적하고 있어 법정 스님은 지면을 통해 대 사회적인 계도의 방향을 제시하고 있다.

「'제2경제'의 갈 길─불교적인 입장에서」

현장現場의 소리

지난 15일 박 대통령의 연두기자회견을 계기로 '제2경제'라는 신어新語를 가지고 이러쿵저러쿵 화두가 되고 있다. 물론 정신적인 면을 '경제'라는 말로 표현한 데에는 무리가 없지도 않다.…
(중략)…

오늘 우리 주변을 한번 살펴보자. 소비경제의 황혼기에 들뜬 외래적인 풍조가 우리들의 칫수에는 맞지도 않는데 무수정無修正 반입되어 얼마나 우리를 휘돌고 있는가. 인간의 혼을 침식하는 저속한 흥행물이며 저유행가의 퇴폐적인 가사며… '10대 소년'들 앞에 바(Bar)나 카페(Cafe)가 무슨 이유로 버젓이 문을 열고 있는가. 그리고 보라. 밤의 도시를!…(중략)…

우리들이 지향해야 할 새로운 경제윤리도 물질적인 면과 정신적인 면의 '조화'에 있어야 한다. 그리고 그것이 둘이 아닌 하나로 귀일歸一되어야 하는 것이다. 그러므로 '제2경제'는 향외적向外的인 경제발전과 그를 뒷받침한 정신적 자세로 분화되기 이전에 일치되어야 할 것이다. 그리고 그것은, 우리가 이 시대에 직면한 역사의식과 새로운 사명감에서 근본적인 '행行'으로 자각되어야지, 행정력의 시선 앞에 겉돌기 쉬운 무슨 운동이란 명목 아래서는 그 본래의 생기를 잃게 된다는 사실도 기억해 두어야겠다.[191]

1968년 3월에 쓴 원고 한 편이 더 보이는데 '여시아문如是我聞' 코너의 「인간人間의 소리」라는 글이다. 출가수행자로 살아오다가 환계還戒를 해 세속으로 돌아간 도반의 이야기를 담담하게 적으며 도반의 일곱 살짜리 꼬마가 법정 스님의 귀에 대고 하는 말 "우리 아빠 데려가지 마, 응."이라는 말에 앞이 꽉 막히는 '인간

人間의 소리'를 들었다고 했다. 그러면서 '시장市場의 소음' 속에서 인간의 절규를 가려내야 한다는 취지로 글을 마무리한다.

「인간人間의 소리」

지난번 세상을 떠들썩하게 했던 검은 농구화의 사나이가 한 사람 붙들릴 때 자기를 겨눈 총부리 앞에서 그는 이렇게 말했다고 한다. "신사적으로 대해 달라."···(중략)···기계機械의 소음 속에 인간의 소리가 묻혀버리는 이 어수선한 노상路上에서 구도자求道者의 귀는 어디로 향向해야 할까. 솔바람 소리와 시냇물 여음餘音만을 한가로이 듣고 있을 것인가. '시장市場의 소음' 속에서 인간의 절규를 가려내야 할 것인가. 인간의 소리가 문득 우리들 가슴에 울려올 때 불모不毛의 대지大地에는 샘이 돋아나고 있는 것은 아닐까.192

이 글은 법정 스님이 환계를 해 환속한 도반에 대해 "산山의 세속世俗에서 뛰쳐나온 것임을 잘 알고"라며 보리심을 내고 깨달음을 얻는데 반드시 산중山中만을 고집하지 않는 구도관求道觀을 만날 수 있다.

「설해목雪害木」

해가 저문 어느 날, 오막살이 토굴에 사는 노승老僧 앞에 더벅머리 학생이 하나 찾아왔다. 아버지가 써 준 편지를 꺼내면서 그는 사뭇 불안한 표정이었다. 사연인즉, 이 망나니를 학교에서고 집에서고 더 이상 손댈 수 없으니 스님이 알아서 사람을 만들어 달라는 것이었다. 물론 노승과 그의 아버지는 친분이 있는 사이였다.

편지를 보고 난 노승은 아무런 말도 없이 몸소 후원에 나가 늦은 저녁을 지어왔다. 저녁을 먹인 뒤 발을 씻으라고 대야에 가득 더운물을 떠다 주는 것이었다. 이때 더벅머리의 눈에서는 주르륵 눈물이 흘러내렸다.

그는 아까부터 훈계가 있으리라. 은근히 기다려지기까지 했지만 스님은 한 마디 말도 없이 시중만 들어주는 데에 크게 감동한 것이었다. 훈계라면 진저리가 났을 것이다. 그에게는 백천 마디 좋은 말보다는 다사로운 손길이 그리웠던 것이다. 이제는 가 버리고 안 계신 노사老師로부터 들은 이야기. 내게는 생생하게 살아 있는 노사의 상像이다.

산山에서 살아 보면 누구나 다 아는 일이지만, 겨울철이면 나무들이 많이 꺾이는 수가 있다. 모진 비바람에도 끄떡 않던 아름드리나무들이, 꿋꿋하게 고집스럽기만 하던 그 소나무들이 눈이 내려 덮이면 꺾이게 된다. 가지 끝에 사뿐사뿐 내려 쌓이는 그 하얀 눈에게는 꺾이고 마는 것이다.…(중략)…사밧티의 온 시민들을 공포에 떨게 하던 살인귀殺人鬼 앙굴리마라를 귀의시킨 것은 부처님의 불가사의한 신통력神通力이 아니었다. 위엄도 권위도 아니었다. 그것은 오로지 자비였다. 아무리 흉악무도한 살인귀라 할지라도 차별없는 훈훈한 사랑 앞에서는 돌아오지 않을 수 없었던 것이다. 바닷가의 조약돌을 그토록 둥글고 예쁘게 만든 것은 무쇠로 된 정이 아니라, 부드럽게 쓰다듬는 물결인 것을.[193]

법정 스님의 수필 작품 가운데 「무소유無所有」와 더불어 주옥같은 작품으로 평가받는 글이다. 이 원고는 법정 스님의 첫 수필집 『영혼의 모음母音』과 『무소유無所有』에도 실려 있는 작품이다. 잔잔하면서도 감동을 주는 이 작품은 불교의 광대무변한 자비심이 사람을 변화시킨다는 내용으로 청소년 교화는 물론 전법의 모범 글이 되고 있다.

「적정처寂靜處」

마가다의 빔비사라 왕은 부처님이 수행승으로 있을 때부터 숭배하던 터였다. 성도 후 설법을 듣고 부처님께 귀의, 왕사성王舍城 교외에 있는 죽림원竹林園을 부처님의 교단에 기증하였다.…(중략)…적정처寂靜處는 부처님과 그 제자들이 살던 생활환경이다. 도시로부터 너무 멀지도 가깝지도 않은 그러한 거리에서라야 내

심의 소리上求와 바깥 소리下化를 함께 들을 수 있는 것이다. 물줄기가 시원찮은 우물은 조그마한 가뭄에도 이내 마른다. 종교인의 샘도 예외일 수 없다. 너무 가까이 서지 말기를. 너무 멀리도 있지 말기를.194

사찰이 어디에 있어야 하는가에 대한 문제에 초기불교 교단이 설립될 당시에는 '왕사성都론에서 멀지도 가깝지도 않은 거리'라고 했다. 이 문제에 대해 법정 스님은 "적정처寂靜處는 부처님과 그 제자들이 살던 생활환경이다. 도시로부터 너무 멀지도 가깝지도 않은 그러한 거리에서라야 내심의 소리上求와 바깥 소리下化를 함께 들을 수 있는 것이다."라며 불가근불가원不可近不可遠의 표현을 써서 그 의미를 전하고 있다.

「종교宗敎와 신비주의神秘主義」

지난 19일 동국대학교 불교대는 시청각교육실에서 심포지엄을 갖고, 불교와 기독교에 있어서의 신비주의에 관한 토론을 가졌다. 종교계宗敎界 인사 및 대학교수가 토론에 참가한 이날 심포지엄의 주제 발표 요지를 게재한다.…(중략)…신비주의와 선禪은 결코 같을 수 없다. 잘 아시다시피 신비주의는 순수한 내면적 직관과 직접적 체험에 의해 최고 실재자實在者를 인식하고 이와 교감하려는 특수한 심리경험이다. 그리고 신비주의는 신神이나 절대자를 직접 경험한다 할지라도 이때 반드시 구극적究極的이요 본래적인 지혜를 체득하고 이를 바탕으로 세계관이나 인생관을 전환하여 적극적으로 사회정화를 위해 이타행利他行을 하려는 것이 아니다.…(중략)…종교에서의 신비주의는 합리적 이론과 불합리적 이론과 불합리한 신앙 사이에서 '시시포스Sisyphos'처럼 땀을 흘리며 밀어 올릴 때 비로소 그 존재 의미가 있지 않을까 싶다.[195]

발표자 성명에 단출하게 '스님'이라는 표기를 하고 있다. 당시에는 동국역경원 직함을 가지고 있었을 것으로 보이나 굳이 특별한 직함을 사용하지 않고 단지 '스님'으로만 표기한 것은 명리나 직함을 좋아하지 않는 법정 스님의 성격을 엿볼 수 있다. 불교의 미신적인 요소를 단연코 배격하는 법정 스님은 고려대장경을 번역하며 습득한 풍부한 경전실력을 바탕으로 정법에 대한 가르침을 펴고 있다. 그 일환으로 선禪 역시 신비주의가 아닌 여실지견如實知見의 진실지眞實智라는 논지를 세워 주장하고 있다.

「대비원력大悲願力」

우리들 곁에서는 여느 봄처럼 꽃이 피고 수런수런 새잎이 피어나고 있다. 꽃가지에서는 무심한 새들이 화창하게 지저귄다.

꽃이나 새는 자체의 생명력과 환경의 조화에 의해 피고 지저귄다. 거기에는 그 어떤 의식적인 노력이나 의지도 개재되어 있지 않다. 이것은 하나의 자연현상인 것이다.…(중략)…

모든 불자들은 이 시대에 태어난 '부처님의 화신'임을 자각, 스승의 대비원력이 곧 나의 원력으로 수용되어야 할 것이다. 공허한 이론으로서가 아니고 구체적이고 일상적인 행行을 통해 보편적인 진리의 구현자가 될 때, 부처님은 새삼스레 오실 것도 없이 무량광無量光과 무량수無量壽로서 상주하게 될 거라는 말이다.[196]

1971년 '부처님오신날'을 맞아 「부처님오신날에 부처」라는 제목으로 2면 우측에 중요기사로 배치돼 있다. 좌측에 '총무부장'의 원고가 배치돼 있는 것으로 보아, 중요도가 더 높다. 〈대한불교〉의 '통 사설'격에 해당되는 기사다. 아마도 당시 법정 스님은 주요직책은 맡고 있지 않아도 신문사에서 중요한 기사를 쓰는 전문필진으로 활동하고 있는 듯하다. 이 당시 법정 스님은 불교 최초의 경전인 『숫타니파아타』를 번역해서 〈대한불교〉에 고정으로 연재하고 있었다. 이로 미루어볼 때 법정 스님은 중량감 있는 '불교 언론인'의 일인─ㅅ으로 보아도 무방할 정도로 당시 유일했던 불교계 신문인 〈대한불교〉와 깊은 관계를 맺고 있음을 엿볼 수 있다.

「아리랑 소나타」

'드보르자크Dvorak'란 사람이 있었다. 보헤미아 사람. 그러니까 오늘날의 체코슬로바키아쯤에 해당하는 중부 유럽 사람이다. 어릴 때 살림이 아마도 넉넉지 못했던 듯, 순전히 고학으로 공부를 한 사람이었다. 그러나 타고난 재질만은 대단히 탁월한 음악가여서, 일찍이 브람스Brahms에게 작곡을 배워 그의 인정을 받고, 나중에는(1873년) 국가상을 받을 만큼 큰 존재가 된 사람이었다.…(중략)…우리는 모든 사람에게 부처님의 진리를 전파해서, 이 국토를 평화롭고 행복하게 만들 책임이 있는 것이라고 해도 상관이 없다. '신세계'를 듣고 흘리는 눈물과 '아리랑'을 부르며 흘리는 눈물이 똑같은 것을 봐도 이것은 입증이 되는 문제다.[197]

이 원고는 법정 스님이 주필로 임명됐던 1973년 1월 1면의 '천수천안千手千眼' 코너의 글이다. 원고에는 기명이 표기되지 않았으나 글의 성격과 당시 〈대한불교〉 집필상황을 알고 있었던 송재운 전 동국대 교수의 고증으로 법정 스님의 글이라는 것을 확인했다. 송 교수는 "당시 신문제작 전반에 대해 참여했던 법정 스님은 '주필'이라는 직책으로 기명을 달지 않는 고정칼럼 '천수천안'을 한동안 집필한 것"[198]이라고 밝혔다. 그중 글의 성격이 법정 스님의 글과 일치하는 첫 번째 원고가 「아리랑 소나타」다.

음악가 드보르자크의 '신세계'라는 작품과 그가 처한 상황을 하와이에 사는 우리 교민들이 '아리랑'을 부르며 눈물 흘리는 상황을 대비시켜 불자들도 전 세계 사람들에게 부처님의 가르침을 널리 전파하자는 칼럼이다. 클래식 음악에 조예가 깊었던 법정 스님의 감수성이 물씬 풍긴다.

불교교단 바로세우기와
사회민주화운동

불교교단 바로세우기

"얼마 전 신문에서 출가한 승려들이 신도들에게 멱살을 잡히어 절에서 쫓겨나는 장면이 보도되었다. 형색을 같이한 출가자의 한 사람으로서 착잡한 심경을 가누기가 어려웠다. 그것은 못된 폭력배들을 절에서 쫓아내는 사실 이전에, 현재 한국불교의 한 상징적인 단면 같아서 두고두고 씁쓸하게 생각되었다. 귀의歸依의 대상인 승보僧寶가 그 구실을 못할 때 이런 현상이 일어나는가 싶으니, 이 땅의 출가승단이 지금 어디까지 떨어져 있는지 새삼스레 반성케 했다. 그 일이 종권에 도전하는 몇몇 승려만의 우발적인 폭력사태라면 그렇게 문제될 것은 없다. 그러나 그런 행동양식이요 근래 종단 주변에 야기되어 온 보편적인 작태요 악순환이라는 데에 문제의 심각성이 있다."199

이 글의 도입부 부분에서 법정 스님은 불교교단에 대한 강한 비판을 했다. 이 책의 책머리에서 법정 스님은 상당한 고초를 겪은 일을 적고 있다.

"제Ⅱ부는 송광사에서 펴내는 「불일회보」에 실렸던 글들인데 어떤 것은 고정칼럼에 쓴 글이고, 더러는 '이달의 말씀' 난에 경전을 인용하면서 강설한 것이다. 불교신자를 의식하고 쓰면서도 종교의 본질과 삶의 질을 다룬 내용들이다. 그중 '공동체의 질서'는 발행인의 뜻에 거슬린다고 해서 다 찍어놓은 신문을 폐기하고 다시 찍는 소동이 있었다. 글을 쓰면서 이런 '대접'을 받아보기는 처음이다. 이 일로 해서 1년 남짓 거기에 글을 쓰지 않았다. 독자들의 궁금증을 이 기회에 밝힌다."[200]

법정 스님은 윗글에서 "이런 대접을 받아보기는 처음이다."고 밝혔지만 이보다 더 한 일을 겪기도 했다.

철저한 승가정신에 대해서도 법정 스님은 한 치의 흐트러짐이 없었다. 원적에 들기 2년 전에 출간한 『아름다운 마무리』에서까지 초발심 당시의 이야기를 꺼내고 있다.

"풋중 시절에 구참스님들에게서 들은 이야기인데, 사중 소임을 보는 스님들 방에는 반드시 상하로 된 등잔이 있었다. 공과 사가 분명해서 사중 일을 볼 때는 사중 등잔을 켜고, 개인 일을 볼 때는 개인 등잔을 켰다. 그런데 등잔의 위치를 사중 등잔은 하단에 놓고 개인 등잔은 상단에 놓는 것이 상례였다. 왜냐하면 기름을 붓다가 한 방울이라도 흘리면 사중 등잔에 들어가게 하기 위해서라는 것이다. 이 말을 처음 들었을 때는 기름 몇 방울 가지고 쩨쩨하게 뭐 그렇게까지 해야 할까 싶어 귓등으로 흘리고 말았다. 하지만 이것으로 등잔뿐 아니라 매사에 공과 사가 분명했고, 개인의 사물보다는 공유물을 끔찍하게 여겼던 그 정신을 알 수 있다. 이와 같은 정신으로 조선조의 갖은 박해 속에서도 오랜 세월 절이 유지되어 올 수 있었고 또한 이런 점이 청정한 승가의 정신이기도 했다.…(중략)…시은을 두려워할 줄 알아야 한다. 시주는 그가 베푸는 시물로 인해 복을 짓게 되지만, 그걸 받아쓰는 쪽에서는 그만큼 시은의 무게를 져야 한다. 세상에 공것은 어디에도 없다. 모두가 스스로 뿌려 스스로 거둘 뿐이다."[201]

불교교단에 대한 올바른 소리는 출가 후 10여 년쯤 본격적으로 나오기 시작한다. 이러한 주장의 글은 당시 유일한 불교계 신문이었던 〈대한불교〉에 기고한 원고에서도 다수 발견된다. 그 대표적인 원고가 「부처님 전前 상서上書」다. 총 3회에 걸쳐 비중 있게 실린 이 글은 신문사 측에서 '편집자 주'를 달아 "피맺힌 호소를 하고 있는 젊은 스님의 육성에 귀를……"이라고 밝히고 있다. 원고를 실을 때 신문사 측과 상당한 교감과 소통을 한 듯한 느낌이다. 이 글에 대해 동국대학교 정병조 교수는 불교석학 동국대 서경수 박사가 "한용운의 불교유신론 이후의 최대의 글로 평가했다."[202]고 서 박사를 회고하는 책 『열반에서 세속으로-서경수 저작집 Ⅲ』에서 전하고 있다.

「부처님 전前 상서上書」

"부처님! 당신의 가사와 발우를 가진 제자들은 오늘날 이 겨레로부터 불신을 받고 있습니다. 그리고 여기에는 충분한 이유가 있을 것입니다. 저는 이제 제 주변을 샅샅이 뒤져 헤치는 작업을 해야겠습니다."고 피맺힌 호소를 하고 있는 젊은 스님의 육성에 귀를…… (편집자)

서장序章

부처님! 아무래도 말을 좀 해야겠습니다.…(중략)…절에서는 치의緇衣를 입고 절 문 밖에서는 속의俗衣를 입는, 마치 낮과 밤을 사이하여 치장을 달리하는 박쥐라는 동물처럼…(중략)…요즘 한국불교계에는 '급조승急造僧'이란 전대미문의 낱말이 나돌고 있습니다. 승려라 하면 일반의 지도적인 입장에 서야 한다는 것은 너무나 당연한 상식입니다. 그런데 그 자질 여부는 고사하고 일정한 수업도 거치지 않고 활짝 열려진 문으로 들어오기 바쁘게 반발半髮과 의상 교체가 너무나 신속하게 진행되고 있습니다. 그래서 당신의 제자로서의 품위나 위신이 낙후된 경제사회에서 부도가 나버린 공수표처럼 말할 수 없이 진흙탕에 깔리고 말았습니다.…(중략)…부처님! 이와 같이 구도자로서의 자질과 미래상이란 전혀 찾아볼 수도 없는 우매한 고집들이 수도장을 경영하고 있는 동안 당신의 가르침인 한국불교의 표정은 갈수록 암담할 수밖에 무슨 길이 있겠습니까? '악화惡貨가 양화良貨를 구축한다'는 그레샴의 법칙이 오늘 우리 사회에서는 너무나 비대하게 설치고 있습니다. 얼마 전에 종단의 의결기관인 중앙종회에서는 몇 군데 계획적인 수도장으로서 총림을 두기로 했다지만, 이러한 무질서가 건재하고 있는 소지素地에서 우리는 무엇을 더 기대할 수 있겠습니까? 〈계속〉[203]

윗글은 당시 불교계에 만연해 있었던 문제를 직설적으로 비판한 내용으로 엄청난 파장을 불러일으켰을 것으로 보인다. 대한불교조계종의 종단 기관지임에도 불구하고 종단의 교육문제와 인재양성에 미온적인 태도를 보이고 있는 점을 직접적으로 비판하고 있기 때문이다. 종단 기관지인 〈대한불교〉에서 이러한 글을 게재한 자체가 상당히 파격적이기도 했다. 창간 4년에 접어들었던 〈대한불교〉는 초기 대판 2면에서 당시에는 대판 4면으로 발행하고 있었다. 당시는 종단 예산의 상당 부분이 소송비로 쓰였고, 그마저 임야 등 부동산을 매각해 종단 예산으로 충당되고 있는 현실이었다.

승풍僧風도 추락하는 대사회적 물의를 일으키는 사건이 신문에 오르내리던 시기였다. 이러한 시기에 '청년 법정'은 작심한 듯 예리한 필봉으로 누구도 감히 건드리지 못했던 종단의 치부恥部를 과감하게 만천하에 드러냈다. 그래서 첫 번째 기획기사 삽화에 부처님의 얼굴과 '참회'라는 말을 삽입까지 넣고 조판하고 있다.

「부처님 전前 상서上書」 두 번째 글에서도 파격을 이어간다.

「부처님 전前 상서上書」(제2신第二信)

"부처님, 지금이 어느 때라고 이런 샤머니즘이 횡행해야 되겠습니까? 마치 중세 구라파에서 한동안 치부에 여념이 없던 살찐 가톨릭의 성직자들이 면죄부免罪符라는 부적을 팔던 것과 너무나 흡사합니다."라고 필자는 오늘을 이끌 불교의 자세가 극히 위험스러움을 이야기하고 있다. 오늘의 불교가 가진 사명이 지극히 중차대함에 비추어 가차 없는 준렬한 비판이 있음으로써 사명을 다할 수 있는 길을 모색하는 아픈 참회를 호소하며 개혁이 있어야 할 것을 강조하고 있어 주목을 끈다.…(중략)…부처님! 당신의 성상聖像이 모셔진 법당에 들어서면 맨 먼저 눈에 뜨이는 것이 자비하신 당신의 '이미지'가 아니라, 입을 딱 벌린 채 버티고 있는 불전통喜捨函이라는 괴물입니다. 이 괴물의 번지番地는 바로 당신의 코앞입니다. 시정市井이나 산중에 있는 절간을 가릴 것 없이 그것은 근래 사원의 무슨 악세서리처럼 굳어져 버렸습니다. 당신이 이것을 내려다보실 때마다 얼마나 난처해 하실까를 당신의 제자들은 눈이 어두워 못보고 있는 성싶습니다.…(중략)…부처님! 극락행 여권을 발급하고 있는 데가 있다면 세상에서는 무슨 잠꼬대냐고 비웃을 것입니다.…(중략)…부처님! 불사란 말은 이 이상 더럽혀서는 안 되겠습니다. 그것이 '불사不事'이어서는 안 되겠습니다. 정말로 시급하고 긴요한 불사라면, 한시바삐 이 중생의 탈을 벗고 또한 벗겨주는 일이 아니겠습니까?[204]

두 번째 글도 엄청난 파격이다. 제목에서도 '아직도 얽맨 샤머니즘 사상' '불사佛事의 이름으로 강요強要되는 종교인宗敎人의 횡포橫暴' '보살 화현化現의 불자佛子도 있으나 배제排除돼야 할 자의 반타의반自意半他意半의 집권의식執權意識'이라는 글귀가 보인다. 소제목에서도 '희사함喜捨函을 치워라'라며 불단에 놓인 불전함도 치우자고 주장한다. '극락행여권極樂行旅券?'이라는 소제목을 달아

놓고 다라니를 찍어 판매하는 행위를 '혹세무민惑世誣民의 소행'
이라 규정했다. 중세시대의 면죄부 판매와 비교해 불교의 잘못
된 부분을 비판하고 있다. 이러한 통렬한 문제는 지금도 횡행하
고 있는 점으로 법정 스님의 문제제기는 지금도 유효해 보인다.
당시 이 글이 얼마나 반향을 일으켰는지에 대한 반응은 두 번째
글 아래에 실린 독자의 글 「부처님 전前 상서上書를 읽고」라는 글
에서도 느낄 수 있다.

　　전번 귀지에 실린 「부처님 전前 상서上書」를 읽었습니다. 답답
해 견딜 수 없어 쓰신 그 스님의 피맺힌 글을 읽어가면서 저는 가
슴이 확 트이는 환희에 가득 찼습니다. 그렇습니다. 이렇듯 준열
한 자기비판, 가차없는 자가진단이 있는 한 이 나라의 불교는 죽
지 않을 것입니다. 결단코. 어떤 스님은 세 번을 내리 울면서 읽
었다고 합니다. 이 진지한 목소리가 이 땅 방방곡곡에 메아리칠
때, 모든 가슴은 다 같이 울 것입니다. 깊은 회오悔悟와 간절한 염
원으로 해서….
　　또 한 가지, 마음 든든한 것은 귀지의 양심과 용기입니다. 다른
어느 기관지가 샅샅이 자기 집안의 멍든 곳을 드러내어, 파헤치
고 뉘우치는 작업을 감히 게재할 수 있습니까. 누구 앞에서도 자
랑할 수 있는 우리만이 갖는 힘이요 성실입니다.

오랜 세월 고난의 역사 속에서 부지불식간에 겹쳐진 묵은 잘못이 있다 하더라도, 지금 당장 뜯어고쳐야 할 시급한 질환이 있다 하더라도, 그렇더라도 우리의 불가佛家는 살아 있습니다. 적어도 내일은 약속되어 있는 것입니다. 그것은 이러한 피맺힌 부르짖음이 있기 때문입니다. 귀를 기울이는 뜨거운 가슴이 있기 때문입니다. 그리고 이렇듯 건강한 기관지가 발간되기 때문입니다. 나무관세음보살! 1964. 10. 12. 설헌雪軒 합장.[205]

「부처님 전前 상서上書」(제3신第三信)

필자 법정은 이 고稿를 마치는 끝에 가서 '···지나치리만큼 무차별한 사격을 가한 것은 우리들이 당면한 오늘의 현실을 직시하라는 뜻에서이고 또 하나는 그 누구도 아닌 제 자신의 아픈 곳을 향해 자학적인 사격을 가한 것에 지나지 않는다.'고 글을 쓰게 된 동기를 다시 밝히고 있다.···(중략)···끝으로 한 가지 밝혀드릴 것은, 얼마 전에 이 글을 쓰다가 부질없는 짓이라고 스스로 중단해 버리고 말았는데 이런 사정을 알아차린 저의 한 고마운 도반이 격려해 준 힘을 입어 다시 쓰게 된 것입니다. 비 개인 그 어느 여름날처럼 당신 앞에 가지런히 서서 업을 같이하는 도정道程의 청정한 인연에 조용히 감사드리고 싶습니다. 마하반야바라밀摩訶般若波羅蜜

1964년 9월 미제자迷弟子 법정法頂 합장.206

마지막 글에는 제목으로 '아! 부처님, 정화淨化의 이름으로 얻은
이 혼탁混濁과 부끄러움을…'이라는 큰 제목이 달려 있다. 또한 중
간제목으로 '아쉬운 역사歷史를 직시直視하는 눈'으로 역사를 직시
하는 눈이 아쉬움을 지적하고 있다. 한발 더 나아가서 '독獨살이
로 전락轉落한 대중처소大衆處所'와 '속세권속관념俗世眷屬觀念에 잡힌
출세간중出世間衆들'이라는 제목으로 교단 내부의 문제점을 과감
하게 비판하고 있다. 3회에 걸친 기획연재물「부처님 전前 상서上
書」의 평가는『불교신문 50년사』에 자세하게 나와 있다.

"당시 승려 사회의 여러 가지 비리와 모순 등을 숨김 없이 과감
하게 파헤치고 개선점을 제시하였다.…(중략)…그 비판의 핵심
만을 지적해 보면 ① 승가교육의 문제점 ② 급조승急造僧의 문제
점 ③ 극락행 여권의 문제점(다라니를 찍어서 돈을 받는 무속행위) ④
아리송한 각종 불사의 정체는? ⑤ 독살이로 전락한 대중처소(절)
⑥ 세속의 권속관념에 사로잡힌 출세간의 승려 등으로 요약할
수 있다. 그 내용이 당시 승단의 가장 아픈 치부를 사정없이 파헤
친 것으로 이 글을 대하는 승려 사회의 충격은 이만저만이 아니
었다. 어떤 스님은 법정 스님의 이 글을 세 번을 내리 울면서 읽

었다고 술회하고 이 글을 쓴 법정 스님은 물론 이를 게재한 〈불교신문〉의 양심과 용기에도 찬사를 보낸다고 하였다. 스님의 이 「부처님 전 상서」는 이제 교단정화가 어느 정도 마무리되어 가는 과정에서 승단의 자정自靜에 대한 외침으로 그 메아리는 어찌 보면 오늘날까지도 울리고 있는지 모른다."207

불교교단, 즉 대한불교조계종에 대한 비판적인 목소리를 내면서도 법정 스님은 자연에서 느끼는 정서를 받아들여 자신의 정화에도 소홀하지 않았다. 비판의 글에는 정확한 근거가 있었는데 동국역경원 역경위원으로 고려대장경을 번역하면서 체득한 풍부한 경전적 근거와 문장 곳곳에 자신을 낮추는 '하심下心의 글쓰기'가 대중들의 공감을 얻은 듯하다.

또한 늘 자연을 그리워하며 언젠가는 그곳으로 가야 할 것을 동경했다. 평소에 좋아하는 음악도 들으며 자신을 관조하기도 하는데 그에 관한 글이 「볼륨을 낮춥시다」이다. 이 글을 통해 법정 스님은 자연의 넉넉함을 음미하며 이를 통해 자신을 정화시키고 세상을 정화시키려 한다.

「볼륨을 낮춥시다」

가끔 산에는 음향에 대한 '노스텔지어' 같은 게 스며들 때가 있습니다. 그러니까 솔바람 소리나 시냇물 여음餘音, 숲에서 지저귀는 새소리 대신에 문명의 하모니가 말입니다.…(중략)…'볼륨'을 낮춥시다. 우리들의 청정한 도량에서 불협화음을 몰아내야겠습니다. 처마 끝에서 그윽한 풍경 소리가 되살아나도록 해야겠습니다. 법당에서 울리는 목탁 소리가 고요 속에 여물어 가도록 해야겠습니다. 하여 문명의 소음에 지치고 해진 넋을 자연의 목소리로 포근하게 안아주어야 겠습니다. 그렇습니다. 이렇게 주제넘게 말하고 있는 제 자신도 '바흐'나 '베토벤'을 들을 때면 의식적으로 '볼륨'을 높이는 전과자입니다. 이제 우리 함께 '볼륨'을 낮춥시다.208

이 글을 통해 법정 스님은 "문명文明의 소리로 잃어가는 적정처寂靜處"를 지적하며 고요를 아끼는 양심이 아쉽다고 주장하고 있다. 1964년에 「부처님 전 상서」를 게재한 이후 교단에 대한 비판적인 목소리를 높여 온 법정 스님은 〈대한불교〉에 주요 필자로 참여하며 원고를 게재했다.

「모든 인간 가족人間家族 앞에 참회를」

한물에 싸인 고기라는 말이 있다. 제복制服은 내면적인 개인차와는 상관도 없이 외부적으로 동일시 당하기 마련이다. 따라서 어떤 집단 가운데서 소수가 아니라 단 하나만의 제복이라도 정상적인 궤도에서 벗어날 때, 그가 딸린 집단 전체가 오해와 더불어 피해를 입게 되는 일은 우리 인간사회의 불문율인 것 같다. 며칠 전 신문 보도에 의하면 하동에서 승려의 관사冠詞가 붙은 전복만全福萬과 몇몇 여승들이 인간으로서는 차마 할 수 없는 죄업을 저질러 세간의 빈축을 사고 있다. 물론 그 영향이 종단 전체에 수치스런 타격을 주고 있음은 더 말할 것도 없다.…(중략)…바로 잡아야 할 승규僧規는 불가설不可說하게 많다. 이러한 승규가 공문서 한 장만으로 세워지리라고 생각하는 머리가 있다면 그것은 판단 착오도 보통은 넘는다.…(중략)…제복制服은 곧 공동운명체다. 우리는 도매로 넘어갈 수밖에 없는 것인가…이 수치를! 이 수치를![209]

경남 하동에서 발생한 '전복만 사건'으로 인해 승풍이 실추된 사건을 언급하며 법정 스님은 '도제교육의 과감한 개혁 없이는 이 혼돈에서 벗어날 출구가 없다.'는 주장이다.

불교교단 내에서 한층 개혁적인 성향을 띤 법정 여론을 환기시키는 오피니언 리더의 '불교 언론인'으로 불교교단 바로세우기 위한 법정 스님의 면모를 볼 수 있다.

법정 스님은 불교교단 내에서 일어나는 분쟁에 대해서도 분명한 목소리를 냈다. 내부의 문제는 내부에서 해결해 사회에 부정적인 모습을 보여주지 말자는 취지의 글을 견지하고 있다.

불교교단에서 특별한 상황인 비상시국에서 일어나는 '전국승려대회'가 "1965년 6월 12일 부산 범어사에서 전前 종정 하동산 대종사 사십구재에 800여 명의 스님들이 모여 서울에서 불원간 개최하기로 결의"한 데 대해 자중을 권고하면서도 스스로 해결하기를 강조하고 있다.

「세간법에 의탁하지 않는 자중自重을-전국승려대회에 임하는 자세」

추억追憶의 장章…(중략)…기왕 모이게 될 이번 기회에 우리는 저마다 출가의 의지와 구도자로서의 사명감을 거듭 자각하고, 이 혼돈에서 벗어날 출구를 찾아야 할 것이다. 그래서 한국불교도가 가져야 할 근본적인 자세를 결의해야 할 것 같다. 무엇보다도 인재가 아쉬운 이 불모지에서 인재양성에 대한 구체적인 방법론과 그 시급한 시행이 다짐되어야 한다. 그리고 수행인으로서 갖추어야 할 승규僧規가 강조되어 일반의 신망을 잃지 않도록 해야 할 줄 안다. 말할 수 없이 비싼 대가를 치르면서 모일 이번 '전국승려대회'에는 신짝을 바꿔 신는 무질서가 없어야겠다. 부화뇌동하는 우를 범하지 않아야겠다. 그리고 값없이 피를 흘리지 말아야겠다. 부디 부디 '과거를 잊지 맙시다!' –수미암須彌庵에서[210]

법정 스님이 머물고 있었던 거처였을 수미암須彌庵에서 쓴 이 글은 「긴급동의緊急動議」라는 제목으로 「승려대회개최」의 1면 기사에 이어 2면에 게재돼 있다. 그동안 개최했던 승려대회의 좋지 않았던 모습을 상기하고 바람직한 방향을 제시한 글로 당시 법정 스님이 교단 내에서 상당한 여론형성 리더Opinion Leader로 활동했다.

법정 스님은 불교종립학교인 동국대학교의 건학이념이 들어 있는 불교대학의 발전 방안에 대한 조언도 하고 있는데 1968년 연말부터 3회에 걸쳐 기획기사로 게재한 「불교대학의 사명」이 그것이다.

「불교대학佛敎大學의 사명使命 1」

"대학은 학문적 연구와 후학의 교육, 이 두 가지 기능을 동시에 완수해야 하는 기관이라고 생각합니다. 고도로 발달한 과학 기술에 의하여 모든 구조가 나날이 변모하여 가는 현대사회에 있어서 오늘의 대학은 사회를 지도해야 할 중요한 위치에 놓여 있습니다. 그러므로 오늘의 대학은 훌륭한 지도적 지성인을 양성해야 할 뿐만 아니라 훌륭한 지도적 과학인, 지도적 산업인도 함께 양성해야 한다고 봅니다. 현대를 역행하는 대학은 현대에 존재할 이유를 상실한 화석적化石的 존재밖에 안 될 것입니다."

서序.

이 글은 지난 5월 김동화金東華 동국대학교 총장이 그 취임사에서 밝힌 한 구절이다. 오늘날 대학의 사명과 그 기능을 집약해서 말한 것이라고 볼 수 있다.…(중략)…

타 대학 타 학과 교수들이 불교적인 문제를 가지고 자기의 전공과 결부시키도록 권장하면서 동시에 불교교육에 참여케 한다. 이를테면 '불교와 경제' 같은 공동연구 시간을 넣어 타과 사람이 불교를 알고, 불교인이 타과를 이해할 수 있다면 일거양득의 효과를 얻을 수 있을 것이다. 동국대 안에 있는 타과의 교수나 학생이 불교에 대한 이해가 전혀 없다고 할 때 불교대의 존재의미 자체가 의심스럽다. 똑같은 경제학이나 법학을 연구 교수할지라도 타 대학에서는 찾아볼 수 없는 동국대로서의 특수성이 있어야 할 것이다.[211]

이 글에서 법정 스님은 동국대학교에서 불교대학의 사명을 강조하며 '종립대학의 기능이 발휘되어야 하고 건학이념에 입각한 교육목적이 설명되어야 한다.'고 강조했다. '동국대학교의 앞날은 곧 한국불교의 미래를 담보하며 불교대학 내에 불교학과, 인도철학과, 철학과를 차별 없이 똑같은 혜택을 주자'고 강조하고 있는데 스님의 주장은 이후 동국대학교에 실현되기도 했다.

「불교대학佛敎大學의 사명使命 2」

교수문제敎授問題.

현대의 메커니즘 풍조는 대학사회라고 해서 그 예외를 허용하지 않는다. 공자 소크라테스 시절의 '사혼師魂'은 지난날의 교육사에서나 찾아볼 수 있는 일이요, 오늘에 있어서는 '상혼商魂'이 그 대역을 충실하게 맡고 있는 것 같다. 그래서 '교육은 사람이다'고 한 말에는 실감이 안 나게 되었다.…(중략)…

졸업卒業 후後 대책.

우리 종단이나 대학 주변에서는 곧잘 인재가 없다고 개탄은 하면서도 그 인재를 등용해서 쓸 줄은 모르고 있는 것 같다. 기껏 길러놓은 사람을 써주지 않을 때에는 기른 의미는 절반쯤 감소되고 만다. 교계나 학계에서처럼 '신진대사'가 절실히 요구되는 사회도 드문 실정이니까.

불교대를 졸업한 사람들의 진로는 학교와 종단이 공동으로 책임지고 열어주어야 한다. 그래야만 마음 놓고 공부하고 보답하게 될 것이다. 그 길은 적지 않다. 포교사, 교법사, 일반교사를 비롯해서 군승의 길도 있고 성적이 뛰어난 학생이면 대학원이나 해외유학의 길도 터 주어야 한다. 그리고 개인의 원에 따라 입산 수도의 길로도 이끌어 주고. 어쨌든 불교대를 나온 사람은 거저

노는 일이 없도록 해야 하겠다.[212]

2회째 글에서 법정 스님은 '불교대학의 사명'으로 교수문제와 학생문제, 그리고 졸업 후 대책에 대해 해법을 제시했다. 이 글에서 법정 스님은 '교수는 지식을 파는 직능인이 되어서는 안 된다'는 취지로 피교육자의 인격 형성을 위해 인간성의 공감과 존경을 끼쳐야 할 인격임을 전제하고 다섯 가지의 대안을 제시했다.

또한 학생들 문제에 있어서도 신앙심을 고취시키기 위해 기숙생활의 방안을 제시하고 있다. 졸업 후 대책에 있어서도 다양한 방법의 길을 학교와 종단이 열어주어야 한다고 주장했다.

법정 스님이 제시한 방안 가운데 불교대학생들은 '백상원'이 설립되어 기숙사 생활을 할 수 있도록 만들어졌으며 향후 진로의 방향도 열렸다. 법정 스님의 대안제시가 실현된 것이다.

「불교대학佛敎大學의 사명使命 3」

결론結論.

동국대는 지나간 60년의 공적보다도 앞으로 이루어질 새로운 사명에 그 존재 의미가 달려 있다. 동대의 과감한 쇄신은 어떤 개인의 힘만으로 이루어질 수는 없다. 학교운영자뿐 아니라 종단과 교수와 학생들이 한 덩어리가 되어 동대에 새 이미지를 심기에부터 노력해야 할 것이다. 그것은 또 한 시대에 살고 있는 우리들의 의무다. 끝으로 김동화金東華 총장님의 취임사 일절一節을 인용하면서 이 글을 맺는다.

"…전통은 올바르게 재평가되고 개발될 때 그 소중한 가치가 다시 발견되는 것입니다. 그리고 다시 발견된 전통의 가치는 미래를 위한 창조의 차원을 높여주는 계기를 마련하여 준다고 생각합니다. 대개 대학은 한편으로 고귀한 민족문화의 전통을 새로 발굴, 연구하면서 그 계승과 유지를 담당하고 또 한편으로는 급속도로 변하는 근대화 과정에서 내일을 위한 창조에 앞장서는 훌륭한 지도적 인재를 양성하는 곳이겠습니다."[213]

3회째 마지막 기획의 글을 통해 법정 스님은 '불타佛陀의 요구를 수행할 기구를 설립해 불교대학의 새로운 바람을 일으켜야 한다.'고 결론을 맺고 있다. 법정 스님은 3회에 걸친 심층의 글을 통해 불교대학 활성화를 통해 '한국불교는 낡은 껍질을 벗어야 한다.'고 재차 강조하고 있다.

동국대학교에 재학하고 있는 스님들을 조계종단에서 선발해 장학금을 수여하며 양성하고 있었던 종비생宗費生들의 복장문제에 대해서도 법정 스님은 날선 주장을 펴고 있는데 「사문沙門의 옷을 벗기지 말라」라는 글이다.

「사문沙門의 옷을 벗기지 말라」

–종비생 교복착용 찬반론宗費生 校服着用 贊反論 / 반론反論

최근 여러분들 중에서 승복 대신 속복을 입고 다니는 것을 보고 종단 안에서는 적잖은 물의가 일고 있습니다. 누가 뭐라 하는 제멋에 겨워 짧은 스커트를 입는 경우라면 우리는 여러분의 사생활에 참견할 권리가 없습니다. 그러나 승복을 벗고 속복–그것이 교복이라 할지라도–을 입는다는 것은 사생활의 영역을 넘어, 전체 승단의 질서에 관계되는 일이기 때문에 관심하지 않을 수 없는 것입니다.…(중략)…

동국학원의 승려 출신 이사 스님들은 이 문제를 종회에 미룰 것이 아니라 지체없이 다루어 종단의 여망을 반영해 주기 바랍니다. '옷이 날개'라는 말은 세상의 속담이지 출세간의 사문에게 적용될 말은 아닙니다. 누가 사문의 옷을 벗길 수 있습니까. 사문沙門이 어찌 옷을 벗을 수 있습니까.214

종단이 장학금을 수여하며 동국대학교에 다니는 종비장학생들에게 교복을 착용해야 할 것인지, 승복을 착용해야 할 것인가에 대한 찬반론 가운데 '승복을 입어야 한다'는 주장의 글이다.

교복 착용 찬성론자인 '행운行雲'이라는 스님은 '종비생宗費生에게는 교복校服을 입혀야 한다'고 주장하고 있는데 여기에 반대해 법정 스님은 '사문沙門의 옷을 벗기지 말라'고 반박하고 있다. 첨예하게 대립하고 있는 주장 가운데 법정 스님은 출가수행자의 본분인 사문은 승복을 착용해야 함을 강력하게 주장하고 있다. 현재라면 찬반 논란거리가 되기보다는 법정 스님의 주장대로 승복을 착용해야 할 것으로 보이지만 당시는 교복 착용 여론도 만만찮은 듯하다.

법정 스님의 '불교교단 바로세우기 활동'의 글 가운데 백미白眉는 이번에 분석하는 「침묵은 범죄다-봉은사가 팔린다」이다. 2020년 10월 현재까지도 불교계에 논란이 일고 있는 문제가 봉은사 부지였던 '현대자동차 부지의 매각 사건'이다. 원래는 봉은사 부지였으나 정부가 강제로 수용해 한국전력韓電 사옥으로 사용했고, 이후 현대자동차에 천문학적인 비용으로 팔아넘겨 불교계에 공분을 샀던 이 땅은 현재 재산 가치로 10조 5,500억 원[215]을 능가하고 있다.

이 부지는 원래 대한불교조계종 소속의 봉은사 부지였으며 이 땅이 매각될 무렵 법정 스님은 적극 반대 입장을 보이며 〈대한불교〉에 논지를 펼쳤다. 지금 읽어 보아도 법정 스님의 시각은 구구절절 옳은 판단이었으며 만약 법정 스님의 주장대로 관철되었다면 대한불교조계종은 엄청난 삼보정재의 유출을 막았을 것은 물론 대한불교조계종의 교세는 확장일로에 있었을 것으로 필자는 판단한다.

「침묵은 범죄다-봉은사가 팔린다」

1. 침묵이 금이라는 말이 있지만 현장의 침묵은 더러 범죄와 동일한 작용을 한다는 것을 우리는 인간의 역사를 통해 알고 있다. 승가정신은 첫째, 회의에 근거를 두고 있다. 모든 문제를 폭력이나 독선적인 수단에 의지하지 않고, 이성적인 대화와 설득에 호소하는 것이다. 둘째, 의견이 서로 다를 때에는 건전하고 공정한 판단을 내릴 수 있는 중지衆智에 묻는 것이다. 셋째, 승가정신은 배타적인 태도를 지양, 공존의 윤리를 찾는 것이다. 그러므로 그것은 곧 민주주의의 기본적인 덕이다.…(중략)…

2. 불교회관 건립은 몇 해 전부터 논의된 우리 종단의 염원이다. 그 회관을 세우자는 데 반대할 사람은 아무도 없을 것이다. 그러나 지금 당장 봉은사 같은 도량을 팔아서까지 회관을 세우지 않으면 안될 만큼 시급한 일인가에는 의문이 없지 않다. 봉은사는 잘 알다시피 한국불교사상 영구히 기억될 도량이다. 불교가 말할 수 없이 박해를 받던 이조 시절 허응보우虛應普雨 스님에 의해 중흥의 터전이 구축된 데가 이곳이며, 서산·사명 같은 걸승

의 요람이 된 곳도 바로 이 봉은사인 것이다. 서울에서 가장 오래된 사원이라거나 또는 불교 중흥의 도량이라는 과거를 무시하고라도, 한수이남漢水以南에 자리 잡은 그 입지적인 여건으로 보아 앞으로 우리 종단에서 다각도로 활용할 수 있는 아주 요긴한 도량임은 더 말할 것도 없다.…(중략)…

3. 그런데 지금 '공무원 훈련원' 자리가 한국불교 발전상 막대한 손해를 치르고라도 놓쳐서는 안될 그런 위치인가는 더 두고 볼 것도 없이 뻔하다. 그곳은 동대에서나 필요한 터이지, 우리 종단의 역량이나 처지로 보아 회관으로서는 부적합한 곳이다. '막대한 손해'란 말은, 첫째 우리 종단에서 앞으로 유용하게 쓸 도량이 없어진다는 점이고, 둘째는 굳이 같은 땅을 팔 경우라도 제6한강교가 준공된 다음에 처분한다면 지금의 몇 곱을 받게 될 것이기 때문이다. 따라서 보다 선택된 자리에 우리 뜻에 맞도록 설계된 회관을 가질 수도 있을 것이다.…(중략)…

종단을 위해서라면 봉은사 하나쯤 법당까지 다 팔아버려도 아까울 것 없다는 견해는 물론 종단을 아끼는 생각에서일 것이다. 그러나 '종단'이라고 할 때 추상적인 존재는 아니다. 구체적인 도량 없이 종단이 있을 수 있겠는가? 회관을 갖게 되면 그 뒷날부터 당장 한국불교가 중흥될 것처럼 벌써부터 흥분하는 다혈질들이 계시는데, 문제의 열쇠는 그 회관을 어떻게 운영하느냐에도 달린 것이다. 어떤 교포가 총무원에 쓰라고 보내는 승용차 하나 굴릴 만한 능력이 없이 다른 기관에 넘기고 만 작금의 우리 종단 실정을 두고 생각할 때 문제는 그리 간단치 않다. '염려 말라'는 호언장담은 함부로 할 수 있는 언론자유가 아니다.

4. 거듭 밝히지만 회관을 갖자는 뜻에는 동조하고 싶다. 그러나 봉은사 같은 유서 깊고 장래성 있는 도량을 우리 종단 자체에서 보존 활용하지 못하고 끈덕진 업자들의 입맛에 맡겨 팔아버리려는 일에는 찬성할 수 없다. 필자가 평생 삼보도량을 지켜야 할 의무와 종단이라는 유형체有形體 속에서 살아야 할 일(?)이기 때문에 의견을 말하지 않을 수 없는 것이다. 만약 봉은사 경내의 임야가 '유휴재산遊休財産'이라 해서 처분한다면 우리나라 사찰림寺刹林이나 대지치고 유휴재산 아닌 게 얼마나 될 것인가. 유휴재산 처분에 대한 지난번 종회의 결의는 이와 같은 맹점을 내포하고 있다.…(중략)…

5. 우리들이 오늘날 수용하고 있는 삼보재산이 어떻게 해서 마련되고 계승되어 왔는가를 돌이켜 볼 때 거기에는 신심단월의 고마운 희사도 있었지만, 그것을 지키고 가꾸어온 우리 선사들의 피눈물 나는 이면裏面의 역사가 있었다는 것을 잊어서는 안 된다. 따라서 지금의 우리는 현재의 유용한 정재를 수호할 의무는 있어도 팔아버리거나 호용互用할 권리는 없는 것이다. 결론적으

로 이 문제에 따른 몇 가지를 한국불교 전체 사부대중을 향해 호소하고 싶다.

첫째, 불교회관 건립문제는 급히 서두를 게 아니고 시간적인 여유와 자체의 역량을 살펴가면서 널리 종단의 여론을 들어 일을 진행시켜야 하겠다.

둘째, 불교회관을 사기 위해 한국불교 재기의 터전인 봉은사 경내지를 팔아버릴 것이 아니라 오히려 다른 유휴재산을 처분하여 한수이남漢水以南인 봉은사에다 우리 분수에 맞는 회관을 세웠으면 하는 것이다.

셋째, 봉은사와 같은 중요 도량의 처분 문제는 적지 않은 일이므로 이 시대를 함께 살고 있는 불자들의 최대다수의 의견이 집약되어 역사적인 과오를 초래하는 일이 없어야겠다는 것이다.

필자는 진즉 이러한 뜻을 펼치고 싶었지만 총무원 당국으로부터 문제가 표면화되기 전에는 보류해 달라는 충고를 받은 바 있었다. 그러나 지난주 재단이사회에서 이 문제는 마침내 표면화되어 지상에까지 보도되었다. 봉은사에 살고 있는 대중으로서 이 이상 침묵을 지킨다면 어떠한 범죄적인 오해를 받을지 알 수 없고, 또한 승가정신에 입각하여 대화를 나누어야 할 시기가 도래했음을 알아 이와 같은 의사표시를 한 것이다.[216]

불교회관 건립을 위해 봉은사 부지를 대량 매각하려는 종단의 처사에 반대하는 법정 스님의 의지를 가득 담은 글은 '명칼럼'으로 평가된다. 50여 년이 지난 오늘날 읽어보아도 구구절절 옳은 주장을 펼쳤던 법정 스님의 글은 정론직필正論直筆을 하고 있다는 점에서 높은 평가를 받는다. 정부의 강압이 직간접적으로 있었지만 불교계가 단합된 힘으로 '봉은사 부지'를 지켜냈다면 10조 5,500억 원(2020년 추정)에 달한다는 엄청난 부동산을 대한불교조계종이 망실亡失하지 않았을 것이다.

이 사건은 근자에 대한불교조계종 봉은사가 한국전력을 상대로 소유권이전등기 말소등기 소송을 제기했지만 항소심(2심)에서도 패소판결을 해 다시 대법원에 상고해 재판을 진행하고 있으나 승소확률은 낮아 보인다. 이런 점을 비추어 볼 때 법정 스님의 애종심과 혜안이 얼마나 넘쳤는지 알 수 있다.

봉은사 부지매각에 반대하는 주장의 글은 「봄한테는 미안하지만」이라는 글에서도 간곡하게 나타난다.

「봄한테는 미안하지만」

1. 요즘 만나는 사람마다, 올해는 봄이 더디다고 봄 인사를 주고받는다. 봄이 온다고 해서 별로 기대할 것도 없지만 한겨울 밀폐된 방안에서 오돌오돌 떨며 해쓱해진 화분들을 위해서는 다행

한 일이다.…(중략)…

　필자의 소신은 아직도 변함이 없다. 봉은사 같은 유서 깊고 장래성 있는 도량을 팔아서까지 남이 쓰다버린 건물을 사서 불교회관으로 써야 할 타당성이 없다는 것이다.

　그리고 한편 다행한 일이라고 생각된 것은 한 생명이 이제는 분신으로서 비명횡사를 하지 않고 제대로 수명을 누리게 됐다는 점에서다. 제행이 무상하다는 말은 이런 일을 두고 하는 말인지도 모르겠다. 본래 중생계의 구조가 개인의 이해관계에 따라 이합집산하는 것임을 모르는 바 아니지만 급선회하는 인간의 그 심사가 실로 무상하다는 말이다. 당시 행정 책임자의 이런 '미묘한 과정'을 거쳐 삼보재산이 팔리는가 싶으니 조금은 슬퍼지려고 한다.

　오늘은 날씨가 풀린 것 같다. 그러나 이제는 함부로 창문을 열지 말아야겠다. 조석으로 변덕을 부리는 날씨를 따르다가는 또 강 건너 약국의 '아스피린'이나 팔아주기 알맞기 때문이다. 이런 일들로 해서 올해는 봄이 더딘지도 모르겠다. 그리고 나는 더욱 봄철을 싫어하게 될 것이다. 모처럼 찾아든 봄한테는 좀 미안한 말이지만.[217]

〈대한불교〉 '신춘 수필시리즈'의 네 번째 글로 여기에서도 법

정 스님은 「봄한테는 미안하지만」이라는 제목을 달았지만 앞
서두에서 수필 같은 글이 보이고 내용은 수필과 거리가 먼 봉
은사 부지를 둘러싼 교단의 갈등문제를 다루고 있다. 여기에서
도 법정 스님은 "필자의 소신은 아직도 변함이 없다. 봉은사 같
은 유서 깊고 장래성 있는 도량을 팔아서까지 남이 쓰다버린 건
물을 사서 불교회관으로 써야 할 타당성이 없다는 것이다."라는
분명한 입장을 밝힌다. 불교교단사, 구체적으로 조계종단사에
길이 남을 명칼럼으로 평가된다.

「중노릇이 어렵다」

예전 노장님들께서 흔히 '중노릇처럼 어려운 게 없느니라' 혹
은 '세끼 밥 얻어먹기가 참 어렵구나'라고 하실 때 그저 겸손한
말씀이거니 하고 흘려듣고 말았는데 요즘에 와서야 그때의 말씀
들이 문득문득 떠오르곤 한다. 얼핏 생각하기에 중노릇처럼 편
하고 쉬운 게 어디 있을까 싶지만 그것은 어디까지나 겉보기뿐.
안으로 살펴보면 세세한 예를 들것도 없이 이보다 더 어려운 일
은 없을 것 같다.…(중략)…중노릇이 어렵다는 것은 생물적인 욕
망 때문도, 복잡 미묘한 그 대인관계對人關係 때문도 아니다. 호국
불교다 뭐다 해서 실속도 없이 겉돌고 있는 교단의 현실 때문도
아니다. 중노릇이 어렵다는 것은 남의 복전福田이 되어야 하기 때

문이다. 내 심전心田이 시원치 않으면서 어떻게 남의 복전이 될 수 있을 것인가. 또 중노릇이 어렵다는 것은 승보僧寶의 기능을 해야 하기 때문이다. 승가僧寶란 무엇인가. 더 말할 것도 없이 남의 귀의처歸依處가 되어야 한다는 뜻.…(중략)…수행승修行僧의 본질적인 사명은 무명無明의 바다와 비리非理의 늪에서 시시각각 침몰해가고 있는 끝없는 이웃들을 건져내는 일이다. 그것은 공양供養의 대가代價로서 주어진 의무이기도 하다. 이런 의무를 등질 때 우리는 복전福田과 승보僧寶 대신 '놀고먹는 중놈들' 소리 들은 이 시대와 사회를 위해 무슨 일을 어떻게 하고 있는가? 아아, 갈수록 중노릇이 어렵고 어렵네.[218]

이 원고는 법정 스님이 불일암으로 들어가 이듬해 『무소유』로 베스트셀러 작가 반열에 오른 후 1977년 8월부터 〈대한불교〉에 '법정法頂 칼럼'이라는 코너에 실은 첫 원고다. 불일암으로 들어가 초발심을 견지하던 법정 스님이 불일암에서 출가수행자의 본분 사를 엄격하게 일깨우는 과정에서 자기점검 차 쓴 글이다. 자신을 경책하는 한편 출가수행자의 길을 가려는 모든 이들에게 '중노릇'에 대한 엄격하고도 추상같은 고언을 하고 있다.

「삼보정재三寶淨財」

어느 절이고 생활의 규모가 짜여 사중寺中 공유물과 개인의 사유물私有物은 엄격히 구별되었다. 그 절에서 소임을 보는 사람들은 한 받침대에다 등잔을 두 개씩 달아 썼다고 한다. 사중寺中 일을 볼 때는 사중 등잔을 켜고 개인 일을 볼 때는 개인의 등잔을 켰다는 것. 그런데 그 등잔을 놓아두는 위치는 반드시 개인 등잔을 사중 등잔 위에 놓았다고 한다. 까닭은 기름을 붓다가 흘리면 한 방울이라도 사중 등잔에 들어가라고. 이런 이야기를 듣고 웃기는 소리라고 콧방귀를 뀔 사람이 많겠지만 그때는 이렇듯 사소한 일을 가지고도 공중公衆 물건을 끔찍이 아꼈던 것이다. 이런 정신으로써 조선왕조의 박해 속에서 어려운 절 살림을 꾸리었고 가람을 수호해 왔었다. 마련된 삼보정재三寶淨財가 오늘에 이른 것이다.[219]

불일암 시절 〈대한불교〉에 기고한 '법정法頂 칼럼' 두번째 원고다. 숲으로 들어간 후 자연과 합일하며 자신을 관조하는 느낌이 물씬 풍기는 글이다. 그러면서 수행자로 청빈하게 살아야 하며 시물施物의 지나친 낭비를 경계하는 내용이 들어있다. 선조들이 삼보정재를 얼마나 귀중하게 여겨왔는지를 일깨우며 그 본을 받아야 함을 설파하고 있다.

「행자교육行者教育」

　수도승이 되기 위해 집을 나온 사람들은 찾아간 도량에서 반드시 행자 시절을 거쳐야 한다. 행자란 오계五戒를 받아 사미승이 되기까지의 기초적인 수련과정에 있는 사람을 가리킨다.…(중략)…그런데 승가의 전통적인 도제교육徒弟敎育이 사라져 버린 오늘의 절간에서는 이 행자에 대한 교육이 거의 공백상태다. 기껏 한다는 게 후원에 넣어 상 심부름이나 시키고 무슨 뜻인지도 가르쳐 주지 않은 채 '수리수리 마하수리…'를 외우게 하고 예불과 불공 의식을 그저 암기시키는 데 그치고 있다. 물론 소임을 보고, 불공하는 법을 배워두는 것이 우리나라 같은 데서 중노릇을 하는 데에 필수적인 조건이지만, 그런 일들이 적어도 초발심한 행자들한테 교육의 전부가 될 수는 없다."220

　1977년 '법정法頂 칼럼' 세 편 중 마지막 글이다. 당시 승가교육의 부재를 지적하며 도제양성을 위한 행자교육에 관한 이야기를 거론하며 존경받는 수행자가 되기 위해서는 처음 행자교육부터 철저하게 받아야 함을 강조한다. 이 초발심의 행자 과정이야말로 덕높은 수행자로 가는 첫 발걸음임을 일깨우며 초발심의 자세를 잘 유지해 참수행자의 길을 갈 것을 당부하고 있다.

사회민주화운동 참여와 사회비판

사회문제에 대한 비판

"법정 스님의 글이 세상 사람들에게 사랑받을 수 있었던 이유는 말과 글에 대한 실천력을 담보했기 때문이었다. 일반적으로 불교의 사회민주화운동을 논할 때는 1980년대 이후 6월 항쟁 국면에서 불교계의 사회참여를 많이 이야기한다. 하지만 1960년대 말부터 법정 스님이 엄연히 박정희 군사독재 정권에 맞서 과감하게 글과 행동으로 저항하고 있었다는 사실은 간과되어 왔다."[221]

법정 스님의 사회 비판의식이 형성된 시기는 1960년대 초로 짐작된다. 이전 해인사 시절에도 진보적인 인사들의 강연을 들으며 대사회 문제에 대한 의식이 싹트기도 했다.

법정 스님은 해인사에서 서울을 오가며 동국역경원 역경위원과 〈대한불교〉에 원고를 쓰면서 활동하는 동안 서울 종로에서 장준하 선생이 발행인으로 있었던 『사상계思想界』사社를 다니다가 함석헌 선생을 처음 만난 시기이도 하다. 〈맑고 향기롭게〉 회보에는 "63년 봄, 종로 사상계사에 장준하 선생을 만나러 간 길에 함석헌 선생을 처음 만남"[222]이라고 기록하고 있다.

사회민주 인사와 교류하며 사고의 폭을 넓힌 법정 스님은 1960년 중반이 지나면서 대사회적인 문제에 대한 비판으로 표출되기 시작한다. 그 첫 번째가 6·25 한국전쟁의 참화에 대한 생각을 담아낸 「동작동의 젊음들은…」이다.

「동작동銅雀洞의 젊음들은…」

6월이 오면 진혼鎭魂이 흐르는 조국의 산하. 그것은 아직도 아물지 않은 겨레의 상흔傷痕. '카인의 후예後裔'들이 미쳐 날뛰던 악惡의 계절에도 장미는 피는가….

6월 아침, 눈길은 뜰에 핀 핏빛 장미꽃을 타고 강 건너 동작동 그 '침묵의 마을'로 향하는 것이다. 무수한 젊음들, 젊음들…(중략)…전쟁은 악이다. 그 어떠한 명분에서일지라도 살육하고 파괴하는 전쟁은 악이다. 야수들처럼 서로 물고 뜯으며 피를 찾는 살기 띤 눈이, 결코 우리들 '인간의 눈'일 수는 없다. 6월이 장미의 계절일 수는 없다. 아직도 우리 조국의 산하에서는…[223]

'청안淸眼'이라는 필명으로 쓴 위의 글에서 법정 스님은 그 어떠한 명분에서라도 살육하고 파괴하는 전쟁을 악이라며 전쟁을 절대적으로 반대하고 있다. 이는 불교의 오계五戒 가운데 '불살생계不殺生戒'를 근본으로 삼고 있다.

"비구들이여, 현재도 즐겁고 미래도 즐거운 과보를 받는 법은 어떤 것인가? 비구들이여, 어떤 사람은 즐거워하고 기쁜 마음으로 살생하지 않고, 도둑질하지 않고, 삿된 음행을 하지 않고, 거짓말을 하지 않고, 이간하는 말을 하지 않고, 추악한 말을 멀리하고, 쓸데없는 말을 멀리하고, 탐욕을 멀리하고, 진에를 멀리하고, 정견을 가짐으로써 즐거움과 만족을 느낀다오. 그는 몸이 무너져 죽은 후에 행복한 천상세계에 태어난다오, 비구들이여, 이것을 현재도 즐겁고, 미래에도 즐거운 과보를 받는 법이라 한다오."[224]

경전에서 설파하고 있는 것처럼 동작동 국립묘지에 묻힌 호국영령들을 보면서 "전쟁은 악이다. 그 어떠한 명분에서일지라도 살육하고 파괴하는 전쟁은 악이다."라고 주장하는 법정 스님의 주장은 진지하고 결연하다.

1960년대 말에도 법정 스님은 월남전쟁에 대한 강한 반대의 의견을 표출하기도 했다. 이 원고는 〈대한불교〉에 1966년 7월

10일자로 게재한 원고인데 이 사건으로 인해 종단에서 징계를 받았고 정부로부터 집중적인 감시를 받는 계기가 되었다.[225]

유신독재에 대한 저항운동

"몇 편의 글에는 그 나름의 사연이 깃들어 있다. 어떤 글로 인해 우리의 죄 없는 다로茶爐와 와당瓦當이 박살난 적이 있었고, 어떤 글 때문에는 승적僧籍에서 쫓겨날 뻔도 했었다.…(중략)…1972년 입동절 다래헌茶來軒에서 저자 합장."[226]

법정 스님이 사회민주화에 관심을 가진 시기는 출가 후 해인사에 머물던 시절로 보인다. 법정 스님은 해인사 선원에서 수선안거를 하다가 강원으로 내려와 경전을 배운다. 명봉 스님이 해인강원 강주로 있었으며 경전을 배우던 시절 민주인사들이 해인사를 방문하며 대면이 이루어진 것으로 보인다. 서울로 상경한 이후 법정 스님은 민주화운동에 적극 동참하는 불교계를 대표하는 '젊은 스님'이었다. 그 당시는 함석헌 선생, 장준하 선생과 교류도 많았다. 이는 민주화 활동을 함께 하는 과정에서 자연스럽게 이루어졌다.

「법정 스님과 함석헌 선생」

1971년, 따뜻한 봄바람이 한반도의 남쪽에서 멀리 북을 향해 달려가고 있을 무렵인 4월. 법정 스님은 혼자 서울로 가는 버스에 올라 있었다.…(중략)…법정 스님이 얼굴을 찡그리며 말끝을 흐렸다. '그야 아직 알 수 없지만…모종의 음모가 꾸며지고 있는 건 사실이에요.' 장준하 선생의 그날 발언에서 나온 모종의 음모는 그 다음해 이른바 '10월 유신'으로 드러나게 되었지만 당시엔 누구도 그것을 알고 있는 사람은 없었다. 어쨌거나 대통령 박정희는 곧 있을 대통령 선거를 넘어 장기집권을 위해 몇 수 멀리 바라보고 있었다. 그리고 그것은 4·19 혁명의 희생 위에 겨우 싹이 트기 시작했던 대한민국 민주주의의 철저한 유린을 의미했다. 법정 스님. 그때 법정 스님 역시 재야민주화 집회 어디에서나 볼 수 있었다.…(중략)…그리고 그의 손에는 늘 책이 들려 있었다. 독서가이며, 문학도이기도 했던 스님은 이미 당시에 맑고 잔잔한 산문으로 대중들의 가슴 깊이 파고들고 있었다. 법정 스님이 얼마나 철저한 독서가였던가 하면 한번은 재야집회에 참가했다가 종로서에 끌려갔다 나오는데, 이호철 등 당시에 같이 갔던 사람들이 흩어져 갈 때 스님은 혼자 서점에 들러 산문책을 사더라는 이야기도 있고, 주례사로 꼭 한 달에 산문집 두 권과 시집 한 권을 읽으라고 당부하셨다는 이야기도 전한다. 현실에 맞서면서도 수행과 독서, 집필을 게을리하지 않았던 것이다.…(중략)…군사독재 정권의 만행이 불이라도 난 것처럼 온통 이 나라를 태우고 있을 때 수행처에서 나와 소방관이고자 했던 그는 이렇게 다시 자기 자리로 돌아갔던 것이다. 그러나 함석헌, 김재준, 이병린, 천관우, 장준하, 리영희 등과 함께 했던 '민주수호국민협의회'가 그의 또 다른 수행처요, 그들이 선지식이었음 또한 진실이었다.[227]

'민주화운동기념사업아카이브'에 기록돼 있는 글이다. 박정희 군사독재 정권하에서 정부와 긴밀한 협조가 있어야 문화유산 보수를 비롯한 각종 지원을 받을 수 있는 불교교단이 보수적일 수밖에 없는 상황에서도 법정 스님의 민주화운동에 적극 참여했음을 확인할 수 있다.

"그해(1974년) 12월 25일. 민주회복국민회의는 열 명의 중앙운영위원을 뽑았다. 지금은 대부분 작고하셨지만 당시는 아직 젊었던 법정 스님, 계훈제 선생, 함세웅 신부, 한승헌 변호사 등과 김병걸 선생이 뽑혔다. 본인 말로는 자기는 그런 일에 통 성향이 맞지 않아 안 하겠다고 완강히 버텼지만 주변에서 떠맡기다시피 하여 맡게 되었다고 했다."[228]

법정 스님은 장준하 선생 사망 1주기를 맞아 추모의 글을 『씨
올의 소리』에 게재했다. 불교계를 대표하는 인사였고, 오랫동안
편집위원으로 활동한 이력이 있었기 때문으로 보인다.

　장준하 선생님!
　선생님이 어처구니없이, 정말 어처구니없이 우리 곁을 떠난
지 한 돌이 가까워오고 있습니다. 살고 죽는 것이 다 그런 것이긴
하지만, 장 선생님의 죽음처럼 그렇게 허망虛妄한 경우는 또 없을
것 같습니다. 저는 그 무렵 산거山居를 마련하느라고 산에 들어와
있었습니다. 볼 일이 있어 광주에 나갔다가 고속버스터미널에서
우연히 안병무 박사를 만났었지요. 안 박사는 대뜸, 장 선생님 소
식을 들었느냐고 저에게 물었습니다. 왜요? 무슨 일이? 놀라는
내 표정에 신문을 건네주었습니다. 1면 머리기사! 그 비보悲報를
보는 순간 저는 가물가물 현기증을 느꼈습니다. 이럴 수가, 이럴
수가 있느냐고. 정말 꿈만 같았습니다.
　그길로 서울을 향했습니다. 면목동 집에 들러보고야 꿈이 아
닌 현실임을 실감할 수 있었습니다. 장 선생님의 육신은 우리들
곁에서 사라진 것입니다. 누구나 한번은 가야 할 그 길을 먼저 떠
나신 것입니다.…(중략)…장 선생님을 처음 뵙기는 『사상계思想界』
시절입니다. 제가 해인사에 머물고 있을 때지요. 서울 올라간 김

에 사상계사思想界社로 찾아갔더니 아주 반겨주셨습니다. 그 자리에는 마침 함석헌 선생님도 계셨지요. 함 선생님이 저를 소개해 주시더군요. 그 후 시절이 잘못되어 가면서 우리들은 만날 기회가 잦았습니다. 그때까지 산에만 묻혀 살던 저에게 종교의 사회적 책임을 눈뜨게 해 주셨습니다.…(중략)…우리들의 시대가 보다 밝고 건강해질 때까지 우리들의 걸음은 멈출 수는 없습니다. 우리는 늘 함께 있다고 믿고 있습니다. 밤이 지나면 새벽이 올 것을 확인하고 있습니다. 더위에 안녕히 계십시오. 분향焚香 합장合掌.229

법정 스님은 민중신학자인 안병무 한신대 교수가 건네준 신문으로 장준하 선생의 사망 소식을 접한다. 그러면서 "비보悲報를 보는 순간 저는 가물가물 현기증을 느꼈습니다."라며 충격에 빠진다. 법정 스님은 추모의 글에서 1950년대 말 해인사 시절 장준하 선생을 처음 만났고, 그 후 "시절이 잘못되면서 우리들은 만날 기회가 잦았다."고 기술하고 있다. 그러면서 법정 스님은 당시 진보적인 잡지였던 『사상계』 대표로 있었던 장준하 선생을 통해 함석헌 선생도 만나면서 "그때까지 산山에만 묻혀 살던 저에게 종교의 사회적 책임을 눈뜨게 해 주셨다."고 했다.
　눈에 띄는 대목은 "8월의 태양 아래 선생님의 육신이 대지에 묻히던 날, 저는 관 위에 흙을 끼얹으면서 속으로 빌었습니다."

라며 장례식에 참석한 것으로 회고하고 있다. 또 "지난봄 서울에 올라가 면목동 집에 들렀더니 감회가 무량했습니다. 선생님이 계시지 않은 그 집은 텅 비어 있는 것처럼 느껴졌습니다. 예나 이제나 사모님은 꿋꿋하셨습니다. 호권 군이 얼마 전에 딸을 보았다는 소식과 취직이 됐다는 말을 들었습니다. 선생님이 계시지 않은 집에는 찾아오는 친지들의 발길도 드문 것 같았습니다. 입이 무거우신 사모님은 별 말씀이 없었지만 집안 살림이 더욱더 어려워지고 있다는 것을 느낄 수 있었습니다. 저희들의 무성의와 무력을 부끄러워 할 뿐입니다."라고 술회하고 있다. 훗날 장준하 선생의 집을 찾아가 『무소유無所有』의 출간으로 받은 첫 인세를 큰딸 결혼 축하금으로 보시했다고 한다.[230]

법정 스님의 장준하와 인연을 알 수 있는 자료는 인권운동가인 고상만 씨가 쓴 책에서 확인되고 있다. 고상만 씨는 인권운동가로 활동하던 중 조사차 법정 스님을 만난 것으로 기록하고 있다.

"1974년 12월 말의 어느 날. 서울 종로의 조광현 내과로 법정 스님이 찾아왔다. 100만인 서명운동을 이유로 구속되었던 장준하가 구속 11개월 만에 미국 등의 도움으로 석방된 후 치료차 입원한 병원으로 문병을 온 것이다. 병문안을 온 법정 스님을 보고 장준하가 무척 반가워했다고 한다. 하지만 스님은 석방된 장준하의 건강이 몹시 좋지 않아 보여 걱정을 했다고 한다.

그래서 '어서 몸을 추스르라'는 덕담을 건네던 그때, 장준하가 갑자기 법정 스님에게 부탁이 있다며 자신의 베개 밑에서 한 뭉치의 서류를 꺼냈다는 것이다. 그러면서 '누구누구를 만나 그들에게 서명을 받아 나에게 가져와 달라'며 장준하가 부탁했다는 것이다. 귀가 번쩍 뜨인 나는 스님에게 여쭈었다.

'스님, 그것이 무엇이었습니까?'

법정 스님은 그것은 바로 '유신헌법 개정을 위한 제2차 100만 인 서명운동' 서명용지였다고 증언했다. 법정 스님을 통해 나는 비로소 그동안 각종 설로 난무했던 장준하의 이른바 '거사'가 무엇이었는지 확인할 수 있었다. 그동안 장준하의 이른바 '거사'를 두고 많은 논란이 있었으나 이를 뒷받침하는 사실이 확인되지 않아 논란만 증폭될 뿐이었다. 어떤 이들은 장준하가 양심적인 군인들과 무장게릴라 혁명을 준비했다고도 하고, 또 어떤 이들은 장준하가 광복 30주년을 맞이하는 8월 15일을 기해 모종의 성명을 발표하기로 했다는 말도 있었다."231

법정 스님이 장준하 선생을 통해 함석헌 선생을 알게 되었고 그 인연으로 함석헌 선생과도 교류하면서 그가 발간하는 잡지 『씨올의 소리』의 편집위원까지 맡았다. 더 나아가 『씨올의 소리』편집회의를 법정 스님이 주석했던 봉은사 다래헌에서도 할 정도였다. 법정 스님의 저서 『텅빈충만』의 「나도 중이나 되었으면」에는 함석헌 선생과 인연을 상세하게 기술하고 있다.

「나도 중이나 되었으면」

함 선생님을 처음 뵙게 된 것은 종로에 있던 사상계사에서였다. 사장인 장준하 선생님을 만나러 갔다가, 때마침 나보다 한걸음 늦게 사무실로 들어오시는 함 선생님과 마주치게 되었다. 그때가 한일 국교정상화를 반대하던 6·3사태[232]가 있던 그해 봄이었다. 그날 동국대학교에 가서 강연을 마치고 돌아오는 길이라고 하셨는데 꼬장꼬장한 모습이었다. 그 무렵 나는 해인사 퇴설당堆雪堂 선원에서 정진하던 때였다.

두 번째는 함 선생님께서 미 국무성 초청으로 도미하기 직전 『뜻으로 본 한국역사韓國歷史』를 손질하기 위해 해인사의 한 암자 金仙庵에 들어와 계실 때였다. 이 무렵에는 자주 뵙고 귀한 말씀을 들을 수 있었다. 한번은 해인사 큰방인 궁현당窮玄堂에서 선생님을 모시고 전 대중이 말씀을 듣게 된 자리를 갖기도 했었다. 주제는 한국의 종교가 나아갈 길에 대해서였는데, 그 어떤 종파를 가릴 것 없이 매서운 채찍질을 해 주었다. 젊은 스님들한테는 적잖은 일깨움이 되어 주었었다.…(중략)…1975년 가을 내가 거처를 조계산 불일암으로 옮겨오게 되자, 내 산거山居에 한번 오시고 싶다는 서신을 보내왔었다. 오셔서 쉬어 가시라는 회신을 이내 보내드렸더니, 15~16인 되는 장자모임 회원들과 함께 오시게 되었다.

회원들은 아랫절(송광사)에 묵도록 하고 함 선생님은 나랑 같이 우리 불일암에 올라와 하룻밤 주무시게 되었다. 그때 많은 말씀 중에서 나는 다음과 같은 말을 아직도 기억하고 있다.

"나도 젊다면 산속에 들어와 중이나 되었으면 좋겠소."

그때 어떤 심경에서 하신 말씀인지는 몰라도, 아주 침통한 어조로 말씀하셨다. 그 무렵 안팎으로 몹시 지쳐 있는 듯한 느낌이었다. "나도 중이나 되었으면…" 하시던 그때의 그 말씀이 함 선생님을 생각할 때마다 한동안 그림자처럼 뒤따르곤 했다.

그리고 나는 이때 함 선생님께 두고두고 죄송한 마음의 빚을 지게 되었다. 다 알다시피 함 선생님은 하루 한 끼밖에 안 자셨다. 그것도 저녁을. 그때는 내가 불일암으로 옮겨온 지 얼마 안 되어, 양식은 있었지만 20명 가까운 사람들이 한꺼번에 먹을 수 있는 그릇과 수저가 절에 마련되어 있지 않았다. 지금도 마찬가지이지만 그때는 더욱 그랬다. 함께 온 회원들에게 그런 사정을 이야기하면서 밥 대신 감자를 삶아 먹으면 어떻겠느냐고 했더니 다들 좋다고 해서 감자를 한솥 삶았었다. 젊은 사람들은 별식이

함석헌 선생이 불일암 방문했을 당시.

라 좋았겠지만, 하루 한 끼밖에 안 드시는 노인이 감자로 끼니를 대신한다는 것은 아무래도 무리한 일이었다. 겨우 두 갠가 드시고는 더 안 드셨다. 이때 일이 두고두고 나를 후회하게 했다. 따로 밥을 지어드려야 했었는데, 융통성이 없이 꼭 막힌 나는 미처 그런 생각을 하지 못했던 것이다.

또 한 가지, 나는 함 선생님의 마지막 가시는 길에 예를 드리지 못한 허물을 지었다. 그때가 안거 중인데다 영결식 날 하필 절에서 예정된 행사가 있어, 인편에만 조문을 대신케 하고 참석하지 못하고 말았다. 고인과 유가족에 죄송하고 송구스러울 따름이다.…(중략)…선생님의 명복을 빈다. 〈89.4〉"[233]

통일문제에도 관심이 있었던 법정 스님은 대한불교조계종 전국신도회가 발행했던 불교잡지 『법륜法輪』에도 다양한 글을 게재했고 「통일統一과 민중의식民衆意識의 등질화等質化」라는 주제로 대담을 진행하기도 했다.[234]

광주민중항쟁에 대한 생각

1980년 광주에서 발생한 민족사의 비극인 광주민중항쟁[235]에 대한 법정 스님의 생각은 어땠을까? 여기에 대해 법정 스님은 초기 진상에 대해 알지 못한 1980년 말에 쓴 원고에서는 광주항쟁에 대한 소식을 짐작하고 있으나 진상에 대해서는 확인하지 못해 신중을 기하고 있는 글이 보인다. 하지만 착잡한 마음을 피력하며 자비를 강조하는 종교에 귀의한 수행자로서 '세상의 상처를 보듬어야 한다'는 자세를 곡진하게 드러내 보이고 있다.

"요즘이 승가에서는 여름철 안거安居 기간인데 도무지 마음을 안정하고 지낼 수가 없다. 얼마 전 광주에서 일어난 일로 인해서 시민적인 혹은 국민적인 감정이 너무도 착잡하기 때문이다. 눈으로 직접 확인하지 않으면 모든 것은 짐작에 그치고 만다. 그러한 짐작이 때로는 풍문을 낳고, 조작된 유언비어에도 곧잘 현혹을 당하게 되는 것이다. 세상이 상처투성이로 신음하고 있는데 일신의 안정과 자유를 위해 돌아앉아 정진을 한다는 것은, 범죄적인 안일이 아니면 그야말로 웃기는 일로밖에 여겨지지 않는다. 고통을 나누어 가질 때 우리는 비로소 동료가 되고 이웃이 된다. 자비慈悲란 기쁨과 고통을 함께 나누어 가진다는 뜻. 그렇기 때문에 자비를 표방하고 있는 종교에 귀의한 자로서의 갈등과 고통이 내출혈內出血이 되어 온몸에 고이고 있다.…(중략)…(1980.8)"[236]

이 글은 1983년에 출간된 책에 나오는 글로 '1980.8'이라는 문구로 보아 '1980년 8월'에 쓴 글이다. 당시는 80년 광주민중항쟁에 대한 진실이 알려지지 않은 시기였던 것으로 보인다. 하지만 법정 스님은 진실을 확인한 후에는 단호하고도 명징하게 자신의 입장을 글로 기록하고 있다.

"5월에 들어서 경향 각지의 대학에서 내세운 주장은 '광주사태의 진상을 밝히라'는 것이 그 주류를 이루고 있다. 광주사태! 그동안은 금기사항인 양 언급하는 것조차 꺼려 그저 뒷전에서 쉬쉬하고 말았었다. 그래서 광주권光州圈 밖의 대부분의 시민들은 정부의 발표만 믿고 그런 줄 알았는데 지난번 총선거를 통해 유세장마다 광주사태가 커다란 쟁점을 드러나게 되었다.…(중략)…나라 밖에서 보도되고 있는 생생한 영상 자료를 빌릴 것도 없이, 이른바 광주사태에 대해서 알 만한 사람은 다 알고 있다. 그 살벌하고 끔찍하고 무자비한 만행의 현장을 수많은 사람들이 몸소 겪었기 때문이다. 그 어떤 변명으로도 용서받기 어려운, 하늘과 땅이 함께 치를 떤 살육이었던 것이다."[237]

글을 썼던 당시인 1985년에는 참혹했던 광주민중항쟁에 대해 대학가를 중심으로 진실이 밝혀지면서 해마다 시위가 일어나고 있던 상황이었고 법정 스님 역시 '요주의' 인물로 분류되어 정부의 감시를 받았을 것으로 추측된다. 이런 상황에서도 법정 스님은 추호도 흔들림 없이 당시 상황과 자신의 생각을 담은 글을 통해 과감하게 광주민중항쟁에 대한 자신의 주장을 세상에 내놓는다.

"역사적인 진실은 아무리 은폐하려고 해도 은폐될 수 없다. 세월이 흐르면 다 드러나게 마련이다. 그러니 그 역사적인 진실 앞에 솔직하고 정직했으면 한다. 정부가 국민 앞에 자신들의 과오나 실책을 솔직히 시인하고 사과하면서 이해와 신임을 묻는 일을 우리는 일찍이 보지 못했다.…(중략)…우리 역사에 더 이상 광주사태와 같은 민족적인 수치와 비극이 되풀이되지 않도록 지난 일을 교훈 삼아야 할 것이다. 정부가 흩어진 민심을 수습하고 성숙성을 보이려면 뒤늦은 일이긴 하지만 광주사태로 희생된 사람들의 넋을 달래기 위한 위령탑이라도 세워야 할 것이다. 한맺힌 유가족과 그 넋들을 위로하지 않으면 두고두고 재앙을 불러일으키게 되리라는 것이 인과관계 아닌가."[238]

이 글 말미에는 "85. 5. 22"라고 명기하고 있는데 글 서문에 보이는 글의 문맥으로 봤을 때 1985년 5월 22일에 써 놓은 글을 일간 언론에 보냈다가 게재되지 못한 글중의 하나로 보인다.[239] 당시 한국의 언론은 광주항쟁에 대해 진실을 보도하고 있지 못했던 상황으로 파악된다. 이런 와중에서도 법정 스님은 일간 언론에 보도가 막히자 책으로 내보내며 진실을 과감하게 알리려 했다는 사실은 사회민주화에 대한 강한 열망을 보여주고 있다고 볼 수 있다.

길상사 창건과 '맑고 향기롭게 운동' 주창

1987년, 세상을 놀라게 할 일이 법정 스님 주변에 일어났다. 미국 LA에서 김영한 보살(1999년 작고함)이 자신의 소유인 대원 각의 대지 7,000여 평(23,140m²)과 건물(40여 동) 일체를 불교의 수행도량으로 바꾸어 달라며 기증할 뜻을 밝힌다. 이때 법정 스님은 "평생 주지 노릇 해 본 일도 없고 앞으로도 주지가 될 생각은 없다."240며 완강하게 사양했다.

1994년에 들어 법정 스님이 주창한 대사회 계몽운동인 '맑고 향기롭게 살아가기 운동'이 활발히 전개되면서 김영한 보살이 거듭해서 요정인 대원각을 법정 스님에게 기증하겠다는 뜻을 밝혔다.

김영한 보살은 시인 백석의 연인으로 알려져 있다. 그녀는 무소유의 삶을 사는 법정 스님에게 마음이 일어나 요정을 운영해 모은 평생의 재산(당시 시가로 1,000억 원 상회)을 아무런 조건 없이 보시를 하고자 했다.

서울 길상사에 자리한 '맑고향기롭게' 사무국.

  1999년 작고하기 일주일 전에 촬영한 KBS의 '이것이 인생이다'라는 프로그램에 출연해 "죽음에 직면해 어떤 마음이 드는가?"에 대한 질문에 "백석의 정열 어린 시詩 한 수면 외로운 길에 유일한 동무야"라고 답했다. 30대 초반에 문학공부를 위해 대학에도 입학해 향학열을 불태웠던 김영한 보살은 "다시 태어난다면 영국에 태어나 문학을 공부해 노벨문학상에 남는 작품을 남기고 싶다."는 말을 하기도 한 문학도였다. 그녀는 1996년에 시인 백석과 열렬하고도 슬픈 생애에 신화가 된 사랑이야기 『내 사랑 백석』이라는 산문집을 출간하기도 했다.

  김영한 보살의 제안을 수차례나 사양하던 법정 스님은 조계종단으로 받는다는 조건으로 기증 받아 길상사를 창건하고 '맑고 향기롭게' 근본도량을 삼는다. 기증을 받는 데 결정적인 원인은 시민사회운동인 '맑고 향기롭게' 활동공간이 필요했기 때문으로 보인다.

법정 스님의 삶은 무소유 그 자체였다. 자신의 책에서 늘 주장했던 말을 실천에 옮겼다. 자연과 벗하며 살면서도 번다한 것을 배격하고 불필요한 것을 가지지 않는 삶에 최소한의 것만 취했다. 이러한 무소유의 정신으로 살아가던 법정 스님이 '세상을 맑고 향기롭게'라는 새로운 시민운동을 주창하고 나섰다. 여기에는 법정 스님이 평소 실천했던 무소유의 개인적인 불교적인 삶을 이웃과 함께하려는 공동체적 삶이 녹아 있음을 짐작할 수 있다.

'맑고 향기롭게'를 주창할 당시에 "부처님 전에 밥값을 하겠다."는 완곡한 표현을 썼지만 계기는 천안의 독립기념관과 경복궁 경회루, 창덕궁의 연못에 연꽃이 사라진 일을 보며 이러한 마음을 낸 것으로 보인다. 강원도 오두막에 머물면서 '맑고 향기롭게'라는 시민운동을 주창한 것은 소극적인 개인적 삶을 넘어 적극적이고 대승적인 공동체를 구현하며 세상과 소통하고자 하는 법정 스님의 또 다른 면모였다. 법정 스님은 길상사 개원법회에서 인사말에서 다음과 같은 명법문을 해 대중들을 감동시킨다.

"저는 이 길상사가 가난한 절이 되었으면 좋겠다고 생각합니다. 요즘은 어떤 절이나 교회를 물을 것 없이 신앙인의 분수를 망각한 채 호사스럽게 치장하고 흥청거리는 것이 이 시대의 유행처럼 되고 있는 현실입니다. 이 길상사는 가난한 절이면서도 맑고 향기로운 도량이 되었으면 합니다. 불자들만이 아니라, 누구나 부담 없이 드나들면서 마음의 평안과 삶의 지혜를 나눌 수 있었으면 합니다."[241]

이 가르침은 법정 스님이 출가 시절 은사인 효봉 스님을 비롯해 여러 어른 스님들로부터 들었던 시은施恩의 두려움을 알아야 한다는 것에서 비롯된다.

"우리가 처음 절에 들어왔던 시절만 하더라도 절에서는 시주 물건에 대해 타이르는 말이 가장 많았다. 시주의 은혜를 많이 지면 내생에 그 집 소가 되어 힘든 일로 갚아야 한다는 말을 노스님들로부터 수없이 들었다. 지금 돌이켜보면 그저 겁주려고 한 말이 아니라 그 안에는 털끝만큼도 어김이 없는 무서운 인과의 도리가 들어 있다. 새로 세운 절에서 기회 있을 때마다 '가난한 절'을 내세우는 것도, 될 수 있는 한 시은施恩(시주의 은혜)을 적게 지고 살자는 뜻에서다. 수행자는 풍요로운 물질과 편리한 시설이

두려워해야 할 함정이기 때문이다."²⁴²

이런 취지로 발족된 '맑고 향기롭게'는 법정 스님의 사상이 오롯하게 녹아 있다. '맑고 향기롭게' 홈페이지 상단에 걸려 있는 "이 세상에 맑고 향기로운 바람 한 줄기 더한 기쁨 누리게 하소서"라는 글귀처럼 이 단체는 법정 스님의 분신分身과도 같았다. 1994년 '맑고 향기롭게 살아가기 모임' 발족 때 법정 스님은 다음과 같은 강연을 통해 취지를 밝혔다.

"흔히들 마음을 맑히라고, 비우라고 말을 한다. 그러나 이것이 바로 마음을 맑히는 법이라고 얘기하는 이는 없다. 또 실제 생활이 마음을 비우고 사는 이처럼 여겨지는 사람 만나기도 쉽지 않다. 마음이란 결코 말로써, 관념으로써 맑혀지는 것이 아니다. 실질적인 선행善行을 했을 때 마음은 맑아진다. 선행이란 다름 아닌 나누는 행위를 이른다. 내가 많이 가진 것을 그저 퍼 주는 게 아니라 내가 잠시 맡아 있던 것들을 그에게 되돌려주는 행위일 뿐이다.

마음을 맑히기 위해서는 또 작은 것, 적은 것에 만족할 줄 알아야 한다. 살아가는 데 꼭 필요 불가결한 것만 지닐 줄 아는 것이 바로 작은 것에 만족하는 마음이다. 하찮은 것 하나라도 소중히 여기고, 그것을 소유할 수 있음에 감사하노라면 절로 맑은 기쁨이 샘솟는다. 그것이 행복이다. 인간이 적은 것에, 작은 것에 만족할 줄 알았다면 오늘날과 같은 자연의 오염, 환경의 파괴는 일어나지 않았을 것이다. 맑은 공기, 시원한 바람, 천연의 생수 등등 자연이 인간에게 무한정 베푸는 것에 비하면 인간은 자신들의 편리함, 편안함만 추구해 왔다. 그 결과 오늘날 지구는 중병을 앓고 있다.

인간들의 이기적 욕심이, 만족할 줄 모르는 마음이 이제는 자신들의 생명마저 위협할 지경이 되었다. 이제 우리들, 인간들은 지혜의 선택을 해야만 한다. 물질의 노예가 아닌 나눌 줄 알고, 자제할 줄 알며, 만족할 줄 알고, 서로 손 잡을 줄 아는 심성을 회복해 가야만 한다. 이것이 참다운 삶을 사는 길이며, 삶을 풍요롭게 가꿔가는 방법이다.

깨달음에 이르려면 두 가지 일을 스스로 실행해야 한다. 하나는 자신을 속속들이 지켜보는 것이다. 스스로 자신을 관리, 감시하여 행여라도 욕심냄이 없도록 삿된 길로 빠지지 않도록 경계해야 한다. 또 하나는 사랑을 실천하는 것이다. 콩 반쪽이라도 나눠 갖는 실천행이 생활 속에, 자연스럽게 배어있어야 한다. 이 두 길을 함께 하고자 여러분께 '맑고 향기롭게 살아가기 운동'을 제안하는 바이다."[243]

맑고 향기롭게 서울본부 발족식.(서울 구룡사)

자연에 머물고 있었지만 법정 스님은 세상과 부단하게 소통하고 있었다. 이는 산중에 있으면서도 일간지에 글을 계속 게재하며 불편부당한 일을 바로잡는 일에 노력을 게을리하지 않았다. 불일암에 내려가서도 대사회적인 목소리의 빈도는 줄어들었지만 잦아들지는 않았다. 그러다가 법정 스님은 홀연 불일암을 떠나 강원도 오두막으로 향하고 그곳에 머물다가 '맑고 향기롭게'라는 시민사회운동을 주창했다.

법정 스님은 '마음을, 세상을, 자연을 맑고 향기롭게'라는 아홉 가지 실천덕목을 바탕으로, 1994년 3월 26일 구룡사에서 첫 출발모임을 가졌다. 이후 전국 대중강연회를 시작으로 연꽃 스티커를 나누며 서울, 부산, 대구, 경남, 광주, 대전 등지에서 뜻을 함께하는 이들을 이끌었다.

'맑고 향기롭게'는 아홉 개의 실천덕목을 실천하고 있다. '마음을 맑고 향기롭게'라는 모토로 '맑고 향기로운 마음을 늘 지니고 살기 위해 참선수행을 하고 좋은 글을 항상 가까이한다.'고 주창한다. 이를 위해 "① 욕심을 줄이고 만족하며 삽시다. ② 화내지 말고 웃으며 삽시다. ③ 나 혼자만 생각 말고 더불어 삽시다."를 실천한다.

이어 '세상을 맑고 향기롭게'라는 모토로 '외로운 이들, 결식이웃들을 위해 작은 정성이라도 나누고 덜어주기를 성심껏 한다.'고 주창한다. 이를 위해 "④ 나누어 주며 삽시다. ⑤ 양보하며 삽시다. ⑥ 남을 칭찬하며 삽시다."를 실천한다.

또한 '자연을 맑고 향기롭게'라는 모토로 '우리 꽃과 나무를 심고 가꾸며 생명의 존엄을 배우고 사소한 일상생활일지라도 생태적으로 살고자 한다.'고 주창한다. 이를 위해 "⑦ 우리 것을 아끼고 사랑합시다. ⑧ 꽃 한 포기, 나무 한 그루 가꾸며 삽시다. ⑨ 덜 쓰고 덜 버리자"를 실천한다. 이런 아홉 가지 실천덕목을 기반으로 '맑고 향기롭게'는 현재까지 다양한 활동을 펼치고 있다.

〈표2〉 '맑고 향기롭게' 연도별 주요활동 현황

연도	내용
1994	연꽃 스티커 배포, 서울본부 발족식 거행(3월 26일, 서울 구룡사), 우리 꽃 나누기 실시(꽃씨 무료 배포 및 관음대비양로원 우리 꽃, 나무 심어주기), 관음대비양로원 정기방문 봉사 시작, 1회 맑고 향기로운 음악회 개최:맑고 향기롭게 장학금 지급 (호암아트홀, 노영심 김광석 김영동 출연)
1995	회원 및 일반인 대상 무료 배포용 소식지 월간 『맑고 향기롭게』 창간, 영아시설인 '한국사회봉사회' 정기방문 봉사 시작~ 1998, 2회 맑고 향기로운 음악회 개최:장학금 지급(호암아트홀, 노영심 김광석 김영동 정목 스님 출연)
1996	도봉산 쓰레기 줍기를 시작으로 관악산 등산로 매립쓰레기 캐내기 매달 실시, 경북 청도 운문사에서 맑고 향기로운 여름수련회 실시, 문화체육부로부터 사단법인 맑고 향기롭게 인가(비영리불교법인), 3회 맑고 향기로운 음악회 개최:장학금 지급(동국대 대강당, 각 지역모임 회원 출연), 보육시설인 '송암동산' 정기방문 봉사
1997	홀수 달마다 자연환경의 소중함을 일깨우기 위한 사찰환경 생태기행 실시, 짝수 달마다 아나바다 정신 고취를 위한 맑고 향기롭게 알뜰시장 개설~ 2004, 회주 법정 스님 정기대중법회 때 장애인차량 이동봉사 실시, 4회 맑고 향기로운 음악회 개최:장학금 지급(길상사 설법전, 김영동과 서울시립국악단원 출연)
1998	정기산행을 통한 자연보호활동을 펼칠 산행모임 발족, 생태섬 만들기 사업의 일환으로 길상사를 대상으로 한 생태사찰 만들기 실시~ 2004, 맑고 향기롭게 장학사업 전개, 노숙자, 노인 대상 무료급식소 운영(동대문구 제기동 소재 보문선원:성광 스님)
1999	결식아동 및 무의탁 노인, 극빈 장애인 가정 대상 결식이웃 밑반찬 지원사업 시작, 우리 꽃 나누기 실시:1만 포트, 서울과 대구모임 연대활동
2000	생태문화 조성을 위한 사찰생태문화기행 실시, 묘희원(자제정사)노인요양원, 양로원 자원활동 실시~2005, 백련 나누기 실시(아산 인취사의 협조), 맑고 향기롭게-길상화 장학금 명칭 변경 전개, 결식이웃 후원을 위한 이당도예전 개최
2001	동해안 산불피해지 중 한 곳인 삼척 영은사에 우리 나무 심어주기 실시, 여름철 특별 선 수련회(연 3회) 및 매월 정기 주말 선 수련회 개최~ 2004
2002	길상사, 북한산 생태모니터링 실시, 태풍 '루사'로 인한 긴급 수재민돕기, 여름철 특별 선 수련회 및 매월 정기 주말 선 수련회 개최

2003	생태학교 경동고 우리 꽃과 나무 심고 가꾸기(1차):영춘화, 진달래, 각종 야생화, 주말농장 운영(경기도 파주시 광탄면), 불교환경의제 21 연대활동(조계종 총무원), 보육시설인 송암동산 원생들과의 나들이 봉사 실시, 서울시립수락요양원-노래치료 자원활동 실시(2012년 종료), 매시설인 '진각단기치매보호소' 정기방문 봉사:발마사지~ 2006
2004	생태학교 경동고 우리 꽃과 나무 심고 가꾸기(2차):쉬똥나무 울타리 만들기, 13개 복지시설 대상 물품 후원:연 2회, 명절 전후기, 1차 중고생 특별 봉사-자원활동 교육 및 시설 봉사
2005	2차 중고생 특별 봉사:자원활동 교육 및 장애인과의 나들이 봉사 체험(대전 엑스포공원 및 눈썰매장), 알뜰환경지킴이 모임:천연화장품 만들기 실시, 생태모니터링 모임 운영:월 1회 사찰경내외 식생탐사, 서울노인복지센터 무료급식 자원활동 5월부터 참여, 숲기행 실시:주제가 있는 자연체험기행(연 7회 실시)
2006	중고생 요가 봉사 시작:장애아동과 청소년의 1:1요가 활동(월 1회, 승가원), 알뜰환경지킴이 모임:친환경수세미, 순면 달거리대 만들기 불교생협 택배 주문 활동, 전통생태모니터링 모임 운영:월 2회, 실내 공부모임 및 사찰 식생탐사, 숲기행 실시:주제 '한강의 흐름을 따라서' (연 7회 실시), 맑고 향기로운 책 선정 및 무상기증 활동:월 1권의 맑고 향기로운 책 선정 (법정 스님), 2006 맑고 향기로운 책 12권 한질 단위로 공군, 해군, 해병대 장병을 위해 무상 기증:총 1,950권
2007	중고생 요가 봉사:장애아동기 청소년의 1:1요가 활동(매주 일요일, 승가원), 알뜰환경지킴이 모임:매주 수요일 천연화장품 만들기 실시, 천연 로션, 세럼, 헤나샴푸, 한방 세안비누 등, 숲기행 실시:매년 4월~10월까지 월 1회 실시 매주 둘째 토요일 초보자 대상, '강원도의 숲을 찾아서'라는 주제로 실시, 43명 전화 신청 접수 후 참가비 입금 순서에 따른 선착순 마감, 1회 맑은 세상 한마당 실시:결식이웃 밑반찬 후원대상자 120여 분 모시고 점심 대접과 놀이마당 개최, 2007년 12월 8일/드림랜드 대연회장, 2007 맑고 향기로운 책 기증 활동-총 2,626권(202질/13권 1질) 육군 진중도서관 180곳과 오지 학교, 교도소 등 22 곳에 무상 기증, 전화말벗봉사 실시 (10월):주1회 전화를 통한 말벗봉사 결식이웃 밑반찬 후원 대상자 중 100여 명을 대상으로 실시

2008	태안 기름 유출 사고 자원봉사, 북한 식량보내기 성금 전달:총 3,200여만 원, 의료비지원 활동:월 10만 원씩의 의료비 보조금 지급(총 140만 원, 2명), 아버지에게 간이식한 박민우 군 돕기(총 940여만 원 병원비 지원), 숲기행 실시:매년 4월~10월까지 월 2회 실시 매주 둘째 토요일, 초보자 대상, '강원도의 숲을 찾아서'라는 주제 실시 매주 셋째 토요일 경험자 대상, '전라도의 숲을 찾아서'라는 주제로 실시 43명 전화 신청 접수 후 참가비 입금 순서에 따른 선착순 마감, 친환경 체험한마당 개최:연 2회(부처님오신날, 종교연합 바자회), 2회 맑은세상한마당 실시:9월 21일/길상사 설법전, 지적장애인 100명 초청 잔치한마당(지게의집, 이천 승가원), 2008 맑고 향기로운 책 기증 활동:총 2,424권 기증(13권 한질), 지역모임 소재지의 전의경 진중도서관 180곳+지역모임 추천 군부대 및 복지시설에 무상 기증
2009	전화말벗봉사 실시:주 1회 전화를 통한 말벗봉사, 결식이웃 밑반찬 후원대상자 중 100여 명을 대상, 숲기행 실시:매년 4월~10월까지 월 1회 매월 셋째 토요일, 경험자 대상, '충청도의 숲을 찾아서'라는 주제 실시, 43명 전화 신청 접수후 참가비 입금 순서에 따른 선착순 마감, 친환경 체험한마당 개최:연 2회 부처님오신날, 종교연합 바자회, 3회 맑은세상한마당 실시:11월 16일/서울노인복지센터 점심 특식 지원 및 배식 어르신 2,100여 명 대접, 2009년 맑고 향기로운 책 선정 및 홍보−연 12권 선정 『가난하지만 행복하게』(윤구병 저), 『왜 세계의 절반은 굶주리는가』(장 지글러 저), 『0의 행복』(이규항 저), 『일본에 남은 한국미술』(존 카터 코벨 저), 『간단명료한 불교』(스티브 하겐 저), 『조아질라고』(범일 스님 저), 『식물의 잃어버린 언어』(스티븐 헤로드 뷰너 저), 『기적의 사과』(이시카와 다쿠지 저), 『살아온 기적 살아갈 기적』(장영희 저)
2010	초대 이사장 법정 스님 원적 3월 11일, 2대 이사장 덕현 스님 취임, 전화말벗봉사 실시:주 1회 전화를 통한 말벗봉사, 결식이웃 밑반찬 후원 대상자 중 100여 명을 대상, 숲기행 실시:매년 4월~10월까지 월 1회 매월 셋째 토요일 경험자 대상, '경상북도의 숲을 찾아서'라는 주제 실시 43명 전화 신청 접수후 참가비 입금 순서에 따른 선착순 마감, 친환경 체험한마당 개최:연 2회 부처님오신날, 종교연합 바자회, 4회 맑은세상한마당 실시:대구, 광주, 대전 지부 순회 강연회 및 나눔행사 진행, 환경의류리폼봉사팀 구성−매주 화요일 의류리폼강좌 개최[244]

맑고 향기롭게 장학금 수여식.

'맑고 향기롭게'의 시민사회운동은 법정 스님이 체화하고 있었던 무소유의 실천과 청향정신 및 생태사상이 융합해 표출된 사회 계몽운동으로 평가할 수 있다.

이러한 운동은 결속력이 부족한 불교계에 상당한 신선함을 불러일으켰으며 길상사를 근본도량으로 대사회적인 운동으로 확산됐다고 볼 수 있다.

법정 스님이 주창했던 시민사회운동인 '맑고 향기롭게' 시민모임은 불교계의 사회운동이 전무하다시피한 상황에서 종교의 사회적 역할로 불교가 어떤 모습을 보여주어야 하는지를 보여주는 모범사례가 되고 있다.

법정 스님이 주창한 '맑고 향기롭게' 운동은 그가 원적에 든 현재도 불교의 대사회적인 활동을 이어가며 종교의 순기능적인 모습을 보여주고 있다.

불교생태주의 사유형성과
자기관조

에코 카르마 Eco-Karma 구축

    법정 스님은 한국전쟁의 폐허 속에 미래에 대한 비전을 찾지 못해 방황하다 출가수행자의 길을 찾아 새로운 패러다임을 세웠다. 법정 스님은 출가수행자로 '서울살이'를 하면서 사회변화에 대한 자신의 활동을 점검해 보고, 한계성을 느끼고 다시 자신의 새로운 패러다임을 세우기 위해 자연으로 회귀하는 삶을 택한다. 이는 법정 스님의 불교 생태주의 사유와 자기관조를 일체화하는 토대가 된다.

    "달리는 소리, 구르는 소리, 부딪치는 소리, 깎이는 소리, 짖어대는 소리…그리고 음악이라는 미명 아래 메스껍게 뒤틀리는 소리며, 잊어버릴 만하면 발작하는 전화의 벨 소리까지. 소리 소리 소리… 우리는 눈을 뜨기가 무섭게 이런 '바깥소리'에 팔리며 산다. 적어도 영광스러운 현대인들은 초조하고 불안해서 그 소리를 찾아나서는 것이다.…(중략)…돌아가리로다. 돌아가리로다.

내심의 소리를 들으려 모두들 숲으로 돌아가리로다."²⁴⁵

이 글은 1966년 법정 스님의 〈대한불교〉에 기고한 「돌아가리로다」라는 원고로 '서울살이의 고달픔과 쓸쓸함'이 배어있는 원고다. 당시는 상경해서 동국역경원과 〈대한불교〉에서 활동하며 왕성한 경전 번역과 집필활동을 하고 있을 때다.

원고에는 "거기 솔바람 소리와 시냇물 여음餘音. 그리고 숲속에 깃드는 새소리는 차라리 내심에로의 통로"라고 강조한다. 구도자는 항상 내심의 소리를 들을 수 있어야 하며 "구도자가 내심의 소리를 들을 수 없다는 것은 최상급의 불행이다."라고 진단한다. 왜냐하면 "그는 자기 갈 길을 잊어버리고 있기 때문이다."라고 단언한다.

도시에 있으면서 숲을 항상 그리워했던 법정 스님은 많은 글에서 불교생태학²⁴⁶에 입각한 불교생태주의적 입장을 견지했다. 결국 1975년 법정 스님은 숲으로 들어가는 대결단을 감행한다.

법정 스님의 결단은 미국의 경제학자 제레미 리프킨Jeremy Rifkin(1943~)이 제기한 '우리가 처한 위기의 원인은 우리의 세계관'이며 "이 세계관이야말로 병들어가고 있으며 모든 것을 오염시키는 원흉"²⁴⁷이라고 진단한 문명비판과 궤를 같이한다. 법정 스님은 이러한 과학의 기계론적 패러다임의 한계보다는 인간의 근원적 세계관의 변화에 주목하고 있다. 그래서 "현대 위기의 원인이 세계관에 있다는 것은 대부분의 미래학자들의 공통된 생각이다. 한마디로 말하면 인간의 생각이 바뀌지 않으면 인류는 위기에서 벗어날 수 없다는 것이다."[248]라고 진단했다.

이러한 생각을 기반으로 법정 스님은 연기緣起론에 입각한 자연주의의 사상을 펼친다. 이러한 내용은 불일암 은거 후 보이기 시작하며, 1980년 즈음에는 문학적 감수성과 어우러져 한층 성숙해진다.

"침묵의 숲이 잔기침을 하면서 한 꺼풀씩 깨어나고 있다. 뒤꼍 고목 나무에서 먹이를 찾느라고 쪼아대는 딱따구리 소리가 자주 들리고, 산비둘기들의 구우구우거리는 소리가 서럽게 서럽게 들려온다.…(중략)…머지않아 숲에는 수런수런 신록新綠의 문이 열리리라. 그때는 나도 숲에 들어가 한 그루 정정한 나무가 되고 싶다. 나무들처럼 새 움을 틔우고 가지를 뻗으면서 연둣빛 물감을 풀어내고 싶다. 가리워 둔 뜰을 꽃처럼 활짝 열어 보이고 싶다."[249]

신록의 계절이 되면 숲에 들어가 한 그루 정정한 나무가 되어, 연둣빛 물감을 풀어내고 싶다는 대목에는 다분히 생태학적 사유가 내재되어 있다. 이처럼 법정 스님은 "생태학에서 상호의존성에 바탕을 두고 순환성과 항상성이 성립하는 것과 마찬가지로, 불교에서도 상호의존적 연기성에 입각해 성주괴공적 순환성과 중도적 항상성이 수립되는 것이다. 따라서 생태학과 불교는 생명세계의 본질을 '상호의존성'으로 본다."[250]는 입장과 상통한다. 자연의 순리를 관찰하며 내면을 관조하는 법정의 이러한 불교생태주의의 토대는 다양한 생태환경이론에 대한 글 읽기를 통해 이루어진다. 특히 법정 스님은 『녹색평론』에 대한 애착을 드러낸다. 『녹색평론』은 현재(2020년 10월 30일)도 '맑고 향기롭게' 본부인 서울 길상사 사무실에 전질이 보관돼 있기도 하다.

"법정 스님은 맑고 향기롭게 초청 대구 특별강연에서 이야기했다. 『녹색평론』이라는 격월간지가 있는데, 이 책이 대구에서 발행되는 걸로 알고 있다. 『녹색평론』은 생태환경운동 순수지이다. 창간호부터 구독하고 있는데, 나는 생태에 관련된 많은 지식과 정보를 여기서 얻어듣는다. 이런 잡지가 널리 읽힌다면 우리가 사는 세상이 지금보다 좋아질 것이다."[251]

법정 스님이 숲으로 돌아간 모습에는 '에코 카르마eco-karma'라는 용어와 의미가 닿아 있다. 이는 '불교적인 의미의 환경윤리' 혹은 '환경인과론' 등으로 해석된다.

"불교적인 의미의 환경윤리랄까, 아니면 불교적인 관점에서 본 환경인과론因果論이라고 할까? 어쨌든 이 용어는 환경에 영향을 끼치는 행위를 윤리적으로 설명하기 위해 제안된 것이다. 환경에 관한한 원인과 결과는 늘 상응하게 마련이다."252

법정 스님은 환경의 인과론을 몸으로 체화하는 '에코 카르마eco-karma'의 사유를 구축하고 있다. 이는 에코 다르마eco-dharma와도 유관하다.

"내 마음이 오염되면心雜染故 뭇 중생이 오염되고有情雜染 / 내 마음이 청정하면心淸淨故 뭇 중생이 청정하다有情淸淨."253

에코 다르마는 불교전통이 최근 전개하는 새로운 용어로, 생태적인 관심eco에 불교의 가르침과 그에 연관된 영적 전통dharma을 결합한 것이다.254 불교의 가르침을 철저히 실천했던 법정 스님은 서울생활을 하면서도 늘 자연을 꿈꿨고 궁극의 삶을 숲에서 찾고자 했다.

송광사 불일암 은거

　법정 스님은 1975년 10월 서울생활을 접고 송광사 뒷산의 낡은 암자를 수리해 그곳을 주석처로 삼는다. 그 이유에 대해 법정 스님은 자신의 저서에서 상세하게 기술하고 있다.

　"동국역경원을 개설, 그 초창기의 작업으로 산을 떠나 서울 봉은사에 머물면서 군사독재의 격동기를 맞이했다. 장준하 선생과 함석헌 선생을 가까이하면서 민주수호국민협의회 유신철폐 개헌 서명운동에 참여하였다. 어용화된 불교종단에서는 이런 나를 마치 무슨 보균자처럼 취급하였다. 기관원이 절에 상주하다시피 하면서 감시하고 걸핏하면 연행해 가 괴롭혔다. 피해자의 입장에서는 군사독재의 당사자들에 대한 적개심과 증오심을 품게 되니 마음이 편치 않았다. 75년이던가, 이른바 인혁당人革黨 사건으로 한 무리의 반정부 세력이 구속되어 재판에 회부되었다. 반체제 쪽에서는 이를 정치적인 조작극이라고 몰아붙이자 군사독재

예비 문화유산으로 선정된 불일암 의자. 펜화 ⓒ김유식

자들은 사형을 언도한 바로 그 다음 날 여덟 명 전원을 사형집행
하고 말았다. 사법사상 일찍이 그 유래가 없었던 이런 만행 앞에
나는 큰 충격을 받았다. 죄 없는 그들을 우리가 죽인 거나 다름이
없다고 나는 자책했다. 칼자루를 쥐고 있는 독재자들에게 조작
극이라고 그들의 가장 아픈 곳을 찌르자 보란 듯이 재빨리 사형
을 집행하고 만 것이다. 생때같은 젊은이들을 하루아침에 죽게
한 이와 같은 반체제운동이 어떤 의미가 있을지 곰곰이 생각하
지 않을 수 없었다. 명색이 출가수행자로서 마음에 적개심과 증
오심을 품는다는 일 또한 자책이 되었다. 무슨 운동이든지 개인

의 인격형성의 길과 이어지지 않으면 별 의미가 없겠다는 생각
이 들었다. 다시 원위치로 돌아가 내가 무엇 때문에 출가수행자
가 되었는가를 되돌아보지 않을 수 없었다. 그리고 내 그릇과 삶
의 몫이 무엇인가도 다시 헤아리게 되었다. 75년 10월 거듭 털고
일어서는 출가의 각오로 미련 없이 서울을 등지고 산으로 돌아
왔다. 한동안 소홀했던 '중노릇'을 다시 익히고 길들였다."255

이미 서울살이에 지칠 대로 지쳐 있었던 법정 스님은 자신이
소속돼 있는 교구본사인 송광사로 회귀한다. 산으로 돌아가고
싶은 생각을 법정 스님은 1960년대 말에 쓴 시나 글을 통해 직
간접적으로 표출하기도 했다. 그러한 생각이 결행을 하게 된 계
기는 인혁당사건으로 희생된 젊은이들의 죽음이었다. 이와 함
께 계속적으로 가해지는 자신에 대한 감시와 탄압의 강도가 커
져 상당한 압박감을 느꼈기 때문으로도 보인다. 그래서 "거듭
털고 일어서는 출가의 각오로 다시 원위치로 돌아가 내가 무엇
때문에 출가수행자가 되었는가를 되돌아보지 않을 수 없었다."
고 밝히고 있다.

이때 법정 스님은 "그때의 심정은 이웃에 불이 났을 때는 소방
관이고 누구고 할 것 없이 모두 나와서 급한 불을 꺼야 한다. 하
지만 일단 불이 잡힌 다음에는 각자의 위치로 돌아가 자신에게

불일암 의자.

주어진 삶의 몫을 다해야 할 거라는 생각이었다."256고 회상했다.

이러한 심정은 마음속에 쌓인 '번뇌의 불길'을 끄려 했던 것으로『묘법연화경妙法蓮華經』「화택비유품火宅譬喩品」과 맞닿아 있다.

"이때, 장자는 이런 생각을 또 하였느니라. '이 집은 벌써 맹렬한 불길에 휩싸여 타고 있어, 나의 아들들이 지금 나오지 아니하면 반드시 불에 타게 되리니, 내가 이제 방편을 써서 아들들이 화재를 면하게 하리라.' 그 아버지는 여러 자식들이 장난감을 좋아하는 줄을 아는지라, 가지가지 기이한 장난감을 보면 반드시 기뻐하리라 생각하고 아이들에게 말하였다. '너희들이 좋아하고 갖고 싶어하는 진귀한 장난감이 여기 있으니 너희들이 지금 가지지 아니하면 이 뒤에 반드시 후회할 것이다. 여러 가지 양이 끄는 수레, 사슴이 끄는 수레, 소가 끄는 수레들이 지금 대문 밖에 있으니 너희들은 이 불타는 집에서 빨리 나오너라. 너희들이 달라는 대로 나누어 주겠노라.'"257

법정 스님이 '불난 집의 비유'를 들어 스스로의 마음을 소회한 것은 "인간의 한계상황을 전제하고, 그러한 한계상황을 벗어나게 하는 부처님의 자비심을 묘사"258하고 있음을 의미한다. 부처님의 근본 가르침으로 돌아가 자비심에 의탁하여 자신을 재점검하고, 수행자의 자기방식으로 모든 문제를 풀어내고자 한 것으로 보인다. 그 해결방법이 자연으로 돌아가 그곳에서 진리를 찾아낼 새로운 삶의 돌파구가 송광사 불일암으로의 은거였던 것으로 분석된다.

법정 스님의 맏상좌인 덕조 스님은 불일암에 머물면서 중건 낭시의 상량문을 KBS에 공개했는데 그 내용의 일부는 다음과 같다.

"밤에 꿈이 있는 자는 들어올 수 없고, 입에 혀가 없는 자만이 가히 머물 수 있다. 수십 년 비어있던 자정암터에 이제 새집을 지어 '불일암'이라 고쳐 부른다. 이곳에 머무는 본분납자는 오늘같이 흐리고 막막한 세상에 불일佛日을 더욱 빛나게 하라는 뜻이다. 그 소임이 어찌 가벼울 수 있겠는가. 시주자 가운데 앙드레김도 있었다."

법정 스님이 불일암에 은거하면서도 사회민주화에 대한 관심을 둔 것은 동시대를 함께 살아가는 동업중생同業衆生인 개별적 인간이 함께 지어가는 공동업共同業에 대한 책임의식이 기저에 자리하고 있는 것으로 보인다.

법정 스님은 "인간존재에 있어서 기본적인 구조는 세상에 있다는 사실이다. 그런데 세상에 있다는 것은 함께 있음을 뜻한다. 사람은 혼자서 살 수는 없다. 서로서로 의지하여 관계를 이루고 살아간다. 그러기 때문에 저쪽의 불행이 내게 무연無緣하지 않다."259고 인간이 존재하는 방식을 설명하고 있다. 이는 화엄사상의 상호의존과 상즉상입相卽相入의 개념과 상통하는 면이 있다.

Garma C.C. Chang에 의하면, 화엄사상華嚴思想에서 제시되고 있는 총체적 존재관의 요지는 상즉相卽, Mutual identity과 상입相入, Mutual entering이라는 두 개념에 기초하고 있다.260 상즉은 상호동일성으로 『반야심경』의 '색즉시공 공즉시색'과 같은 의미를 지니고 있고, 상입은 동시돈기同時頓起, 동시호입同時互入, 동시호섭同時互攝으로 설명되며, 세계의 일체는 따로 떨어진 실체성을 가지고 있지 않고 그들의 작용은 서로 의존한다는 연기의 원리에 기초한다.261 이러한 사상에 기초해 법정 스님은 '서 있는 사람들'이 제자리를 찾아 '잃었던 건강'을 되찾길 바라고 있다.

법정 스님은 1975년 불일암으로 들어와 암자를 개조해 수행 생활을 하면서도 스스로를 경책하는 철저한 수행자의 면모를 보게 한다. 무릇 혼자 생활하는 토굴살이는 자칫 나태해지기 쉬운 맹점이 있지만 끊임없이 자신을 경책한다.

"사랑과 자비는 종교만의 전유물일 수 없다. 믿건 믿지 않건 간에 구체적인 일상의 이웃과 대인관계 속에서 인간의 가장 부드럽고 따뜻하고 향기로운 마음씨가 교류될 때 세상은 비로소 살아갈 만한 세상이 될 것이다. 진짜와 사이비의 갈림길은 자기중심적인 독선과 편견에서 벗어나 인간의 사랑과 자비를 일상에 실현하고 있느냐 아니냐에 달린 것이라고 생각되었다. 사랑이 곧 하느님이고, 자비심이 곧 부처요 보살이기 때문이다. 자비야 말로 지성의 가장 궁극적인 모습이 아니겠는가 싶다."[262]

이 글에서 법정 스님은 '사랑과 자비'를 언급하며 종교 간에 소통을 추구하는 열린 종교관을 엿볼 수 있다. "진짜와 사이비의 갈림길은 자기중심적인 독선과 편견에서 벗어나 인간의 사랑과 자비를 일상에 실현하고 있느냐 아니냐에 달린 것이라고 생각되었다. 사랑이 곧 하느님이고, 자비심이 곧 부처요 보살이기 때문이다."라는 대목은 여기에 대한 내용을 뒷받침해 준다.

법정 스님의 불일암에서의 생활도 한가롭지만은 않았다. 초기에는 〈대한불교〉 논설위원을 비롯해 송광사 수련원장, 보조사상연구원장 등 송광사를 비롯한 절집 관련 주요 직책도 맡고 있었다. 이는 아마도 부처님 전에 '밥값을 해야 한다'는 신조가 아니었나 분석된다. 하지만 그는 송광사 불일암을 떠나기로 마음먹고 만년에는 그 짐을 하나둘씩 내려놓는다.

"지난해(1991)부터 나는 걸치고 있던 치수에 맞지 않는 '옷'을 한 꺼풀씩 벗어제치고 있다. 10여 년 동안 관여해 오던 송광사 수련원 일에서 손을 뗐다. 보조사상연구원의 일에서도 손을 씻었다. 그리고 의례적이고 형식적인 행사에는 안팎을 가릴 것 없이 발을 들여놓지 않기로 했다."[263]

불일암을 떠나기 1년 전인 1991년 마지막 여름안거를 난 법정 스님은 임제 선사의 어록을 읽으며 '차분한 시간을 가졌다'고 기록하고 있다.

"지난 4월 보름 여름안거의 결제 날에도 아랫 절에 내려가지 않고 임제 선사의 어록을 읽으면서 혼자서 차분한 시간을 가졌었다. 그대가 바른 견해를 얻고 싶거든 타인으로부터 방해를 받지 말라. 안으로나 밖으로나 만나는 것을 바로 죽이라. 부처를 만나면 부처를 죽이고, 조사祖師를 만나면 조사를 죽이고, 성자를 만나면 성자를 죽이라, 그래야만 비로소 온갖 얽힘에서 벗어나 그 어떤 것에도 구애받지 않고 자유자재하리라. 친구들이여, 부처로서 최고가치를 삼지 말라. 내가 보기에는 부처도 한낱 냄새나는 존재요, 보살과 성자는 목에 씌우는 형틀이요 손발에 채우는 자물쇠, 이 모두 사람을 결박하는 것들이니라."[264]

강원도 오두막(수류산방)의 삶

 법정 스님은 1992년 봄 불현듯 불일암을 떠나 거처를 외부에 알리지 않은 채 강원도로 떠난다. 〈맑고 향기롭게〉 회보는 "1992년 4월 19일 저작 활동으로 명성이 높아지자 끊임없이 찾아드는 사람들로 인하여, 다시 출가하는 마음으로 정든 불일암을 뒤로 하고, 강원도 오대산 중턱 전기도 들어오지 않는 오두막으로 거처를 옮기고, '수류산방水流山房'이란 현판을 달고 홀로 수행정진 함"265이라고 기록하고 있다. 그곳에서 법정 스님의 오두막과의 인연은 재가불자와 인연에 의해서다.

 "오래전 저희 부부가 뉴욕 생활을 마치고 귀국했을 때, 문명을 벗어난 원시 그대로의 모습을 간직한 장소를 물색하다 찾아낸 곳이 강원도 첩첩산중 화전민이 살던 인연터였습니다. 그곳은 땔감과 아궁이, 흐르는 개울물, 범바위가 집터를 둘러싼 오지였습니다.

강원도 오대산 수류산방.

여러 해가 지난 어느 봄날, 스님께서 법련사(송광사 서울분원) 법회를 마치시고 갑작스레 움막 구경을 오셨습니다. 도량을 한 바퀴 도시더니 '이 오두막은 부처님께서 내 말년을 위해 감추어 놓은 회향처'라 하셨고, 곧바로 나뭇광에 있는 소나무 피죽을 톱질해 먹으로 '수류산방水流山房'이라고 쓴 현판을 걸으셨습니다. 그 수류산방에서 만년을 주석하시면서 '여기가 바로 서방정토西方淨土'라 하시며 무소유의 삶을 사셨습니다."[266]

1990년 법정 스님은 자신의 많은 저서를 펴냈던 샘터사에서 창간 20주년 강연을 하는 자리에서도 자연과의 교감을 하는 강

강원도 오대산 수류산방 화장실.(정랑)

연을 펼친다.

"뜨락에 철쭉, 라일락, 자목련 등 여러 가지 꽃들이 한창 피어
있습니다. 더러 꽃구경 안 가십니까.…(중략)…지금 피어 있는 꽃
들을 보세요. 저마다 자기 특성과 자기 모습을 지니고 유감없이
활짝 피어남으로 해서 우주적인 조화를 이루고 있습니다."267

자연이 주는 혜택은 무한하다. 법정 스님은 일찍이 이 진리를
몸소 체득하고 있었던 것으로 보인다. 출가할 때부터 '고향으로
부터 멀리 떨어진 오대산'268으로 향했었다. 그곳에는 숲이 있는

곳이기도 했다. 그런 곳을 법정 스님은 찾아간다.

'산새와 바람과 물소리가 몸속의 세포를 깨우는' 산사의 숲과 '운명 같은 인연'을 맺은 법정 스님은 다양한 숲을 찾아가기도 했다. 작가 헨리 데이비드 소로Henry David Thoreau(1817-1862)[269]의 『월든Walden』을 읽고 그곳을 찾아가기도 했다. 목적은 소로처럼 숲에서 자신을 치유하고 세상을 치유하기 위함이었다.

법정 스님의 불교생태주의 사유형성과 자기관조의 과정을 갈무리해 보자. 서울로 올라와 경전 번역을 하며 불교교단의 잘못된 모습과 사회변화를 모색하는 글을 세상에 내놓던 법정 스님은 인혁당사건을 겪으며 자신의 활동에 대해 스스로 한계를 느낀다.

서울살이를 할 때도 늘 산중을 그리워했던 법정 스님은 출가 수행자로서의 본연의 모습이 어떠해야 하는지를 다시 한번 생각하고 다시 출가하는 마음으로 송광사 불일암으로 들어간다. 이러한 과정은 법정 스님이 불교생태주의 사유를 형성하는 핵심으로 불교의 연기론적 가르침에 입각해 세상과 자연을 바라보는 주춧돌이 된다.

법정 스님은 불교의 가르침에 입각해 환경문제를 바라보고 인과론으로 해석하는 에코 카르마적 사유체계를 구축한다. 이러한 사유는 법정 스님의 사상적 토대를 이루는 중요한 핵심이기도 하다.

법정 스님이 불일암을 떠나 처음 정착한 강원도 정선의 화전민이 살다간 움막.

　송광사 불일암에서 자기 사유체계를 구축하던 법정 스님은 저작 활동으로 그를 찾아오는 많은 인파로 인해 수행의 한계를 느끼고 아무 인적이 없는 강원도 산골 오두막으로 거처를 옮긴다.

　혹독하리만치 자신과 마주하며 치열하게 수행한 법정 스님은 대중처소에서 수행하지는 않았지만 스스로 자신을 가둔 '문이 없는 문'인 무문관無門關에 들어가 자신을 연마했다. 눈앞에 보이는 그 어떤 정형화된 틀도 거부했다. 철저하게 모든 것은 변한다는 제행무상의 진리 앞에 투철했다. 즉 "우주 만물은 항상 생사生死와 인과因果가 끊임없이 윤회하므로 머물러 있지 않음을 의미한다. 모든 현상은 일어나고 사라지는 생멸의 과정이 있고, 원인이

강원도 오대산 쯔데기골 수류산방에 눈이 내린 모습.

되기도 하고, 결과로 나타나기도 한다."[270]는 진리에 투철했다.

　더욱이 법정 스님은 그 어떤 정형화된 틀조차 허락하지 않았다. 그래서 불교라는 이름으로 만들어 놓은 고정화된 불교까지 거부했다. 법정 스님은 임제 선사의 어록을 읽으며 철저하게 진리와 마주치며 삿된 것들을 물리쳤다. 그러면서 임제 선사의 가르침을 인용해 '부처를 만나면 부처를 죽이고, 조사를 만나면 조사를 죽이고, 부처로서 최고가치를 삼지 말라. 부처도 한낱 냄새나는 존재이고, 보살과 성자도 목에 씌운 형틀'이라며 비판의 칼을 들이댄다. 이는 곧 이듬해 불일암을 떠나 '진리의 숲'인 자연을 찾아 강원도 오두막으로 향하는 것으로 이어진다. 이러한 일련의 과정은 법정 스님이 불교생태주의의 가르침을 체화해 에코 카르마와 에코 다르마의 사유체계를 구축하는 과정이었다.

종교간 대화와 세계체험

이웃 종교와의 교류

    법정 스님의 시대정신 형성에서 또 하나 간과할 수 없는 것이 종교 간의 벽을 허물고 진리를 추구한 점이다. 이런 면모는 다종교 국가인 대한민국에서 종교 간 갈등을 극복하고 국민의 마음을 결집할 수 있는 중요한 모멘텀이 될 수 있다. 종교로 인해 갈등과 분쟁이 이어지고 전쟁으로 이어져 대량 살상이 일어나는 지구촌의 갈등을 볼 때 법정 스님의 종교 간 공존을 통한 평화정신은 인류의 평화를 구축할 수 있는 특별한 정신으로 자리매김할 수 있을 것으로 본다.

    법정 스님은 출가 초기부터 이웃 종교에 대한 깊은 이해가 있었다. 출가 후 경전 번역을 위해 해인사와 서울을 오가며 활동할 때도 법정 스님은 타 종교계로부터 원고청탁을 많이 받았다. 그러한 결과물의 누적이 최초 저서인 『영혼의 모음母音』이었으며 개정작품이 『무소유無所有』였다. 법정 스님은 기독교계에 강연도 자주 다녔고 가톨릭으로도 연결됐다. 이러한 활동은 평생 이어진다.

스님 최초로 명동성당에 선 법정 스님.

"지난 2010년 9월 3일, 연세대학교 백양관에서 '이웃 종교의 같음과 다름'이라는 주제로 학술회의가 열렸다. 우리나라 3대 종교의 대표적인 어른이라 할 수 있는 김수환 추기경, 강원용 목사, 법정 스님의 종교교류 활동과 다른 종교를 바라보는 인식을 조명하는 자리였다. 나는 그 자리에서 법정 스님이 바라본 이웃 종교의 같음과 다름이라는 주제로 발표를 했다. 발제문을 준비하는 과정에서 크리스천아카데미도 방문하고 함석헌 선생이 주관하셨던 『씨올의 소리』편집국에도 찾아가 스님의 생전활동을 직접 들어 볼 수 있었다. 강원용 목사님이 주관하신 『씨올의 소리』편집위원으로도 적극적으로 참여하신 사실을 알게 되었다.

명동성당에서 강론하는 법정 스님.

　길상사 낙성법회에 김수환 추기경께서 내빈으로 참석하여 큰
화제가 되었다. 그 후 답례 형식으로 명동성당의 초대에 응하여
법정 스님 강론이 이어졌다. 성당 제대 앞에서 강론하는 모습의
사진과 뉴스는 많이 소개되었지만 정작 강론내용은 구할 수가 없
었다. 명동성당 측에 문의해 보았지만 준비하지 않았다고 했다.

　부산에 계신 이해인 수녀님께 말씀드렸더니 녹음 CD를 갖고
있다고 하셨다. 기쁜 마음으로 CD를 복제하여 그 내용의 일부를
소개할 수 있었다. 이 책을 통해 명동성당 강론내용 전체를 소개
할 수 있는 인연에 감사드린다. 이해인 수녀님의 도움이 없었다
면 영원히 묻혀 버릴 수도 있었기 때문이다."271

길상사를 방문한 김수환 추기경을 맞이하는 법정 스님.

법정 스님의 강연내용을 찾아 책으로 엮은 현장 스님의 저서에 담긴 내용으로 이웃 종교와 활발했던 교류를 짐작하게 해 주는 대목이다. 명동성당에서의 강론은 법정 스님 최고의 명법문으로 평가된다.

가톨릭 김수환 추기경과 명동성당 교류

"1998년 2월 24일, 법정은 명동성당에서 강론을 했다. 김수환 추기경이 길상사 개원법회에 참석하여 축사한 것의 답례 성격으로 이루어진 일이었다. 나는 그동안 법정이 명동성당에서 강론했다는 소식만 알고 그 내용은 몰랐다. 다행히 이해인 수녀님이

길상사를 방문한 김수환 추기경.

당시의 강론을 녹취한 CD를 보내와 스님의 강론을 접할 수 있었다. 스님께서는 강론에 앞서 이렇게 인사했다.

'명동성당 축성 100주년을 맞이하는 올해 이 자리에서 강론을 하게 해 주신 천주님의 뜻에 거듭 감사드립니다.'

성당을 가득 메웠던 신자들의 뜨거운 박수 소리가 이어진다. 성장의 제대 앞에 서 있는 잿빛 승복의 승려라니…참으로 진풍경이었을 것이다."[272]

스님이 성당에서 강론을 한다는 자체가 역사적인 일이었고, 내용 또한 범 종교인들에게 공감을 얻을 수 있는 감동적인 내용이었다.

「가난을 배우라」

"경제가 어려울 때일수록 우리가 각성해야 할 것은 경제 때문에 관심 밖으로 밀려난 인간존재입니다.…(중략)…돈 몇 푼 때문에 사람이 사람을 죽입니다. 대량생산과 대량소비의 미국식 산업구조 속에서 쓰다가 버리는 나쁜 생활습관으로 인해서 물건뿐 아니라 우리는 인간의 고귀한 덕성까지 버리고 있습니다. 이제 우리는 새삼스럽게 가난의 덕을 배우고 익힐 때가 되었습니다. 수도원의 규칙서 첫 장을 보면, '수도자는 먼저 가난해야 한다'는 말씀이 있습니다. 가난하지 않고는 보리심, 진리에 대한 각성이 이루어지지 않습니다.

주어진 가난은 극복해야 할 과제이지만 스스로 억제하면서 선택한 맑은 가난, 청빈은 절제된 아름다움이며 삶의 미덕입니다. 마음속의 온갖 욕망과 자기 자신에 대한 집착으로부터 자유롭게 되었을 때 사람은 비로소 전 우주와 하나가 될 수 있습니다. 욕망과 아집에 사로잡히면 자신의 외부에 가득 차 있는 우주의 생명을 받아들일 수 없습니다. 그래서 소유물을 최소한으로 줄여서 스스로를 우주적인 생명으로 승화시킨 것이 바로 맑은 가난, 청빈입니다. 물질적으로 풍요로운 생활 속에서는 사람이 타락하기

쉽습니다."[273]

법정 스님의 명동성당 강론은 그 자체로 사회적 반향을 일으키기에 충분했다. 명동성당이 축조되고 난 이후 스님이 연단에 나서는 일은 처음 있는 일이었거니와 한국 가톨릭 역사에서도 처음 있는 일이었다. 더 나아가 불교수행자가 가톨릭 성전에 사제가 서는 자리에서 강론을 한 것은 초유의 일이었다. 이곳에서 법정 스님은 '가난에서 배우라'는 가르침을 설파했다. 명동성당 강론을 출간한 '책읽는섬' 출판사는 책 단락 시작에 '우리가 선택해야 할 맑은 가난'[274]이라는 의미 있는 부제를 붙였다.

여기에서 '맑은 가난'과 '청빈'이라는 단어를 매개로 법정 스님은 자신이 가지고 있는 불교의 무소유의 가르침과 가톨릭의 교리가 맞닿아 있는 종교 간의 공통적인 선의善意를 대중들에게 전파했다. 특히 이 강연에서 법정 스님은 "스스로 억제하면서 선택한 맑은 가난, 청빈은 절제된 아름다움이며 삶의 미덕"[275]이라고 설파해 동참 청중들을 감동시켰다. 법정 스님이 무수히 주창한 무소유의 가르침이 가톨릭 신자들에게도 깊은 공감을 불러일으켰다고 볼 수 있다. 법정 스님의 가르침은 이웃 종교의 가르침과 소통할 수 있었음이 증명되고 있었다. 그런 이유로 한국 가톨릭의 심장이라고 할 수 있는 명동성당에서 강론을 할 수 있는 역사적인 사건이 일어났다고 볼 수 있다. 법정 스님의 의미심장한 강연은 계속됐다.

　"청빈의 덕을 쌓으려면 어떻게 해야 할까? 첫째 따뜻한 가슴을 지녀야 합니다. 우리 둘레에 편리한 물건은 한없이 쌓여 있습니다. 그것들을 사용하면서 우리는 과연 행복해졌는가, 물어야 합니다. 단추 하나만 누르면 밥이 되고 세탁이 되고 냉장이 됩니다. 이렇게 편리한 연장을 쓰면서 행복을 얼마나 느끼고 그런 사실을 고마워하고 있는가? 우리가 많은 것을 차지하고 살면서도 행복할 수 있는 것은 인간의 따뜻한 정을 잃어가고 있기 때문입니다.…(중략)…따뜻한 가슴을 지녀야 청빈의 덕이 자랍니다. 우리가 불행한 것은 경제적인 결핍 때문이 아닙니다. 따뜻한 가슴을 잃어버렸기 때문입니다. 청빈은 절제된 아름다움이며 수도자의 가장 큰 미덕이며 사람을 사람답게 만드는 기본적인 조건입니다. 예전부터 깨어 있는 정신들은 자신의 삶을 절제된 아름다움으로 가꾸어 나갔습니다."[276]

　법정 스님은 자신이 좋아하는 책의 구절을 인용해 이웃에 대한 친절과 따뜻하게 대할 것을 설파했다. 이 가르침 역시 아주 평범한 상식으로 보이지만 법정 스님의 적절한 비유로 대중들의 감동을 불러일으켰다.

"둘째, 청빈의 덕을 쌓으려면 만족할 줄 알아야 합니다. 마하트마 간디는 이렇게 말합니다. '이 세상은 우리의 생존을 위해서는 풍요로운 곳이지만 우리의 탐욕을 채우기 위해서는 궁핍한 곳이다.' 한정된 지구자원이 고갈되어 가고 있습니다. 환경학자들에 따르면 21세기까지 지구가 이대로 존속될 수 있느냐 없느냐, 그게 걱정이라는 것입니다. 왜냐하면 우리 시대에 와서 한정된 자원을 인간의 탐욕을 위해서 너무나 많이 고갈시키고 있기 때문입니다. 우리는 수천 년 동안 풍요의 은혜를 누리며 살아왔습니다. 20세기 후반에 와서 지구 자체가 자정력을 잃고 재생할 힘을 잃어가고 있습니다. 그렇기 때문에 엘니뇨니 뭐니 하면서 지구 환경 전체가 커다란 이변을 일으키고 있습니다. 지구에 사는 우리들이 고마운 자원을 함부로 소비하고 있기 때문에 지구에 이변이 오고 있습니다.…(중략)…우리는 필요한 욕망의 차이를 가릴 줄 알아야 합니다. 욕망은 자기분수 밖의 바람이고 필요는 생활의 기본조건입니다. 필요에 따라 살되 욕망에 따라 살지는 말아야 합니다. 하나가 필요할 때 하나만 가져야지 둘을 갖게 되면 하나마저 잃게 됩니다. 내가 선물 받은 예쁜 다기가 있어 소중하게 사용하고 있습니다. 대만 여행 중 똑같은 다기가 있어 구입해 왔더니 처음의 예쁘고 살뜰한 맛이 없어졌습니다. 깊이 생각해 보십시오. 그것은 물건만이 아닙니다. 애인이 둘이 되면 하나마저 잃게 되는 경우가 많습니다. 이런 것은 소극적 삶의 태도가 아니라 지혜로운 삶의 길입니다. 물건에 집착하면 그 물건이 인간존재보다 소중한 것이 되어 버립니다. 비싼 물건 사다 놓고 친구들 불러 뽐내며 자랑 치다가 가정부가 깨뜨려 버렸습니다. 그러면 야단이 납니다. 인간을 제한하는 소유물에 사로잡히면 소유의 비좁은 골방에 갇혀서 정신의 문이 열리지 않습니다. 작은 것과 적은 것으로 만족할 줄 알아야 합니다. 그것이 청빈의 덕입니다."[277]

법정 스님은 환경보존에 대한 깊은 생각도 설파했다. 이 대목에서는 '작은 것이 아름답다'는 가르침으로 적은 것에 만족할 줄 아는 삶을 살아갈 것을 강조하는 '소욕지족少欲知足'의 삶을 강조하고 있다.

독일 출신의 경제사상가인 슈마허E.F.Schumacher(1911-1977)의 가르침과 맥이 닿아 있다. 슈마허는 "탐욕과 질투심을 버리려면 우선 무슨 일부터 시작해야 할까. 아마 자기 자신의 탐욕과 질투심을 약화시키고 사치품을 필수품이 되지 않도록 하며, 현재의 필수품을 점검하여 그 수를 줄이거나 질을 간소화시키도록 한다."[278]고 주장했다.

법정 스님의 가르침이 대중들에게 감화를 주는 것은 법정 스님 스스로가 자신이 말한바, 언어로 표현한 바를 철저하게 실천하고 살았기 때문이다. 한국전쟁의 참화를 보고 출가한 스님의 입장에서 볼 때 당시의 물질적 풍요는 차고도 넘치는 상황이었다. 그런 관점에서 물질적 풍요가 행복을 가져다 주지 않고 '맑은 가난'과 '청빈'으로 소욕지족의 삶을 살아갈 때 허기진 마음의 행복을 찾을 수 있다고 설파했다.

"안으로 충만해지는 일은 밖으로 부자가 되는 일 못지않게 인생에서 중요한 몫"이라는 강론내용에는 평소 법정 스님이 내면을 점검하는 일이 재산을 모으는 일보다 훨씬 중요하고 가치 있는 일이라는 것을 일깨워 주는 가르침이다. 여기에서 법정 스님은 "행복은 어려운 이웃을 돕고 사람들과 정을 나누는 일에서 피어나는 들꽃 같은 것"이라고 일깨웠다. "하나가 필요할 때 하나만 가져야지 둘을 갖게 되면 하나마저 잃게 된다."[279]는 '소욕지족少欲知足'의 가르침도 설파했다. 이는 법정 스님이 출가한 이듬해인 쌍계사 탑전에서 시자생활을 하며 스승 효봉 스님으로부터 배운 가르침이기도 했다.

"셋째, 청빈의 덕을 쌓으려면 단순하고 간소하게 살아야 합니다. 가끔 언론에서 인터뷰를 할 때 스님의 소원은 무엇입니까 하고 물으면 개인적인 소원은 보다 간소하고 단순하게 사는 것이라고 대답합니다.…(중략)…'지구의 자원은 인간의 생존을 위해서는 부족함이 없다. 그러나 인간의 탐욕을 채우기에는 턱없이 부족하다.'는 간디의 말처럼, 청빈의 상대개념은 부자가 아니라 탐욕입니다. 절제된 미덕인 청빈은 그저 맑은 가난이 아니라 나누어 갖는다는 뜻입니다. …(중략)…어려운 처지에 있는 이웃과 나누어 가질 때 그것은 우리 자신을 높이 들어 올리는 일이 됩니다. 우리가 지금 마주치고 있는 경제위기는 우리 자신을 떨어뜨리지 않고 높이 들어 올리는 계기가 되어야 합니다. 그러기 위해서는 우리 이웃들과 나누어 갖는 뜻을 거듭거듭 생활화시켜야 합니다."[280]

이 부분에서 법정 스님은 "절제된 미덕인 청빈은 그저 맑은 가난이 아니라 나누어 갖는다는 뜻"이라며 적극적인 청빈으로 '맑은 가난'을 해석했다. "'탐貪'자는 '조개 패貝' 위에 '금今'자를 씁니다. '빈貧'자는 '조개 패貝' 위에 '나눌 분分'자를 씁니다."며 이웃과의 나눔도 강조했다. 청빈에는 나눔이 전제되어야 함을 강조하는 것에는 불교의 자리이타自利利他의 가르침과 맞닿아 있어 보인다. 이처럼 법정 스님이 강론하는 곳곳에 불교와 가톨릭이 공감하는 내용이 보인다.

법정 스님은 불교의 가르침을 가톨릭의 가르침으로 방편화하여 설법을 하는 대기설법方便說法을 하고 있음을 볼 수 있다. 당시는 IMF 경제위기로 온 국민이 경제적 어려움을 겪고 있었고 강연을 하고 있었을 때는 1998년 2월 24일이었는데 2월 8일에 대한민국 정부는 국제통화기금(IMF)에 금융구제를 요청한 상황이기도 했다.

"우리는 순례자나 나그네처럼 살아가야 합니다. 프란치스코 성인은 죽음이 다가왔을 때 형제들에게 말씀하셨습니다. '가난과 겸손을 보다 온전하게 지키기 위해서는 형제들의 모든 집과 움막은 반드시 흙과 나무로만 지어야 한다.' 나는 이 글을 읽으면서 많은 영감을 얻었습니다. 수도자가 사는 집은 흙과 나무로 지으면 자연히 검소하게 됩니다. 그리고 그런 수도원을 그들의 소유로 하지 말고 그 속에서 순례자나 나그네처럼 살아야 한다고 하였습니다. 진짜 우리가 살 줄 안다면 순례자나 나그네처럼 살 줄 알아야 합니다. 인생은 나그네 길이라는 노래도 있듯이 순례자나 나그네는 어디에도 집착하지 않습니다. 그는 여행의 목적에만 충실하며 그날그날 배우고 나누며 살아갑니다.…(중략)… 우리는 그동안 너무 안이하게 흥청거리면서 과시하고 과소비하면서 살아왔습니다. 세상이 달라지기를 바란다면 우리들 한 사람 한 사람이 달라져야 합니다."281

마리아상을 닮은 관세음보살상 조성

길상사에 조성되어 있는 관음보살상은 법정 스님의 '종교 간의 교류'를 상징하는 조형물이다. 일주문을 지나 관음전의 우측, 설법전 앞에 다소곳하게 서 있는 이 관음보살상은 2000년 4월 20일에 조성되었다. 여기에 대한 내용은 현장 스님의 저서에 잘 기록되어 있다.

"길상사의 관음보살상은 가톨릭미술가협회 회장이신 최종태 교수를 어머니로, 법정 스님을 아버지로 하여 2000년 4월 20일 이 세상에 태어난 특별한 보살입니다. 마리아 관음이 이 세상에 태어난 인연담을 소개합니다. 가톨릭미술가협회 회장으로서 성당의 성모상을 많이 조성한 최종태 교수는 조각의 완성이 '관음상'이라 여기고 마음속으로만 그림을 그려두었습니다. 그때 마침 법정 스님이 설립한 시민단체 '맑고 향기롭게'의 이사이며 가톨릭 신자인 정채봉 작가에게 자신의 소망을 전하였습니다. 최종태 교수를 만난 법정 스님은 단번에 의기투합하여, 무애자재한 '미륵반가사유상'의 느낌을 살려 관세음보살상을 만들어 보라고 부탁하였습니다. 최종태 교수는 법정 스님의 뜻을 받들어

성모 마리아상을 닮은 길상사 관음보살상.

단 하루 만에 관음상을 완성하였다고 합니다.

높이 1.8m의 화강암으로 만들어진 관음상은 이마 위에 오불보관을 쓰고, 왼손에는 질병의 고통을 없애고 영원한 생명을 주는 감로보병을 들고 있습니다. 오른손은 가슴 위로 높이 들어 올려 모든 두려움을 벗어나 영원한 안식을 얻으라는 의미의 '시무외인施無畏印'의 손 모양을 하고 있습니다. 전체적인 분위기는 깊은 슬픔에 잠긴 성모 마리아상을 연상케 하여, 알듯말듯한 은근한 미소는 '사랑의 어머니'를 표현한 느낌입니다.…(중략)…불교와 천주교가 한몸이 되어, 이 세상에 태어난 마리아 관음은 천불교 신자뿐 아니라 미래 세대의 우리 후손에게도 커다란 어울림을 줄 것입니다."[282]

개신교 잡지에 글 기고와 강연

법정 스님은 개신교 쪽에서도 원고청탁을 받아 글을 쓴 흔적이 보인다. 법정 스님의 대표적인 수필집 『무소유』에 나오는 글이다.

"이태 전 겨울이던가, 서대문에 있는 다락방에서 베다니 학원이 열리고 있을 때였다. 나는 연사의 초청을 받고 그 자리에 참석한 일이 있었다. 거기 모인 사람들이 대개가 목사의 부인되는 분들이라고 했다.…(중략)…그들의 내면적인 신앙생활이 밖으로 번져 나옴으로써, 기왕에 알았던 사람들로 착각을 일으키게 했던 것이다. 어쩌면 전생에 이웃에서 살던 사촌들이었는지도 모르긴 하지만."283

법정 스님이 개신교 계통의 단체에 초청연사로 강연한 것을 알 수 있다. 정황을 보면 법정 스님은 이미 개신교계에도 이름이 알려진 것으로 보인다. 법정 스님이 이 글을 「진리는 하나인데-기독교와 불교」라는 주제로 기고한 곳이 『기독교사상基督敎思想』 이라는 잡지에 '1971년 7월'로 기록돼 있다.284 이 글에서 법정 스님은 타 종교에 대한 배타적인 감정이 생기는 부분을 지적하며 원인에 대해서도 지적하고 있다.

"대개의 경우 어떤 종교를 통해 신앙생활을 하는 사람들은 종교를 갖지 않은 일반인들에 비해 대인관계에 있어서 너그럽다고 한다. 그러나 그 대인관계가 이교도로 향하게 될 때 돌연변이를 일으키는 수가 더러 있다. 너그러웠던 아량이 갑자기 움츠러들어 고슴도치처럼 가시를 돋우는 것이다.…(중략)…그러한 단견短見들이 읽는 경전이나 성경의 해석 또한 지극히 위태로운 것이 아닐 수 없다. 글이나 말 뒤에 들어있는 뜻을 망각하고 하나의 비유에 지나지 않는 표면적인 언어에 집착하고 있는 것이다."285

법정 스님은 타 종교에 대한 공부가 깊이 된 상태에서 그들의 입장에서 일어나는 개연성에 대해 언급하고, 또 불교인들이 행하는 일반적인 행태를 언급한 뒤 이들의 잘못된 모습을 비판하고 있다. 그러면서 이러한 태도는 '독선적'이고 '배타적'이고 '맹목'에서 비롯된 것임을 지적한다. 개신교인들이 충분히 공감할 수 있는 상황을 비유로 언급하고, 그들이 충분히 공감할 수 있는 일례를 나열한 뒤, 그러한 견해들은 단견에 불과한 것이며 그런 생각은 지극히 위태로울 수 있음을 설파했다.

"종교는 개별적인 길이다. 길은 목적에 이르는 길이라면 따로따로 길을 간다고 해서 조금도 허물될 것은 없다. 사실 종교는 인간의 수만큼 많을 수도 있다. 왜냐하면 사람들은 저마다 특유의 사고와 취미와 행동양식을 지니고 있기 때문이다. 이러한 안목으로 기독교와 불교를 볼 때 털끝만치도 이질감이 생길 것 같지 않다. 기독교나 불교가 발상된 그 시대와 사회적인 배경으로 인해서 종교적인 형태는 다르다고 할지라도 그 본질에 있어서는 동질의 것이다. 종교는 인간이 보다 지혜롭고 자비스럽게 살기 위해 사람이 만들어 놓은 하나의 '길'이다. 문제는 우리가 얼마만큼 서로 사랑하느냐에 의해서 이해의 농도는 달라질 것이다. 진정한 이해는 사랑에서 비롯된다. '아직까지 하느님을 본 사람은 아무도 없습니다. 그러나 우리가 서로 사랑한다면 하느님께서는 우리 안에 계시고 또 하느님의 사랑이 우리 안에서 완성될 것입니다.'(요한의 첫째 편지 4장 12절)."[286]

결론에 이르러서도 법정 스님은 개신교의 가르침을 인용해서 개신교와 불교의 진리가 하나임을 강조한다. 종교 간의 갈등이 만연하고 있는 현재에도 법정 스님의 가르침은 이웃 종교와 소통을 할 수 있는 매개체가 될 것이고 큰 울림을 주고 있는 대목이기도 하다.

이 원고는 1966년 5월 15일자 〈대한불교〉 '여시아문如是我聞' 코너에 '혜안慧眼'이라는 필명으로 실린 「말…"우린 예수를 믿습니다"」라는 글과 유사하다. '혜안慧眼'은 서경수 전 동국대 교수의 법명이다. 법정 스님은 이 글을 모티브로 「진리는 하나인데」를 완성한 것으로 분석된다.

타 종교 인사들과의 교류

개신교와도 교류하기도 한 법정 스님은 한국기독자교수협의회 초청으로 발제를 하기도 했다. 현장 스님은 자신의 저서에서

"먼저 이 자리에 불러주신 한국기독자교수협의회 회장이신 이정배 교수님과 이곳까지 인도해 주신 주님의 뜻에 감사드리며 인사 올립니다. 이것은 법정 스님께서 이런 자리에서 인사하는 방식입니다."[287]라고 밝히고 있다.

익히 알려져 있지만 법정 스님은 이해인 수녀와도 소통을 많이 했다. 가톨릭에 대한 해박한 지식과 타 종교에 대한 포용성이 넓은 법정 스님이 수녀들과 소통한다는 것은 이상할 것이 아니지만 이해인 수녀와는 만남의 자리도 자주 갖기도 했다. 이를 두고 일각에서는 불교수행자가 가톨릭 수녀와의 교류를 탐탁지 않게 보는 시각도 있었지만, 우리 사회에서는 아름다운 모습이 아닐 수 없었다. 만남뿐만 아니라 서신교류를 통한 종교 간의 소통을 하기도 했다.

「고통 속에 주님의 말씀이 있습니다」

"이해인 수녀님께. 수녀님, 광안리 바닷가 그 모래톱이 내 기억의 바다에 조촐히 자리 잡았습니다. 주변에서 일어나는 재난들로 속상해 하던 수녀님의 그늘진 속뜰이 떠오릅니다. 사람의, 더구나 수도자의 모든 일이 순조롭게 풀리기만 한다면 자기도취에 빠지기 쉬울 것입니다. 그러나 다행히도 어떤 역경에 처했을 때 우리는 보다 높은 뜻을 찾지 않을 수 없게 됩니다. 그 힘든 일들이 내게 어떤

이해인 수녀와 정채봉 작가와 함께 한 법정 스님.

의미가 있는가를 알아차릴 수만 있다면 주님은 항시 우리와 함께 계시게 됩니다. 그러니 너무 자책하지 말고 그럴수록 더욱 목소리 속의 목소리로 기도드리시기 바랍니다.…(중략)…수녀님, 예수님이 당한 수난에 비한다면 오늘 우리들이 겪는 일은 조그만 모래알에 미칠 수 있을 것입니다. 그러기에 옛 성인들은 오늘 우리들에게 큰 위로요 희망이 아닐 수 없습니다. 그분 안으로 위로와 희망을 누리실 줄 믿습니다. …(중략)…산에는 해질녘에 달맞이꽃이 피기 시작합니다. 참으로 겸손한 꽃입니다. 갓 피어난 꽃 앞에 서기가 조심스럽습니다. 심기일전하여 날마다 새날을 맞으시기 바랍니다. 그곳 광안리 자매들의 청안淸安을 빕니다."288

강연 차 스님들과 함께 부산 성베네딕토수녀회 수녀원을 방문한 법정 스님 일행.
앞줄 중앙에 이해인 수녀님도 보인다.

    법정 스님의 글은 타 종교에 대한 깊은 이해와 타인에 대한 배려심이 깊이 들어있다. 법정 스님이 타 종교, 특히 가톨릭의 수도자나 수녀들과 가톨릭 신자들에게 존경을 받았던 이유가 여기에 있다. 자연의 순리를 조용하게 관찰하고 꽃들의 수줍음이 겸손으로 느껴져 그 꽃 앞에 서기가 조심스럽다는 편지글은 편지를 받는 상대방의 마음을 감동시킬 뿐만 아니라 그 편지를 보는 제3자도 감동을 받기에 충분하다. 법정 스님은 강원도 산골 생활을 하면서도 수녀들의 세미나에서 가톨릭 성당에서의 강연인 '강론'을 하기도 했다.

「불일암의 고요한 뜰이 그립습니다」

"스님, 오늘은 하루 종일 비가 내립니다.…(중략)…수년 전 저와 함께 가르멜 수녀원에 가서 강의를 하셨을 때도 '눈 감고 들으면 그대로 가톨릭 수사님의 말씀'이라고 그곳 수녀들이 표현했던 일이 떠오릅니다.…(중략)…스님, 언젠가 또 광안리에 오시어 이곳 여러 자매들과 스님의 표현대로 '현품대조'도 하시고, 스님께서 펼치시는 '맑고 향기롭게'의 청정한 이야기도 들려주시길 기대해 봅니다. 이곳은 바다가 가까우니 스님께서 좋아하시는 물미역도 많이 드릴 테니까요."[289]

2010년 3월 법정 스님이 원적에 들었을 때 이해인 수녀는 '맑고 향기롭게' 재단에 「스님, 연꽃으로 오십시오」라는 추모사를 보내오기도 했다. 이 편지는 수행자들의 영혼으로 나누는 교감이 얼마나 아름다운 것인지 보여주는 편지로 역사에 길이 남을 것으로 평가된다.

"언제 한번 스님을 꼭 뵈어야겠다고 벼르는 사이 저도 많이 아프게 되었고 스님도 많이 편찮으시다더니 기어이 이렇게 먼저 먼 길을 떠나셨네요.…(중략)…우리나라 온 국민이 다 스님의 글로 위로받고 평화를 누리며 행복했습니다. 웬만한 집에는 다 스님의 책이 꽂혀 있고 개인적 친분이 있는 분들은 스님의 글씨를 표구하여 걸어 놓곤 했습니다. 이제 다시는 스님의 그 모습을 뵐 수 없음을, 새로운 글을 만날 수 없음을 슬퍼합니다.…(중략)… 때로는 다정한 삼촌처럼, 때로는 엄격한 오라버님처럼 늘 제 곁에 가까이 계셨던 스님. 감정을 절제해야 하는 수행자라지만 이별의 인간적인 슬픔은 감당이 잘 안 되네요. 어떤 말로도 마음의 빛깔을 표현하기 힘드네요.…(중략)…1977년 여름 스님께서 제게 보내주신 구름 모음 그림책도 다시 들여다봅니다. 오래전 스님과 함께 광안리 바닷가에서 조가비를 줍던 기억도, 단감 20개를 사들고 저의 언니 수녀님이 계신 가르멜 수녀원을 방문했던 기억도 새롭습니다. 어린왕자의 촌수로 따지면 우리는 친구입니다. '민들레의 영토'를 읽으신 스님의 편지를 받은 이후 우리는 나이 차를 뛰어넘어 그저 풀처럼 구름처럼 바람처럼 담백하고도 아름답고 정겨운 도반이었습니다.…(중략)…이젠 어디로 갈까요, 스님. 스님을 못 잊고 그리워하는 이들의 가슴속에 자비의 하얀 연꽃으로 피어나십시오. 부처님의 미소를 닮은 둥근 달로 떠오르십시오."290

세계경험을 통한 시대인식

    법정 스님은 '재출가'라는 표현을 쓰며 1975년 송광사 불일암으로 들어가 은거생활을 했다. 일상의 타성에서 벗어나기 위해 해외를 다니기도 했다. 해외여행을 많이 했던 법정 스님은 그것이 단순히 외국을 유랑하는 것이 결코 단순한 유희가 아니라 자신을 되돌아보는 관조의 기회를 삼았다고 볼 수 있다. 그러한 내용은 다음의 글을 통해서 선명히 드러나고 있다.

    "조계산에 들어와 다시 중노릇을 익히면서 산 지 어느덧 15년. 자연의 아름다움과 신비를 지켜보면서 눈을 맑히며 숨결을 고르게 한 세월이었다. 안이해지려는 일상의 타성에서 벗어나 내 삶을 다시 시작해 보고 싶은 재출가의 의지로 지난해 겨울 나는 인도와 동남아 일대를 다니면서 여러 종교의 과거와 현재를 살펴보았다. 그때 한결같이 생각한 과제는 '종교의 본질이란 과연 무엇인가'였다. 힌두교 자이나교 불교 혹은 유태교와 기독교 회교

등 이 지구상의 모든 종교가 한결같이 부르짖고 있는 것은 사랑
이요 자비다. 그러면서도 그들 자신부터 종파적인 편견에 사로
잡혀 싸움과 증오와 갈등에서 벗어나지 못하고 있다."291

어느 강연을 통해서도 법정 스님은 대만을 여행하며 종교의
본질이 '자비의 실천'임을 깨달았다고 했다. 이처럼 법정 스님에
게서 세계경험은 자신을 돌아보는 기회이자 종교의 본질을 탐
구하는 방편으로 활용되었음을 알 수 있다.

인도여행과 자기관조

여행을 통해 자신을 점검한 대표적인 저서가 『인도기행』이
다. 법정 스님은 1989년 11월부터 3개월 동안 인도를 여행하며
자신을 관조하며 내적 성장을 한다. 여행계기는 "1989년 11월
부터 3개월 동안 불교성지를 중심으로 이루어진 내 인도여행은,
〈조선일보〉가 창간 70주년을 기념하여 기획된 일"292이었지만
이는 수단에 불과했고 본질은 다음과 같이 밝히고 있다.

"나에게 인도는 불타 석가모니와 마하트마 간디, 그리고 크리
슈나무르티로 채워져 있었다. 이분들은 하나같이 내가 한 인간
으로 성장해 가는 길에 적잖은 영향을 끼친 스승들이다. 불타 석

가모니는 2천5백 년 전의 지혜와 자비의 교훈을 통해서 20대 중반에 내 인생의 궤도를 수정하게 한 어른이고, 마하트마 간디는 종교의 본질과 진리의 실상이 무엇인지를 깨우쳐 주었으며, 소유의 관념에 대해서도 영향을 준 영혼의 스승이다. 그리고 크리슈나무르티는 현대의 우리들의 직면한 문제에 대한 가르침을 통해서 삶의 지혜와 잔잔한 기쁨을 누리도록 이끌어 준 고마운 스승이다. 그래서 이번 여행 중에 특히 이 세 분의 스승이 살았던 현장을 찾아가 그 고장의 흙냄새와 햇볕과 바람을 쏘이면서, 그 땅에서 자라나는 나무와 꽃들을 바라보고 새소리에 귀를 기울이며 인간사에 대한 이런저런 일들을 헤아려 보려고 했다."[293]

법정 스님은 인도여행을 통해 영적 성장을 도모한 것으로 보인다. 당시 해외여행은 상당한 제약을 가지고 있었음에도 과감하게 인도여행을 시도한 자체가 상당한 모험이었다. 이러한 인도여행을 통해 법정 스님은 내면의 모습을 들여다보았고 자신의 사상을 확장해 나갔다.

"자연이 베풀 수 있는 모든 부와 힘과 아름다움을 가장 풍족하게 타고난 나라를 전 세계에서 택하라고 한다면, 그중 어떤 부분들은 지상낙원인 바로 그곳을 택하라고 한다면, 나는 주저 없이 인도를 지적하겠다. 하늘 아래서 인간의 정신이 가장 선택받은 재능의 일부를 가장 완벽하게 발전시키고 인생의 최대 문제를 가장 심각하게 생각했으며, 플라톤과 칸트를 공부한 사람들에게도 충분한 주의를 끌 만한 사상의 원천이 바로 인도에 있다.…(중략)…거의 배타적으로 그리스와 로마의 사상, 그리고 일개 셈족인 유대의 사상만을 바탕으로 교육받아 온 여기 유럽에 사는 우리들이, 이 생활만을 위해서가 아니라 이상적이고 영원한 삶을 위해서 우리의 내면적인 생활을 보다 완벽하고 포괄적이며 보편적이고 실제로 보다 진정한 인간생활이 되게 하는 데 가장 필요한 교정방법을 어떤 문학에서 끌어낼 수 있을까를 묻는다면 나는 다시 인도를 가리키겠다."[294]

인도를 다녀온 후 법정 스님은 개인사의 변화한 모습도 언급하고 있다. 그러면서 "여행은 외부 세계에 대한 인식보다는 자기 자신에 대한 반성과 성찰의 계기이고, 자기 탐구의 길이라는 사실도 이번 인도여행에서 얻은 교훈이다."[295]라고 밝히고 있다.

"내 개인적인 처지에서는 인도를 다녀온 후 몇 가지 변화가 있다. 그중 한 가지가 참고 견디는 인내력이 그전에 비해서 많이 늘어난 점. 그리고 손수 끓여 먹는 자취생활에 대한 타성과 불만이 사라진 점이다. 이제는 내가 손수 끓여 먹을 수 있다는 사실만으로도 고맙게 여길 따름이다. 또한 고정관념의 늪에서 거듭거듭 털고 일어섬으로써 새로운 삶을 이룰 수 있고, 삶의 가치를 어디에 두느냐에 따라 삶의 양식과 질이 달라질 수 있다는 사실도 함께 알아차리게 되었다."[296]

인도와 인근한 네팔과 히말라야의 생활이 곤궁한 지역을 어렵사리 여행하면서도 '삶의 척도를 어디에 두고 살아야 하는지'에 대한 교훈을 얻는다.

"지난해 이맘때 나는 네팔과 인도 히말라야의 가난한 산촌을 여행하고 있었다. 현재 우리들의 생활 수준과 견준다면 겉으로는 말할 수 없이 열악한, 수준 이하의 삶을 이루고 있었지만, 그들은 도시 문명에 오염되지 않은 따뜻한 인정과 맑은 눈빛을 지니고 있었다. 그들은 나에게 삶의 가치 척도를 어디에 두고 살아야 할 것인지를 두고두고 생각하게 했다."[297]

유럽여행을 통한 의식 확장

여행을 '자기 정리와 인생의 의미를 새롭게 하는 계기'로 삼은 법정 스님은 유럽여행을 통해 의식의 영역을 확장시키고 있음

파리 길상사 초대 주지 천상 스님(좌측)과 유럽 노르망디 여행.

을 확인할 수 있다.

"지난해(1991) 겨울안거安居의 결제는 남불南佛 지중해 연안의 앙티브에 있는 모리스 씨네 별장 '산타 루치아'에서 맞았었다. 테라스에 나가 지중해에서 떠오르는 시월 보름달을 바라보면서, 나그네 길에서 안거를 시작했었다. 그리고 3개월 후의 해제는 부겐빌리아가 붉게 타오르는 태평양 연안에서 지구의 영원한 나그네로서 조촐히 맞이하였다. 새 옷으로 갈아입으려면 우선 낡은 옷으로부터 벗어나야 한다. 낡은 옷을 벗어버리지 않고는 새 옷을 입을 수가 없기 때문이다. 모든 길과 소통을 가지려면 그 어떤 길에도 매여 있지 말아야 한다. 중요한 것은 안락한 삶이 아니라 충만한 삶이다."[298]

인도와 네팔, 히말라야 여행이 법정 스님에게 정신의 영역을 성장하게 한 것이라면 유럽여행은 정신 영역과 더불어 음악 미술 등 예술적 영역에 영향을 끼치고 있다. 평소에도 음악과 미술에 조예가 깊었던 법정 스님은 유럽여행도 이런 지역을 선호했다.

"반 고흐가 생애의 마지막을 보낸 파리 서북쪽 오베르쉬르와즈에 가면, 그의 충직한 동생 테오와 나란히 묻힌 묘가 담쟁이넝쿨에 덮혀 있다. 그 묘지 너머는 드넓은 농경지인데, 내가 갔을 때는 초겨울이라 베어낸 밀포기만 썰렁하게 남아 있었다. 석양에 비낀 그 들녘에 때마침 수많은 까마귀 떼들이 몰려와 선회하는 모습은 마치 고흐의 그림을 연상케 한다."[299]

고흐가 죽기 이틀 전에 그렸다고 알려진 〈까마귀 나는 밀밭 Wheat Field with Crows〉을 거닐며 느낀 감회를 표현하고 있는데 법정 스님의 또 다른 예술세계의 깊이가 의식영역의 확장으로 이어지는 모습을 볼 수 있다.

"나는 또 무슨 소리를 들었는가. 아침 식탁에서 바흐의 판타지와 푸가를 들었다. 며칠 전 취리히에 들렀을 때였다. 그곳 성모성당에 샤갈의 마지막 작품이 스테인드글라스로 남아 있다. 가는 날이 장날이라고 성당 한쪽에서 때마침 파이프 오르간을 조율하던 참이었다. 조율이 끝나고 조율사는 음악을 한 곡 들려주었다. 성당에서 듣는 파이프 오르간의 그 장엄한 소리는 내 속에 낀 먼지를 말끔히 씻어주는 것 같았다."[300]

"나는 지금 이 글을 쓰면서 가을바람에 나부끼는 물든 잎들을 내다보고 있다. 지고 남은 잎들도 머지않아 가지를 떠나갈 것이다. 그 빈 가지에는 또 겨울 나그네인 눈이 찾아올 것이다."[301]라고 오두막에서 소회를 밝히고 있는 법정 스님이 유럽여행을 회상하고 있다. 그 기억을 되살려 법정 스님은 "그때 성당에서 기념으로 산 CD를 오늘 아침 들었다. 건전지로 돌아가는 조그만 '소리통'이라 그날의 장엄한 울림에 견줄 수는 없지만 음악이 주는 느낌은 느슨한 감성의 줄을 팽팽하게 당겨 주었다. 그리고 자동차로 멀고 지루한 길을 달릴 때는 이따금 야니[302]의 역동적이면서도 감미로운 가락이 쌓인 피로를 씻어준다."[303]라고 기술하고 있다.

미국여행을 통한 생태적 사유

2004년 법정 스님은 자신의 저서 『홀로 사는 즐거움』에서 "소로의 『월든』과 허균의 『한정록閑情錄』과 아메리카 인디언들, 그리고 사막의 교부들과 조주 선사가 내 곁에서 내 삶을 받쳐주고 있다."[304]고 밝혔다.

법정 스님은 원적에 들기 8년 전인 2002년 미국을 방문한다. 1년 전인 2001년에도 법정 스님은 생태사유의 폭을 넓히기 위해서 미국을 방문했다.

그는 매사추세츠주 콩코드 부근의 월든 호수를 찾아 헨리 데이비드 소로H. David thoreau(1817-1862)가 머물렀다는 오두막을 찾으며 상당한 감화를 받기도 했다. 그런 그가 이듬해인 2002년 미국 뉴욕의 법회에서 법문을 한 후 다시 월든 숲을 찾았다.

"강원도 산골 오두막에서 '침묵과 무소유'를 실천하고 있는 법정法頂 스님(70, 길상사 회주)이 27일 미국 뉴욕주 타판의 불광선원에서 열린 '초청 대법회'에서 최근 미국 상황에 대해 견해를 밝혔다. 이날 법회에는 뉴욕 일대 한인 신도 500여 명이 참석했다.…(중략)…24일 미국을 방문한 법정 스님은 법회 직후 매사추세츠주 콩코드 부근의 월든 호수 방문길에 올랐다. 150년 전 이곳에서 통나무집을 짓고 2년간 살았던 미국의 명상가 헨리 데이비드

2001년 미국 월든숲 호수 방문.

미국 매사추세츠 주 콩코드 월든숲
오두막에서 글을 쓰는 법정 스님.

소로의 생활신조도 '삶을 간소화하라'는 것이었다. 법정 스님의
월든 호수 방문은 작년에 이어 두 번째다."[305]

이후 법정 스님은 자신의 저서『아름다운 마무리』에서 세 번
째 월든 숲을 찾아 느낀 감회를 담담하게 서술하고 있다.

"월든 호수를 처음 본 사람은 글을 통해서 상상했던 것보다 호
수가 그리 크지 않다고 생각할지 모른다. 우리들은 흔히 크고 작
은 것을 밖에 드러난 외면적인 것만으로 판단해왔기 때문이다.
월든은 둘레가 3km도 채 안 되는 규모이다. 그러나 진정으로 큰
것은 밖에 드러나 있지 않고 그 내면에 있다. 월든이 수많은 사람
들을 끌어들이는 그 흡인력을 생각한다면 그 어떤 호수보다도
크고 깊다. 한 해에 60만 명의 정신적인 '순례자'(관광객이 아니다)

월든숲 오두막 앞에 선 법정 스님.(우측)

들이 세계 각처에서 이 월든을 찾는 것을 보아도 그 넓이와 깊이를 짐작할 수 있을 것이다. 최근 뉴욕에서 일을 마치고 월든을 다시 찾아갔다. 이번이 세 번째인데도 새롭게 느껴졌다. 그날은 마침 인근 고등학교 학생들이 한 교사의 인솔하에 소로의 오두막터에 와서 현장학습을 하는 광경과 마주쳐 적지 않은 감명을 받았다. 듣는 학생이나 가르치는 선생님의 진지한 그 모습이 아주 인상적이었다. 마치 영화 '죽은 시인의 사회'에 나오는 존 키팅 선생을 연상케 했다."[306]

법정 스님은 소로의 생활신조를 설명하며 자신의 삶에도 대

2001년 월든숲 오두막터에 선 법정 스님.

입시키려 했다. 그런 점에서 소로와 법정 스님의 생태적 삶은 매우 흡사하게 닮아있다고 볼 수 있다.

"간소하게, 간소하게 살라! 그대의 일을 두 가지나 세 가지로 줄일 것이며, 백 가지나 천 가지가 되도록 하지 마라. 자신의 인생을 단순하게 살면 살수록 우주의 법칙은 더 명료해질 것이다. 그때 비로소 고독은 고독이 아니고 가난도 가난이 아니게 된다. 오늘날 우리들은 자신의 좁은 틀 속에 가두고 서로 닮으려고만 한다. 어째서 따로따로 떨어져 자기 자신다운 삶을 살려고 하지 않는가. 소로처럼 각자 스스로 한 사람의 당당한 인간이 될 수 없

2006년 법정 스님이 마지막으로 여행한 일본 큐슈.

는가. 스님은 또 이렇게 덧붙였다. '제2차 세계대전 후 미국을 비롯한 세계의 젊은이들 사이에서 그의 저서 『월든』이 성경처럼 널리 읽혔다는 사실은 그의 현존을 말해 준다. 그의 글과 주장은 지금도 정신세계에 널리 빛을 발하고 있다.'"307

법정 스님의 주요 저서

주요 수필집

『영혼의 모음母音』(1973)

법정 스님의 최초 수필집이다. 책 내용
은 평소 법정 스님이 〈대한불교〉와 일간
지 및 일반잡지에 기고한 원고를 모았다.
은유적 사유와 자연을 닮은 감수성이 스
며있는 글들이 주를 이룬다.

또한 '청년 법정'의 혈기 넘치고 패기
있는 글들도 다수 들어 있다. 서문에는 '맑은 하늘에서 울리는
영혼의 소리'라는 제목으로 책 제목을 풀어놓은 듯한 내용이
담겨 있다. 눈에 띄는 것은 이 책을 발간하는 시점은 법정 스님
이 봉은사 다래헌에 머물던 시기로 민주화운동에 참여하고 있
었던 시기인 만큼 국가 정보기관으로부터 사찰査察을 받고 있어
마음이 편치 않은 시기였다.

"어제 밖에 나갔다가 돌아오는 버스 안에서 사람들의 얼굴을 돌아보니 울컥 목이 메었다. 모두가 착하디착한 이웃으로 보였기 때문이다. 하루의 고된 생업을 마치고 집으로 돌아가는 그들의 눈매에서 뭐라 말하기 어려운 인간의 우수 같은 것을 느꼈던 것이다. 같은 시대, 같은 지역에 살고 있는 이웃으로서의 정다움을, 굳게 맺어진 인연의 밧줄 같은 것을 문득 실감했었다. 납덩이처럼 무겁고 답답하기만 한 이 가을의 공기 속에서 그토록 선량한 눈매들의 안부가 궁금했다. 어디서 무얼하며 어떻게 지내는지 도무지 알 수가 없다. 그들이 뭘 잘못했다고 이 가을의 공기는 이렇게 숨이 막히는가. 언어가, 인간의 그 언어가 어디로 사라져버렸는지 들으려야 들을 수가 없다. 요즈음 신문을 보고 있으면 눈물이 난다. 라디오를 들어도 눈물이 난다. 인간의 말이 듣고 싶어서, 우리들 이웃의 나직한 그 목소리가 듣고 싶어서 내 귀는 도리어 문을 닫는다."

서문 말미에도 법정 스님은 "이해 가을 군사 독재정부는 장기집권을 하기 위해 계엄령을 선포, 소위 10월 유신으로써 국민들로부터 언론과 집회 결사 등 인간의 기본권을 박탈했다."고 적고 있다. 『영혼의 모음母音』에는 법정 스님의 때 묻지 않은 참된 가르침이 곳곳에 들어있는데 그 중에서도 책 제목인 「영혼의 모음-어린 왕자에게 보내는 편지」에 드러나 보인다.

"어린왕자! 지금 밖에는 가랑잎 구르는 소리가 들린다. 창호에 번지는 오후의 햇살이 지극히 선하다. 이런 시각에 나는 티 없이 맑은 네 목소리를 듣는다. 구슬 같은 눈매를 본다. 하루에도 몇 번씩 해지는 광경을 바라보고 있을 그 눈매를 그린다. 그리고 이런 메아리가 들려온다. '나하고 친하자, 나는 외롭다.'"

법정 스님은 자신을 어린왕자에게 감정을 이입해 영혼의 깊은 내면에서 나오는 근원의 소리를 진리로 파악했다. 그래서 자신의 본래면목을 잃어버리고 살아가는 현대인들에게 영혼의 모음을 들을 것을 설파하고 있다.

"그렇다. 현대인은 바쁘게 살고 있다. 시간에 쫓기고 일에 밀리고 돈에 추격당하면서 정신없이 산다. 어디서 와서 어디로 가는지도 모르면서, 피로회복제를 마셔가며 그저 바쁘게만 뛰어다니려고 한다. 전혀 길들일 줄을 모른다. 그래서 한 정원에 몇천 그루의 꽃을 가꾸면서도 자기네들이 찾는 걸 거기서 얻어내지 못하고 있는 거다. 그것은 단 한 송이의 꽃이나 한 모금의 물에서도 얻을 수 있는 것인데…(중략)…어린왕자, 너의 실체는 그 묵은 허

물 같은 것이 아닐 거야. 그건 낡은 옷이니까. 옷이 낡으면 새 옷
으로 갈아입듯이 우리들의 육신도 그럴 거다."308

『무소유無所有』(1976)

1976년 4월 15일, 범우에세이 선選 15
번째 문고로 출간됐다. 법정 스님의 이름
을 널리 알리는 계기가 된 책으로 1973
년에 출간한 수필집『영혼의 모음母音』에
실린 원고 14편과 새로 쓴 글 11편을 더
해 총 25편을 수록했다. 1985년의 2판은

개정판으로 내며 범우문고 2번으로 출간했으며,『영혼의 모음母
音』에 실린 원고 24편과 새글 11편을 선별해 총 35편을 실었다.

초판을 비롯한 문고판에는 원고를 실은 신문이나 잡지의 연도
와 신문사(잡지사) 및 날짜를 명기했다. 이후 다른 단행본으로 내
면서 이런 표기는 생략됐다. 엄밀하게 보면『무소유無所有』는『영
혼의 모음母音』의 개정판이다. 총 35편의 글 가운데 24편이『영혼
의 모음』에서 재수록했기 때문이다.

『무소유無所有』에는 〈서울신문〉에 실은 원고 5편이 초반부에
실려 있으며, 〈경향신문〉에 실은 원고가 중반부와 후반부에 5
편, 〈동아일보〉에 실은 원고가 초중후반부에 걸쳐 4편, 〈중앙일

법정 스님이 책『무소유無所有』의 제목에 대해 언급하고 있는 엽서.

보〉에 실은 원고 3편이 실려 있다. 또『현대문학』에 실은 원고 4편이 있고, 〈대한불교大韓佛敎〉(불교신문 전신), 『여성동아』, 『신동아』 등에 실은 원고가 실려 있다. 특이한 점은 법정 스님이 기독교 계통의 잡지인『기독교사상基督敎思想』이나『사목司牧』에 실은 원고도 실려 있다는 점이다.

이로 볼 때 법정 스님은 불교계뿐만 아니라 일반 국민에게도 인지도가 높았으며 타 종교인 기독교계에도 법정 스님의 글에 대한 공감이 있었던 것으로 보인다.『무소유無所有』는 베스트셀러 반열에 올랐으며 인기도는 절판된 이후 초판본이 백만 원을 호가하는 기이현상을 일으키고 있다.

『무소유無所有』를 출간할 당시에는 기존의 수필집『영혼의 모음母音』이 독자들에게 호응을 받지 못해 개정판을 내는 형식으로 진행됐고, 책 제목은『현대문학』에 근무하고 있었던 김정숙(별명 호우프 씨) 씨의 권유로 만들어졌다.[309]

책 제목 '무소유無所有'는 1971년에 발행된『현대문학』3월호에 실린 법정 스님의 원고 제목이다. 책 서두에는 김병익 문학평론가가 「법정론法頂論」이라는 평론과 함께 「불교적佛敎的 지성知性과 현대적現代的 사랑」이란 부제목의 글을 통해 법정 스님의 에세이에 대해 분석하고 있다. 이 글은 책 뒤표지 중요 글귀에도 실려 있다.

"법정法頂의 에세이 정신精神은 심산유곡의 불심佛心, 고색창연한 불교신앙을 오늘의 이 현실, 끊임없이 사랑과 증오의 사상으로 갈등을 일으키는 이 세계로 끌어내 온 것이다. 그는 전통신앙傳統信仰으로부터 거의 절연된 현대의 사상시장思想市場에 새로 옷 입힌 불교의 정신을 내놓는 포교사布敎師이기도 하다. 그의 수필이 대부분 짤막하며 일상日常의 단상斷想이지만 우리에게 소중한 것은 이 편린들을 통해 새로이 발견하는 불교의 현대적 모습이다."[310]

『서 있는 사람들』(1978)

불일암으로 들어간 법정 스님이 『무소유無所有』에 이어 낸 수필집이다. 1970년대에 들어서 사회민주화에 앞장섰던 법정 스님이 불일암에서도 시대의 어둠을 질타하는 내용이 가득하다. 자연으로 돌아가 산거山居 생활을 이야기하면서도 정치적으로 어둠의 시대를 살아가는 이들을 '서 있는 사람들'로 규정하고 이들이 제자리를 찾아 건강을 되찾길 기원하고 있다.

"70년대에 들어서면서 우리 둘레에는 부쩍 '서 있는 사람들'이 늘고 있다. 출퇴근 시간의 붐비는 차 안에서만이 아니라 여러 계층에서 제자리에 앉지 못한 채 서성거리는 사람들이 많다. 똑같은 자격으로 차는 탔어도 앉을 자리가 없어 자신의 두 다리로 선 채 끝도 없이 실려 가고 있는 것이다."[311]

서문에는 1967년 2월 26일자 〈대한불교大韓佛敎〉에 실었던 「입석자立席者」라는 시를 실으며 시대를 살아가는 이웃들이 '서 있는 사람들'이라고 적시한다.

"서 있는 사람들은 낯선 이방인異邦人이 아니다. 이 땅에 태어난 한 겨레로서 같은 뜻을 지닌 모국어母國語를 쓰고 있는 우리 이웃들이다. 오염된 근대화의 공기를 마시면서 갈수록 구겨져만 가는 이 시대의 풍속권風俗圈 안에서 함께 앓고 있는 선량한 시민이다. 그들의 체질은 유달라, 이웃이 겪는 고통을 모른체하지 않고 같이 신음하면서 앓는다. 앉은 자가 되지 못해서가 아니라 차마 앉을 수 없는 것도 바로 이 때문이다. 그래서 이따금 그들의 눈매에서는 브람스의 우수憂愁 같은 것이 깃들기도 한다.…(중략)…이 잡문집雜文集의 이름을 『서 있는 사람들』이라고 붙인 것은 그런 선량한 이웃들을 생각해서다. 그들이 저마다 제자리에 앉게 되는 날, 우리 겨레도 잃었던 건강을 되찾게 될 것이다."

『산방한담山房閑談』(1983)

법정 스님이 불일암에 은거한 후 『서 있는 사람들』에 이어 펴낸 두 번째 산문집이다. 대부분의 글은 불일암에서 쓴 글이다. 책 서문 말미에는 '수류화개실水流花開室에서'라고 남기고 있는데 '수류화개실水流花開室'은 불일암이기도 하지만 불일암을 떠나 한동안씩 잠시 머물렀던 곳으로도 보인다.

법정 스님은 불일암에 머물면서도 더 자연과 가까운 곳을 찾고 있었던 것이 아닌가 싶다. 결국 1992년 강원도로 주석처를 옮겼지만 틈틈이 계곡물 소리와 산짐승들이 노니는 원시적인 자연을 갈구하고 있었던 것이다. 이는 법정 스님이 "자연과 우주로 확장된 자아개념을 형이상학적 사유에서 찾지 않고 일상의 평범한 경험에서 찾는다."[312]는 미국의 참여불교철학자 조애너 메이시Joanna Macy[313]의 포스트 모더니즘적 자아관에 근접해 있다.

"이 잡문집에 실린 글들은 『서 있는 사람들』을 펴낸 이후 신문과 잡지의 고정칼럼에 내보낸 것들인데, 그 성격에 따라 다섯 묶음으로 엮은 것이다. 조계산 불일암佛日庵에서 홀로 지내면서 그때그때 생각과 느낌, 그리고 세월을 함께 사는 이웃들과 나누고 싶은 이야기를 조심스런 마음으로 쏟아놓은 글들이다. 오죽잖은 글들을 다시 책으로 묶어내려고 하니 좀 뻔뻔스럽다는 생각이 든다. 혼자서 힘겹게 살면서 많은 것을 배우고 익힌 '불일암 시대'를 우선 막음하는 뜻에서 정리를 했다. 밝은 햇살과 맑은 바람, 시냇물 소리, 그리고 새들의 노래와 짐승들의 발자국이 찍힌 청정한 산의 정기가 독자들의 가슴에 전해지기를 바란다."[314]

『물소리 바람소리』(1986)

산거山居인 불일암 수류화개실水流花開室에서 쓴 글을 모았다. 법정 스님은 '자신이 있는 그곳이 수류화개실'이라고 말한다.

"물소리 바람소리는 내 산거山居에서 항시 대하는 자연의 소리이며 또한 우리 시대 세상의 소리이다. 시간적으로나 공간적으로 홀로 지낼 때가 많으면서도 의식의 흐름은 늘 세상과 함께 이어져 있다. 사람은 어디서 무슨 일을 하며 어떻게 살든 간에 원천적으로 사회적인 존재일 수밖에 없다. 인간의 구조는 세상에 있음이요, 세상에 있음은 함께 있다는 뜻. 그러니 세상을 떠난 개인의 삶은 그 의미가 없게 된다."[315]

이러한 사회성을 바탕으로 『샘터』의 고정칼럼인 '산방한담'과 송광사 『불일회보』에 실린 글, 〈조선일보〉 '아침논단' '특별기고' '시론' 등에 실렸던 글을 모았다. 그러면서 "어떤 글은 부분적으로 깎이고 어떤 글은 아예 싣지 못했는데, 이번에 책으로 엮으면서 복원해 놓았다."고 밝히며 '80년 5월 광주항쟁'과 같은 대사회적인 문제에 대해서도 발언의 수위를 높인 글들을 살려냈음을 밝히고 있다.

『텅빈충만』(1989)

법정 스님이 15년 동안 머물렀던 불일 암 시절에 쓴 산문집이다. 책의 서문에서 여전히 "수류화개실水流花開室에서 법정法 頂 합장"316이라고 쓰고 있다. 이곳의 정체 가 의심스러웠는데 이 책에서 법정 스님 은 학생인 듯한 한 젊은이가 찾아와 수류

화개실의 위치를 묻는 질문에 "네가 서 있는 자리가 바로 그 자 리다!"라고 대답하고 있다. 처음 불일암에 내려와 심은 후박나 무 이야기도 전하는데 법정 스님은 원적圓寂에 든 후 이 후박나 무 아래에 육신의 뼈를 묻기도 했다.

"15년 전 이 묘목을 갖다가 심을 때는 미처 예상하지 못했던 일인데, 그새 이렇게 자라서 시원하고 향기로운 그늘을 드리워 주고 있구나 생각하니 나무에 감사하지 않을 수 없다. 수목을 비롯한 식물들은 이렇듯 공을 들인 것에 보답이 따른다. 나무들 은 결코 신의를 저버리지 않는다. 이런 나무의 그늘에 견줄 때 우리들 사람의 그늘은 얼마나 엷고 빈약한가. 사람의 그늘은 덕 인데, 눈앞의 사소한 이해타산에 걸려 덕의 그늘을 펼칠 줄을 모른다."317

산중에 은거하면서도 여전히 고통받는 세상일에 관심을 가지며 아픔을 함께 나누고자 하고 있으며, 함석헌 선생과 인연에 대한 글을 싣는 등 사회민주화에 대한 열망을 비추고 있다.

"엊그제 광주에 나갔다가 도청 앞 광장에 어지럽게 흩어져 있는 돌멩이와 유리조각을 보면서, 우리 시대의 한 단면을 대하는 것 같아 마음이 착잡하고 우울했다. 산문 안과 산문 밖의 현실이 이처럼 현격함에 나는 적잖은 갈등과 자책을 느낄 때가 있다. 누구나 같은 목청으로 외쳐댈 수는 없지만, 우리 시대의 아픔은 곧 우리 모두의 아픔이므로 함께 나누어 갖지 않을 수 없다."[318]

『인도기행』(1991)

1989년 11월부터 3개월 동안 여행한 불교성지를 중심으로 출간한 책이다. 〈조선일보〉 창간 70주년 기획으로 다녀온 뒤 1990년 3월부터 11월까지 매주 연재한 내용을 엮었다. 법정 스님에게 여행은 '자신을 관조하는 수행의 방편'이었다. 인도를 다녀온 뒤에는 정신적인 영역에서 많은 배움이 있었고, 삶도 많이 바뀌었다고 고백한다. 요즘도 인도여행을 하면 어려움

을 많이 겪는데 법정 스님은 열악한 상황에서 인도여행을 통해
독자들에게 깊은 울림을 주고 있다.

"인도하면 흔히 가난의 대명사처럼 여기고 있는 사람들이 많
다. 하지만 그것은 우리가 물질생활의 풍족하고 모자람을 가지
고 인간의 삶을 재려는 잘못 길들여진 서양식 사고방식의 탓이
다. 인도는 지금 물질적으로는 비록 가난하게 살망정 그들이 지
닌 정신의 영역은 그 어떤 나라보다도 풍족하고 넉넉하다. 미래
의 인류사회를 위해 인도는 그들이 지닌 히말라야의 지혜를 세
계의 투명한 영혼들에게 끊임없이 나누어주고 있다."[319]

『버리고 떠나기』(1993)

1992년 불일암을 떠나 강원도 오두
막으로 옮긴 후 출간한 첫 수상집이다.
1989년 『텅빈충만』 이후 4년 만에 나온
수필집으로 새로운 거처의 생활에 대한
소소한 이야기도 실려 있다.

"작년 4월 하순부터 나는 거처를 강원도의 한 두메산골 오두
막으로 옮겨 왔다. 날마다 새롭게 태어나고 싶어서 묵은 둥지에

서 떠나온 것이다. 조금은 불편하지만 문 두드리는 사람이 없어
지낼 만하다. 내 오두막의 둘레는 요즘 하얀 눈이 자가 넘게 쌓여
있고, 청냉한 공기 속에 들리는 소리라고는 처마 끝에 달아놓은
풍경이 이따금 지나가는 바람과 더불어 이야기하는 소리뿐이다.
몇 걸음 걸어 개울가에 이르면 두껍게 얼어붙은 얼음장 밑으로
흐르는 이 개울물 소리가 참 좋다. 그래서 하루에도 몇 차례씩 나
가서 귀를 기울인다."[320]

불일암에서 떠나온 이유가 윗글에서 언뜻 보이는데 "날마다
새롭게 태어나고 싶어서"[321]이고 법정 스님의 명성이 높아져 "문
두드리는 사람들이 많아서"[322] 자신의 일을 할 수 없어서 거처를
옮긴 듯하다.

『새들이 떠나간 숲은 적막하다』(1996)

법정 스님이 강원도 오두막의 수류산
방水流山房 생활을 오롯이 담은 수상집이
다. 불일암에서 떠나온 지 4년이 된 시점
이다. 자연과 합일合一한 듯한 내용의 글
이 즐비하다. 법정 스님 스스로도 자연과
어우러진 자신의 모습을 발견하고 자신

이 살고 있는 모습에 만족하는 듯 책 출간하는 일까지 "재미가 덜하다"[323]고 술회한다.

"새벽에 눈을 뜨면 맨 먼저 개울물 소리가 귀에 들어오고, 창문을 열면 한기와 함께 영롱한 별빛이 눈에 들어오는 이 오두막에서 다섯 번째 봄을 맞이하고 있다. 『버리고 떠나기』 이후 내 생각과 살아온 모습을 한데 모았는데, 이런 일이 이제는 재미가 덜하다. 보다 간소하고 단순하게 살고자 하는 데는 이 또한 번거로운 일이기 때문이다."[324]

이 책에서 법정 스님은 현대문명을 맹렬하게 비판하며 현재와 같은 잘못된 생각과 생활습관을 고칠 것을 당부하기도 한다. 자연에 깊이 심취해 살며 얻어 낸 결과로 보인다.

"우리 시대에 이르러 물질적인 풍요만을 추구한 나머지 인간의 심성과 생활환경이 말할 수 없이 황폐된 것은, 누구의 탓이 아니라 바로 우리들 자신이 저지른 재앙이다. 흙과 물과 나무와 공기와 햇볕의 은혜 없이는 살아갈 수 없는 인간들이 그와 같은 고마운 자연을 끊임없이 허물고 더럽힌다.···(중략)···현재와 같은 우리들의 잘못된 생각과 생활습관이 고쳐지지 않는다면, 머지않아 지구는 황량한 사막으로 변하고 말 것이다. 봄이 와도 꽃이 피지 않고 새들도 찾아들지 않을 것이다. 꽃이 피지 않고 새들이 떠나간 땅이라면 얼마나 적막하겠는가. 그런 곳에서는 생물인 인간도 살아갈 수 없다."325

『오두막 편지』(1999)

법정 스님이 강원도 오두막 수류산방에 머물며 간간이 세상과 소통하는 글을 모은 책이다. 세상을 향해 보내는 스님의 메시지는 자연이 주는 본질의 가르침과 그 속에서 진리를 얻을 수 있다는 내용이 주를 이룬다. 세상과 완전히 단절됐기에 세상사에 대한 언급은 없고 자연과 합일된 모습의 법정 스님을 독자들은 만난다. 법정 스님은 책의 서문에 자필로 '오두막 편지'라 적었다.

"여기 모은 이 글들은 산골의 오두막에서 홀로 지내며 그때 그때 보고 듣고 느끼고 생각한 내 삶의 뜨락을 누군가에게 편지를 쓰듯 스스럼없이 열어 보인 것이다. 한 해가 저무는 길목에 서니 헤치고 왔던 길이 잎이 져버린 숲길처럼 휑하니 내다보인다. 나

는 새롭게 시작하기 위해 다시 묵은 허물을 벗는다. 이 책을 대하

는 이마다 마음에 위로 평안을 얻었으면 한다. 1999년 12월 법정

法頂"326

『홀로 사는 즐거움』(2004)

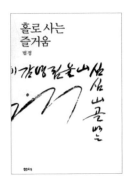

    강원도 오두막에서의 삶에 대한 글을

모았다. 출판사는 띠지에 "더욱 깊어진

사유의 언어와 한층 더 맑아진 영혼의 소

리를 담아 5년 만에 펴내는 법정의 신작

산문집!"이라는 문구를 붙였다. 법정 스

님은 「봄에 책을 내면서」라는 서문을 통

해 자신의 심정을 간결하게 적었다.

    "꽃이 지나간 자리에 초록이 눈부시다. 온 천지가 살아 있다는

소식으로 생명의 물감을 마음껏 풀어내고 있다. 이 책에 실은 글

들은『오두막 편지』이후 내 생각과 삶의 모습을 담은 것들이다.

봄씨앗과 모종을 구해 놓고도 산중의 날씨가 풀리지 않아 아직

도 밭이 비어 있다. 2004년 5월 법정法頂"

『아름다운 마무리』(2008)

2년 후 원적에 들어갈 것을 암시하듯 법정 스님이 살아생전 남긴 마지막 수상집이다. 책의 앞표지 사진설명에 "강원도 생활 17년째인 2008년 가을, 묵은 곳을 털고 남쪽 지방에 임시거처를 마련하였다."고 밝히고 있다. 법정 스님이 2007년 폐암을 발견하고 치료차 옮긴 것으로 보인다. 스님은 2년 후의 원적을 암시하듯 책 제목을 '아름다운 마무리'로 정했다. 이 책에서는 「임종게와 사리」라는 글도 게재하고 있는데 자신의 유언과도 같은 글을 남겼다.

"사리舍利란 범어에서 온 말인데 '불타고 남은 유골'을 뜻한다. 불자들이 화장을 하는 것은 아무것도 남기지 않기 위해서다. 본래 무일물을 그대로 보이는 소식이다.…(중략)…조주 스님은 세상을 뜨려고 할 때 제자들에게 이렇게 당부했다. '내가 세상을 뜨고 나면 불태워 버리고 사리 같은 걸 골라 거두지 말라. 선사의 제자는 세속인과 다르다. 더구나 이 몸뚱이는 헛것인데 사리가 무슨 소용이냐. 이런 짓은 당치 않다!'"327

경전류와 번역서

『선가귀감禪家龜鑑』(1962)

법정 스님이 출간한 번역서로 1962년
출간했다. 1970년까지 초판 5쇄를 발행
한 뒤 1971년에 개역판을 발행했고 1976
년 개역 2판을 발행했다. 처음 출간했을
당시에는 자신의 이름을 사용하지 않고
'선본간행회 편역禪本刊行會 編譯'328이라고

한 것으로 보아 자신의 이름을 붙이지 않은 것으로 보인다. 이
후 1992년에 『선가귀감禪家龜鑑-깨달음의 거울』이라는 도서로
불일출판사에서 출판하기도 했다. 책의 저자인 서산 스님(1520-
1604)은 조선 중기 때의 고승高僧으로 "호는 청허淸虛·서산西山이
고 속성은 최崔, 본관은 완산, 이름은 여신汝信, 아명은 운학雲鶴, 법
명은 휴정休靜이다. 승장僧將으로 임진왜란 당시 제자인 사명당
유정과 승병을 일으켜 전공을 세웠다."329고 전한다.

서산은 문학성이 우수한 선시禪詩도 남겼는데 "스님의 선시는 선교학禪敎學과 유가儒家와 도가道家의 사상을 포괄하고 있으며 중국 당송唐宋대의 문학과도 깊은 관계를 지니고 있다. 때문에 스님의 선시는 제자들인 사명四溟, 편양鞭羊, 소요逍遙, 초의草衣 등을 비롯한 조선후기 선시문학에도 큰 영향을 끼쳤다."330고 한다. 『선가귀감禪家龜鑑』을 번역한 인연을 법정은 1976년 홍법원에서 출간한 책「해제解題」에서 다음과 같이 밝히고 있다.

"역자譯者가 『선가귀감禪家龜鑑』을 처음 본 것은 해인사 퇴설선원堆雪禪院에서 안거安居하던 십오륙 년 전이다. 어떤 노장님 한 분이 가지고 있는 목판본木版本을 빌려서 보았더니, 구구절절이 살아 있는 말씀이었다. 당장 아랫마을에서 공책을 사다가 밤을 세워가며 베끼기 시작했다. 절반쯤이나 베꼈을까, 밤이 깊도록 지대방에 불이 켜져 있는 걸 본 노장님은 '그 책이 그렇게 좋으면 스님이 하시오'라고 선뜻 양도해 주었다. 오체투지五體投地로 감사하지 않을 수 없었다. 이런 책은 나 혼자서만이 아니라 도반道伴들에게 널리 읽혔으면 하는 생각이 노상 가시지 않았다. 몇 해 후 선학원에서 석주 스님을 만나 그런 이야기를 했더니, 한번 번역해 보라며 책 한 권을 내주었다. 그것은 1948년 선학원에서 낸 우리말 번역본이었다. 읽어보니 역문譯文은 비교적 좋은 편인데 본문과 주

석을 분간키 어렵고 더러는 낯선 용어들이 있어 일반이 이해하기
어려운 데가 있었다. 그해 여름 해인사 소소산방笑笑山房에서 선학
원판과 원적사판圓寂寺板, 송광사 언해본諺解本을 참고로 번역에 착
수했다. 그 이듬해 정확히 말해서 1962년 6월, 원고는 써 놓고도
출판의 길이 막연했었는데 법통사法通社에서 쾌히 출판을 맡아 주
었었다."[331]

『정토삼부경』(1971)

1971년 자운 스님의 원력으로 보국사에
서 법보시용으로 출간했다. 일반시중에 나
오지 않았는데 1995년 민족사 출판사에서
그대로 재출간했다. 재출간본에는 경전을
번역한 내력이 간단하게 실려 있다.

"여기에 옮긴 『무량수경』은 강승개康僧鎧의 한역본漢譯本을 토대
로 범어(산스크리트) 원전에서 번역한 이와나미 문고岩波文庫 『정토
삼부경』을 참고하였다. 범어 원전에 실린 『무량수경』의 이름은
'극락의 장엄莊嚴'으로 되어 있다. 중국에서 번역된 것으로는 모두
다섯 가지인데 승개의 역본譯本은 그중 세 번째로 번역된 것. 이
경은 너무 장황한 표현으로 그 뜻마저 전달되지 않을까 염려, 긴

요하지 않은 몇 군데를 생략하면서 의역意譯했다는 것을 미리 밝혀 둔다. 그리고 게송은 운허 스님의 번역에 약간의 손을 댄 것이다.『관무량수경』은 범어 원전이 남아 있지 않을 뿐 아니라, 한역도 강량야사畺良耶舍(383~442)의 번역본 외에 다른 번역은 찾아볼 수 없다. 그래서 이 한역만을 가지고 번역했다.『아미타경』은『무량수경』에 비하면 아주 짧은 경전인데, 지금 범어 원전으로 전해진 것은『무량수경』의 원전과 같은 이름이다. 한역은 두 가지, 우리에게 널리 읽히고 있는 것은 구마라집(350~409)의 번역본이다. 이역본을 대본으로 역시 이와나미 문고본에서 도움을 입었다."[332]

『숫타니파아타』(1974)

1970년 4월 26일부터 〈대한불교大韓佛敎〉에 연재를 시작으로 이듬해인 1971년 3월 28일자 총 45회에 걸쳐 '지혜와 자비의 말씀'으로 연재한 내용을 수정해 단행본으로 출간한 책이다. 책의 해제에서『숫타니파아타』를 개략적으로 설명한다.

"이『숫타니파아타』는 남전대장경南傳大藏經에 수록되어 있는 경전인 숫타니파아타의 번역이다. 숫타니파아타는 경經의 집성集成

이라는 뜻. 불교의 많은 경전 중에서도 가장 초기에 이루어진 경
전이라는 점에서도 대장경 가운데서 그 비중은 크다. 따라서 역
사적인 인물로서의 석가모니 불타와 초기불교를 아는 데에 요긴
한 자료가 되고 있다."

총 1,149 수首의 시를 70경經에 정리, 이것을 다시 5장으로 나눈
『숫타니파아타』는 초기경전으로 부처님의 육성에 가까운 경전이
다. 이러한 경전을 번역해 널리 알려지지 않은 것에 대해서도 법
정 스님은 언급하고 있다.

"우리나라와 같은 한역漢譯 불교권에서 이 경전이 알려지지 않
았던 데에는 그럴만한 이유가 있었다. 그 어떤 경전보다도 최초
에 성립되어 역사적인 실존 인물로서의 불타, 그 육성에 가까운
원초적인 설법임에도 우리에게 일찍이 소개되지 않았다는 것은
단순히 언어의 장벽에만 그 까닭이 있는 것은 아니다. 이른바 소
승불교라 해서 무조건 얕잡아 거들떠보지도 않으려 했던 중국적
인 배타성이 아집에 있었던 것이다."333

법정 스님은 『숫타니파아타』를 번역하려 했던 이유도 해제에
서 보인다.

"『숫타니파아타』 가운데는 발전 수정되기 전의 소박하고 단순한 초기의 불교가 그대로 이식移植되어 있다. 여기서는 후기에 이루어진 경전처럼 현학적이고 번거로운 교리는 전혀 찾아볼 수 없다. 불타는 그와 같이 단순하고 소박하게 인간으로서 가야 할 길을, 모순과 갈등으로 이루어진 차안此岸에서 해탈의 피안彼岸에 이르는 길을 말씀하신 것이다. 진리란 간단명료한 것임을 우리는 이 경전을 통해서도 알 수 있을 것이다."334

『말과 침묵』(1982)

불일암 시절에 쓴 책이다. 서문에서 밝히고 있듯이 "1977년 샘터 6월호 특별 증간호에서 불교의 명언들을 모아 『어떻게 살 것인가』를 펴낸 일이 있다. 많은 독자들로부터 호응을 받았다. 이 책을 엮으면서 당시의 자료를 크게 활용했다. 불교에 생소한 독자들의 이해를 돕고자 주석의 분량을 늘렸다. 후식後食 삼아 한번 읽으면서 머리를 식히라는 배려에서다."335라고 밝히고 있다. 이어 책을 내는 취지를 설명하며 독자들에게 당부하고 있다.

"여기에 실린 불교의 명언들은 소설이나 다른 산문을 읽듯이 잡은 참에 내려 읽지 말고, 한 구절 한 구절 음미하듯 읽으면서 독자 자신의 마음속에 그 뜻을 새겨보라는 것.…(중략)…이 책을 읽는 독자들이 이 말과 침묵의 의미를 거듭 다져서 온갖 소음에 매몰되어 시들어가는 인간의 뜰을 다시 소생시키기를 빈다.…(중략)…모든 이웃들이 다 행복하라, 태평하라, 안락하라!"[336]

법정 스님은 현대인들은 시끄러운 소음에서 살아가고 있음을 지적하고 그런 상황에서 주고받는 일상의 말을 다시 한 번 생각하게 한다. 그러면서 "사람의 생각을 주고받는 말이라 할지라도 자칫하면 또 하나의 소음으로 전락될 위험이 따른다. 자기 사유思惟를 거치지 않고 밖에서 얻어듣거나 들어오는 대로 다시 내보내고 있기 때문이다. 침묵의 체로 거르지 않는 말은 사실 소음이나 다를 바 없다."[337]고 말을 할 때는 '침묵의 체'라는 정제된 사유를 통해 발현하기를 당부한다.

『진리의 말씀-법구경』(1984)

『법구경』의 내용을 단행본으로 출간한 책이다. "이 『진리의 말씀』은 대장경 중에서도 그 결집의 시기가 가장 오래되고, 어떤 불교서적보다도 세계적으로 널리 읽히고 있는 경전이다. 이 경

전의 본래 이름은 담마파다[Dhammapada], '담마'란 '법·진리·이법理法' 등으로 번역되며 인간의 진리란 뜻. '파다'란 '말'을 의미한다."[338]고 서문에 밝히고 있다.

"이 경은 423편의 시집으로, 그 주제에 따라 26장으로 나누고 있다. 대개는 단독의 시로 되어 있지만, 때로는 두 편의 시 혹은 여러 편의 시가 한데 묶여져 있기도 하다. 내용을 자세히 살펴보면, 다른 경전처럼 일정한 시기에 한 주제 아래 이루어진 것이 아니고, 초기불교 교단 안에서 여러 가지 형태로 전해 내려온 시를 모아 편집한 일종의 사화집詞華集임을 알 수 있다."[339]

다시 책으로 낸 이유에 대해서 법정 스님은 "종래의 한문 번역과 원어 사이에는 적잖은 거리가 있다는 사실"[340]이라고 밝히고 있다.

『그물에 걸리지 않는 바람처럼─숫타니파타 강론집』(1990)

『숫타니파타』는 불교의 수많은 경전 중에서도 가장 초기에 이루어진 경전이다. 그래서 역사적인 인물로서 불타 석가모니와 초기불교를 이해하는 데 아주 긴요한 자
료가 된다. 숫타니파타Sutta-nipāta는 경經의
집성集成이라는 뜻으로 줄여서 경집經集이
라고 한다. 팔리어본 남전대장경南傳大藏經
중 소부경전小部經典에 수록되어 있다. 이
경전에는 발전, 수정되기 전의 소박하고
단순한 초기불교의 모습이 그대로 옮겨져 있다. 여기에서는 후
기에 이루어진 경전처럼 교학적이거나 번거로운 교리는 전혀
찾아볼 수 없다. 불타 석가모니는 단순하고 소박한 형식으로 인
간이 가야 할 길을 펼쳐 보이고 있다. 따라서 부처님에 대한 호
칭도 '눈뜬 사람' '눈이 있는 분' '거룩한 스승' 정도로 평범하게
표현되어 있다.

　"이 경전의 대부분은 본래韻文인 시詩의 형식으로 이루어져 있
　다. 읽기보다는 읊었던 것이다. 시가 지닌 운율의 분위기와 아
　름다움을 언어의 구조가 다른 말로 옮기기란 거의 불가능한 일
　이다. 그래서 아예 의미를 정확하게 전달하려는 데 치중했다. 이
　『숫타니파타』는 모두 1,149수의 시를 70경經에 정리해, 이것을
　다섯 장章으로 나누고 있다. 여기에 옮겨 강론한 것은 그 첫째 장
　에 속한 열두 개의 경전이다."341

출가 후 동국역경원에서 역경위원으로 있으면서 번역해 출간
했던 책을 증보한 것으로 '불교 최초의 경전'이라는 부제목이 달
려 있다. 초기에 번역해 놓았던 책을 보강해 1990년에 출간했다.
1991년에는 개정판으로 『숫타니파아타』를 출간하기도 했다.

법정 스님은 서문에서 "'경전읽기 모임'에서 펼쳐 낸 『깨달음』
에 1987년 11월부터 1989년 3월까지 한 달에 한 번씩 원고지 30
장 분량으로 실었던 것인데, 경전을 읽을 때의 상황과 심경이 경
전의 형식에 구애받지 않고, 신앙생활을 하는 사람들을 대상으로
자유롭게 강론된 글이다."[342]라고 밝히고 있다.

『비유와 인연설화』(1992)

동국역경원에서 역경위원으로 활동하면서 번역한 고려대장
경의 내용을 모아 문고판으로 낸 책이다. 〈대한불교〉에 게재한
불교설화의 내용도 이와 같은 맥락이다. 2005년 단행본으로 개
정판을 내면서 해제에서 책에 대한 내용을 자세하게 언급하고
있다.

"이 책에 옮겨 엮은 이야기들은 모두 본연부本緣部에 속한 경전
이다. 『현우경賢愚經』과 『잡보장경雜寶藏經』은 불전 비유문학의 전
형으로 알려진 경전으로 우리가 일상적으로 겪고 있는 통속적인

이야기 속에 불교적인 교훈을 담고 있다.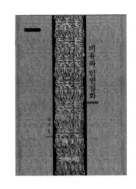
『법구비유경法句譬喩經』은 경전의 이름 그대
로 법구法句의 비유와 그것이 생기게 된 인
연을 말한 경전이다.…(중략)…이 책을 편
역編譯한 대본으로는『고려대장경』(동대영
인본)과『한글대장경』(동국역경원 발행)을
사용했음을 밝혀둔다."343

『스승을 찾아서-화엄경 입법계품』(2002)

"20대 후반 해인사 강원講院에서 처음
『화엄경』을 대했을 때, 광대하고 무한한
그 구성과 규모에 압도당했고, 보살의 존
재와 그 원과 행의 지극함을 보며 불교의
참모습이 어디에 있는가를 절실하게 느낄
수 있었다. 그 가운데「입법계품」을 읽으
면서는, 스승善知識을 찾아 그 가르침을 듣고자 천하를 헤매면서
갖은 어려움을 이겨내며 법을 위해 몸을 내던지는 선재동자의
간절한 구도정신이 우리들 자신의 안일하고 나태한 현존재를 되
돌아보게 했다."344

『화엄경』「입법계품」에 나오는 선재동자가 53선지식을 찾아 그들에게서 진리를 깨우쳐가는 구도과정을 법정 스님이 서술하고 있다. 여기에 등장하는 53선지식의 인물들은 다양하다.

"무릇 뱃사공, 부호, 현자, 바라문, 이교도, 왕, 도량신, 천신, 주야신, 선인 비구, 비구니, 동남동녀와 심지어는 매춘부까지 있다. 더욱이 53인 중 여성이 20인이나 된다. 여기서 부처님 제자 가운데 마하가섭이나 사리불 또는 목건련 같은 뛰어난 제자들을 제쳐두고, 한낱 이름 없는 뱃사공에 이교도, 창녀 같은 사람들을 선지식으로 등장시켰다는 점에서 유의해야 한다. 이는 결국 진리를 탐구하고 구현하는 구도의 길에서는 사회적인 신분이나 지위를 물을 것 없이, 자신이 업으로 하고 있는 그 길에 통달한 사람이면 누구나 스승이 될 수 있음을 암시한 것이라고 하겠다."[345]

「입법계품」을 따로 떼어 『스승을 찾아서』라는 한 권의 책으로 꾸민 것도, 선재동자의 구도행각이야말로 오늘날 우리들이 추구해야 할 삶의 지표이자 최고의 가치일 수 있다는 생각[346]이라고 법정 스님은 밝히고 있다.

잠언집 및 동화집

『산에는 꽃이 피네』(1998)

법정 스님의 글이 독자들에게 더욱 많이 읽히는 데 조력을 한 인물이 있는데 류시화 작가(시인)다. 그는 법정 스님과 인연을 맺은 뒤 잠언집 형태로 기존의 법정 스님 글을 모으고 해설을 더해 베스트셀러로 만들었다. 그 대표적인 책이 『산에는 꽃이 피네』이다. 그는 「스님의 말씀을 책으로 엮으며」라는 서문을 통해 자신이 어떻게 법정 스님의 책을 만들었는지 자세하게 밝혀 책을 읽는 독자들에게 호응도를 더하고 있다.

  "말씀과 말씀 사이에 하나의 문양을 넣고 한 줄씩 여백을 띄운 것은 그 말씀들 배경에 놓인 침묵의 세계를 깨뜨리지 않기 위해서다. 말씀 도중에 하나의 맑은 풍경소리를 듣는 것처럼, 이른 아침의 순수한 새소리를 듣는 것처럼 그 여백이 읽는 이의 마음속에 자리하기를 바라는 의도에서다. 저 불일의 뜨락에서 내 발등에 올라앉던 풀여치의 감촉, 그 침묵의 느낌을 전하고 싶어서다."[347]

류시화 작가의 손을 거친 법정 스님의 책은 엄청난 베스트셀러가 됐으며 법정의 자연과 합일된 생태주의적 가르침을 전하는 데 큰 힘이 됐다. 하지만 일반 독자들에게 법정 스님의 글들이 너무 자연친화성에 치우치는 경향을 보여 부조리한 세상을 향해 던지는 비판의 메시지가 희석되기도 했다는 평가도 있다. 법정 스님이 펼친 문명사의 폐해를 담은 내용을 독자들에게 전하는 것이 가려지기도 했다는 것이다.

『봄 여름 가을 겨울』(2001)

법정 스님의 글에 류시화 작가가 발문을 쓴 책이다. 발문의 제목이 「산 속에 사는 산사람山之山人」으로 독자들의 시선을 끌고 있다. 류시화 작가가 간간이 엮은이의 글을 가미했다. 그가 관여한 법정 스님의 책은 독자들에게 호응도가 더 높았다. 독자들의 감정선까지 다가가는 내용도 가미돼 있다.

"불일암 시절, 외출했다가 돌아오면 스님은 곧잘 새들을 불러 먹이를 나눠 주곤 하셨다. 후박나무 아래 서서 스님이 휘파람을 불면 멀리서도 새들이 날아와 반갑게 콩과 좁쌀을 얻어먹었다. 내 눈으로 직접 목격한 것은 아니지만, 그 이야기를 전해 들은 다음부터 큰 나무 아래 서서 휘파람으로 새를 부르는 스님의 모습이 내 마음속에 연상되곤 했다."[348]

『법정 스님이 들려주는 참 좋은 이야기』 『법정 스님이 들려주는 참 맑은 이야기』(2002)

법정 스님이 어린이들을 위해 발간한 책이다. 여러 경전에 나오는 이야기 가운데 교훈이 될 만한 이야기를 엮었다. 법정 스님이 어린이 포교를 위해 출간한 의미 있는 도서로 법정 스님은 「책머리에서」 어른들을 위해 만든 책을 어린이를 위해 두 권으로 낸다고 밝히고 있다.

"여기 담긴 이야기들은 사실 이전에 내가 어른들을 위해 쓴 책에 거의 모두 담겨 있는 것들입니다. 여러 권 책을 내다보니 이야기도 참 많아져서 그 중에는 어린이가 읽어도 좋을 만한 내용이 제법 있었습니다. 그래 이번에 어린이 여러분들에게 따로 들려

주고 싶은 이야기만을 가려 뽑아 『참 좋은 이야기』 『참 맑은 이
야기』 두 권의 책으로 내게 되었습니다."349

**『법정 스님의 슬기로운 동화나라1 – 황금빛 사슴』 『법정 스님의 슬기로운
동화나라2 – 수다쟁이 임금님』 『법정 스님의 슬기로운 동화나라3 – 황금백
조 이야기』(2003)**

법정 스님이 어린이를 위해 쓴 동화책
이다. 2002년 두 권에 이어 2003년에는
세 권의 동화책을 출간했다. 동심을 향해
화두를 던진 법정 스님은 글을 시작하며
"맑고 슬기로운 어린이가 되세요."라고
밝히고 있다.

"어린아이들의 마음은 맑고 투명합니다. 또 향기롭고 아름답
기도 하지요. 어찌 보면 아이들의 마음은 밤하늘에 빛나는 별과
도 같습니다. 특별히 꾸미고 가꿀 필요도 없지요. 스스로 맑아서
스스로 향기를 풍기니까요. 바람과 구름과 꽃향기처럼 스스로
아름다우니까요. 이런 아이들에게 작은 선물을 하나 주고 싶습
니다. 다름 아닌 사랑과 친절과 지혜로 짠 향기로운 이야기 선물
입니다. 그러므로 여기 담긴 몇 개 이야기는 순수하고 아름다운

아이들의 영혼에 바치는 나의 마음의 선물인 셈입니다. 별처럼 은은히 빛나고, 꽃처럼 향기를 내는 그런 지혜로운 이야기를 나름대로 엮어본 것이지요. 부디 부모님과 함께 이야기를 읽어가면서 맑고 고운 아이들의 영혼이 더욱 아름답고 지혜롭게 확장된다면 참 좋겠습니다."[350]

『살아 있는 것은 다 행복하라』(2006)

법정 스님의 글을 류시화 작가가 선별해 독자들의 사랑을 폭발적으로 불러일으킨 책이다. 출간한 지 한 달만에 36쇄를 찍어낼 정도로 반향은 컸다. 여기에는 법정 스님의 진솔한 글과 독자의 마음에 다가가는 류시화 작가의 글 선별 능력이 상승효과를 거두고 있다. 책을 엮은 류시화 작가는 책의 날개에 법정 스님에 대해 다음과 같이 기술하고 있다.

"선승이며, 자연주의 사상가이고 실천가인 법정은 청년기에 출가해 생의 대부분을 홀로 산속 오두막에서 수행하며 지냈다. 소유와 발전만을 강조하는 세상의 통념에 강한 의문을 제기하며, 선택한 가난과 간소함 속에서 본질을 발견하는 삶의 길을 역설해 왔다. 한국의 '소로'라 불리는 그는 동양의 은자다운 모습 그대로, 그의 명성을 듣고 찾아오는 사람들이 늘자 더 깊은 산중으로 들어가 여전히 혼자 생활하고 있다. 30년 넘게 한 달에 한 편 쓰는 글로써 세상 사람과 소통해 온 그는, 자신이 소유한 것에 소유당하는 인간 삶의 허상으로부터 벗어나라고 지적한다. 소나무 숲에서 며칠 동안 삼림욕을 경험한 것처럼 법문에서 한 편 한 편 가려 뽑은 글들이다. 그는 말한다. '살 때는 삶에 철저해 그 전부를 살아야 하고, 죽을 때는 죽음에 철저해 그 전부가 죽어야 한다.'"

『맑고 향기롭게』(2006)

법정 스님이 과거에 출간했던 책의 글을 선별하여 낸 책으로 법정 스님 대표 산문 선집이다. 법정의 글에 대한 인기가 많았던 시기여서 1년 동안 수십 쇄를 찍으며 인기를 누렸다.

각 글의 끝부분에 표식을 넣어 『영혼의 모음母音』(1973), 『무소유無所有』(1976), 『서 있는 사람들』(1978), 『산방한담』(1983), 『물소리 바람소리』(1986), 『텅빈충만』(1989), 『버리고 떠나기』(1993), 『새들이 떠나간 숲은 적막하다』(1996),『오두막 편지』(1999),『홀로 사는 즐거움』(2004)에 들어 있는 글들을 선별했다.

법정 스님은 서문「늦은 봄, 책을 내면서」에서 "뒤늦게 피어난 산벚꽃이 오늘 아침 골짜기를 훑고 지나가는 거센 바람결에 뿔뿔이 흩날리는 모습을 지켜보면서, 아름다운 것일수록 그 머무름이 짧아 더욱 그립고 아쉽게 하는가 싶었다."[351]고 밝힌다.

그러면서 "산 벚꽃 꽃잎들이 바람에 흩날리며 멀리 사라져 가는 이 늦은 봄, 지난 세월 동안 발표했던 글들 중에서 그때 그곳에서 겪은 내 지나온 삶의 흔적들을 골라 한 권의 책으로 엮게 된 것도 이웃과 함께 나누자는 주위의 뜻에 따르기로 한 것이다. 그러면서 안으로는 부끄럽다."[352]고 밝히고 있다. 이어 옛사람의 말을 인용하고 있다.

"산에서 사는 사람이라 산중 이야기를 즐겨 나눈다. 5월의 솔바람 소리를 들려주고 싶지만 그대들 값 모를까 그게 두렵네. 2006년 늦은 봄날 강원도 수류산방에서 법정 합장."[353]

원적 후 출간한 주요 서적

『마음하는 아우야!』(2011)

법정 스님의 사촌 동생이자 스님과 유년 시절과 학창 시절을 함께 보냈던 혈육과 다름없는 박성직 거사가 출가 이후 교류했던 서신을 모은 글을 엮은 책이다. 원적에 든 이듬해인 2011년에 나온 책으로 출가 전후 상황과 출가 후의 상황을 상세하게 살필 수 있는 법정 스님 연구의 중요한 자료다. 책으로 엮은 이유에 대해 박성직 거사는 서문에서 밝히고 있다.

"스님, 평생을 걸쳐 써 오신 주옥같은 글들도 모두 말빚이므로 거두어들이라는 유언에도 불구하고, 이번에 이렇게 청개구리 짓을 저지르게 되었습니다. 아직 살아 계시다면 모두 쓸데없는 짓이라 꾸짖으시리라는 것을 잘 알면서도 제게 주신 스님의 육필

肉筆을 모아 이렇게 책으로 엮는 뜻은 다른 데 있지 않습니다. 스님이 수행자로서 지니신 기상이 더러 어떤 사람들에겐 지나치게 차갑고 비정하게 느껴졌을지 몰라, 스님 내면에 이토록 다감하고 따뜻한 면들이 있었음을 알려주고 싶었기 때문입니다. 그리고 스님의 소중한 편지가 저 혼자만의 것이 아닌 이 시대 모든 사람들에게 위로가 되기를 바라는 마음입니다."354

『꽃잎이 떨어져도 꽃은 지지 않네』(2015)

잡지 『샘터』가 지령 400호를 맞이하여 2003년 봄 최인호 소설가가 법정 스님과 세 시간 정도 자리를 함께하며 나눈 대화를 정리한 책이다. 법정 스님이 원적에 든 지 5년이 지났고 최인호 소설가도 선종善終(가톨릭 신자인 최 작가의 죽음을

일컬음)에 든 후였다. 책「들어가는 글」에서 최인호 소설가는 "그때는 지금보다 한 달 정도 지난 완연한 봄날이어서 뜨락에 있던 매화나무가 활짝 피어 있었다."355며 "주로 내가 질문하고 스님이 대답을 하는 일반적인 정담이었으며 훗날 채록된 원고를 보고 내 몫의 내용을 보완하는 것으로 정리하였는데 어쨌든 그날의 대담은 법정 스님과의 만남에서 잊을 수 없는 깊은 인연이었

다."356고 회고하고 있다.

죽음이 무섭지 않다고 했는데 정말 무섭지 않느냐는 최인호 소설가의 질문에 법정 스님의 답변은 의미 있는 메시지를 담고 있다.

"실제로 죽음이 닥치면 어떨진 모르지만 지금 생각으로는 무섭지 않을 것 같습니다. 죽음은 인생의 끝으로 생각하면 안 됩니다. 새로운 삶의 시작으로 생각할 수 있어야 합니다. 이러한 생각들이 확고해지면 모든 것을 받아들일 수가 있어요. 죽음을 받아들이면 사람의 삶의 폭이 훨씬 커집니다. 사물을 보는 눈도 훨씬 깊어집니다. 죽음 앞에서 두려워한다면 지금까지의 삶이 소홀했던 것입니다. 죽음은 누구나 겸허하게 받아들여야 하는 자연스러운 현상입니다."357

『설전雪戰』(2016)

법정 스님이 원적에 든 이후인 2016년에 『설전雪戰』이 출간됐다. 성철 스님의 상좌인 원택 스님이 엮은 이 책은 한국불교사의 두 거목인 성철(1912~1993) 스님과 법정 스님이 생전에 나눈 대화들을 윤문했다. 법정 스님이 묻는 형식이고 성철 스님이 답하는 형식이다.

중요 대목마다 성철을 가까이서 보필한 원택 스님의 기억을 반영했다. "말다툼舌戰이 아닌 눈싸움雪戰을 제목으로 택한 까닭은 차가우면서도 부드러운 눈과 같은 두 수행자의 치열한 문답이 오히려 상대를 다치게 하기보다 웃게 만들었다."

는 뜻이 담겨 있다고 한다. 책의 시작에서 원택 스님은 법정 스님과 성철 스님과의 애꿎은 인연도 소개하고 있다.

"성철 스님께선 누구든 자신을 찾아오려거든 먼저 3천배를 해야 한다는 불문율에 어김이 없었다. 어느 한여름, 대학생 수백 명이 법당에서 절을 하느라 흘린 땀으로 남학생, 여학생 할 것 없이 옷이 몸에 달라붙어 민망했다. 당시 강사로 해인사 강원에 머물던 법정 스님께서는 3천배와 관련하여 「굴신운동屈伸運動」이란 제목의 글을 대한불교(현 〈불교신문〉)에 기고했다. 숨을 가쁘게 몰아쉬면서 숫자 채우기에 급급하여 절하는 것을 비판하면서 지정한 참회와 예배가 지닌 뜻을 되새기는 내용이었다. 당사자인 성철 스님께서는 별 말씀이 없으셨고, 해인사 주지스님께선 '방장스님(성철 스님)은 법정 수좌를 좋아해.'라며 다독이셨으나 혈기 넘치는 젊은 스님들이 발끈하여 법정 스님이 바깥나들이 가신 틈에 스님 방의 물건을 치워 버린 일이 있었다. 법정 스님은 논란이 일자 아무 말 없이 서울로 수행처를 옮기셨다. 이것이 1968년의 일이었다. 그로부터 15년 여가 지나 만난 자리에서 법정 스님은 다시금 '3천배'에 담긴 의미에 대해 성철 스님께 물으셨다."[358]

이 문제에 대해 법정 스님은 "흔히 밖에서 말하기를, 큰스님 뵙기가 몹시 어렵다고 합니다. 말하자면 문턱이 너무 높다는 것이지요. 물론 제 자신은 그렇게 생각하지 않습니다만, 스님 뵈려면 누구를 막론하고 불전佛前에 3천배를 해야 된다고 하는데요. 대중의 궁금증을 풀어주기 위해서 말씀해 주시면 좋겠습니다."[359]라고 묻는다.

이에 성철 스님은 "3천배를 하라고 하면 흔히 나를 보기 위해서 3천배를 해야 한다고 아는 모양인데 사실은 그렇지가 않습니다. 나는 평소에 이런 말을 합니다. '여기 올 때 나를 찾아오지 말고 부처님을 찾아오시오. 나를 찾아와서는 아무런 이익이 없습니다'라고 말입니다. 그래도 사람이 찾아오면 부처님께 절을 하도록 시킵니다. 나는 이익을 못 주더라도 그 기회를 이용해서 그 사람에게 도움이 되도록 할 수 없을까 고민한 끝에 생각해 낸 것이 3천배입니다."[360]라고 답한다.

『길이 아니면 가지 말라』(2017)

1994년 8월 불일출판사에서 비매품 도서로 발간했던 『불일암 사계』를 새롭게 꾸며 펴낸 책이다. 사진을 찍은 고故 최순희(1924-2015) 씨는 한국전쟁 당시 지리산 남부군 문화지도원으로 활동하던 중 1952년 초에 국군에 생포된 '빨치산'이었다.

그녀는 1924년 러시아 사할린의 알렉산드롭스크에서 태어나 러시아 하바롭스크와 평양에서 자랐다. 이화여자대학교에서 공부하고 일본에서 유학하는 등 엘리트 여성으로서 당대의 예술가들과 교유했다. 사회주의자였던 남편을 따라 북으로 향했고, 한국전쟁 당시 지리산으로 들어갔다 생포되었다. 자신만 살아남았다는 죄책감과 빨치산 시절의 동료들을 향한 그리움, 그리고 북에 두고 온 아들 때문에 평생을 고통스러운 시간 속에 갇혀 있어야 했다. 법정 스님의 책을 읽고 인연을 맺으면서 그녀는 비로소 평안을 되찾았다.

1994년 발간한 책에서 최순희 씨는 「사진집을 펴내며」라는 서문에서 다음과 같이 밝히고 있다.

"불일암은 저를 거듭나게 한 도량입니다. 그 오랜 세월 얽히고 설킨 매듭이 이곳에서 한순간에 풀어지고 스러졌습니다. 그러하기에 먼발치에서나마 뵙는 스님께 그 행기, 늘상 고스란히 전해 받을 수 있었고, 정갈한 도량의 기운으로 인해 새 삶의 기운을 충전받을 수도 있었습니다. 불일암을 오르내리기 열다섯 해째입니다. 이젠 눈을 감아도 초입 풀섶에 이 계절 어떤 빛깔의 풀꽃들이 소담스레 피어있을지도 환하게 떠오릅니다. 그러나 정작 법정 스님과 대화를 나눈 일은 그리 많지 않습니다. 행여 수행생활에 방해자가 되는 것은 아닐까 두려워, 눈에 안 띄는 곳만 찾아 바람처럼, 그림자마냥, 그렇게 다녀왔을 뿐입니다. 새벽 첫 고속버스에 몸을 싣고 떠나, 그날로 되돌아오는 참배길이다 보니 실로 불일암의 아름다움과 그 향기로움은 백분의 일도 담아내지 못했습니다. 그러나 맑고 투명하게 살아가시는 법정 스님의 면모를 이 작고 보잘 것 없는 사진집으로부터 접하는 계기가 된다면 더없는 기쁨이겠습니다."

이 책은 최순희 씨가 법정 스님의 거처였던 불일암을 오르내리며 허드렛일을 하는 틈틈이 사진기에 담았던 그곳의 사계와 법정 스님의 글을 함께 엮었다. 최순희 씨는 자신이 찍은 사진 속에 법정 스님은 보이지 않는다. 아마도 그녀는 법정 스님의 모습을 찍는 것을 큰 결례로 여긴 듯하다. 하지만 불일암의 꽃과 나무와 암자와 산과 눈과 햇빛까지도 모두 법정 스님의 손길과 눈길이 머물렀던 때문인지 육안이 아닌 심안 속에 스님의 모습이 떠오른다. 그것은 어쩌면 법정 스님을 향했던 그녀의 존경과 사랑이 빚어낸 마음의 형상일지도 모른다.[361]

그 무렵 법정 스님을 모셨던 덕조 스님(법정 스님 첫째 상좌)에 따르면 새벽 첫차를 타고 온 최 선생은 별다른 말도 없이 잠깐 서서 인사만 하고는 암자 구석구석, 화장실 청소까지 마친 뒤 점심도 들지 않은 채 총총 돌아섰다고 한다. 그런 최 선생을 두고 법정 스님은 "번개처럼 왔다가 번개처럼 간다."[362]고 표현했다.

『간다, 봐라』(2018)

법정 스님이 원적에 든 지 8년이 지난 해에 그를 시봉했던 재가불자 리경 씨가 「법정 스님의 사유노트와 미발표 원고」라는 부제로 출간했다. 강원도 산골 오두막을 제공한 장본인으로 아궁이에 들어가는 원고를 건져 올려 책으로 엮었다고 밝히고 있다.

"어느 날 수류산방 아궁이에 무얼 태우는 모습을 보고 스님께 여쭈었습니다. '스님! 아궁이에 또 무얼 그렇게 태우십니까?' '방편을 태울 뿐입니다.' '아궁이가 방편을 먹으면 도를 이룰 수 있습니까?' 스님께서는 부지깽이로 아궁이 문을 탁 치시며 '보살님, 그럼 내가 이 뭉텅이를 드리면 공부에 더 깊이 들어가 보시겠습니까?' 합장으로 예를 올렸습니다. 그날 이후 무시로 스님의 개인 사물이 든 상자들이 아궁이 대신 제게로 왔습니다. 2008년 초봄에 버리신 상자 속에 든 원고 뭉치가 이 책을 이루고 있습니다."[363]

『낡은 옷을 벗어라』(2019)

'법정 스님 원적 10주기 추모집'으로 만들어진 책이다. 〈불교신문〉에 게재돼 있는 미출간 원고 68편을 모아 출간했다. 법정 스님이 초기에 경전 번역을 하며 창작했던 불교설화도 13편이 있고, 서울생활을 하며 틈틈이 쓴 시詩도 12편이 실려 있다. 불교계 교단과 사회에 던지는 쓴 비판의 목소리도 있다. 이는 법정 스님이 〈불교신문〉에 재직하며 불교교단의 발전을 위한 애정의 목소리이기도 하고, 불교언론인으로 대사회에 불교의 목소리를 내는 언론言路이기도 했다. 불교신문사는 책을 출간하는 의미를 다음과 같이 밝히고 있다.

"이번에 나온 책은 법정 스님이 1963년부터 1977년까지 〈불교신문〉에 게재한 원고를 모은 것으로 그동안 스님 명의로 출간된 바가 없어 사상적 추이를 살필 수 있는 소중한 자료다. 법정 스님은 이 당시 〈불교신문〉 주필과 논설위원을 맡으며 불교포교를 위해 다양한 글들을 실어왔었다. 스님은 '법정'이라는 이름 이외에도 '소소산인' '청안'이라는 필명으로도 다양한 글들을 실어왔다. 법정 스님의 유명한 저서『무소유無所有』를 비롯해『영혼의 모음母音』『서 있는 사람들』등 초기 저작에도 〈불교신문〉에 게재했던 글들이 다수 포함돼 있다."364

이 책은 다른 법정 스님의 책과 다르게 법정의 시대정신 형성과 전개 과정을 살필 수 있는 중요한 자료가 되고 있다. 책의 발간취지에 대해서도 언급한 불교신문사는 "책에는 법정 스님 출가 후 사상적 흐름을 추적해 볼 수 있는 주옥같은 글들이 가득하다. 출가 초기 역경사업을 하며 쓴 설화를 비롯해 문학적 감수성이 넘치는 시, 냉철한 이성과 판단력으로 불교의 낡고 해묵고 발전을 저해하는 요소들을 칼날같이 비판하며 대안을 제

시하는 결기 넘치는 스님의 논단과 칼럼이 수록됐다."[365]라고 밝
히고 있다.

『스스로 행복하라』(2020)

법정 스님의 책을 가장 많이 출간했던
샘터사가 스님 원적 10주기를 맞아 출간
한 책이다. 부제목이 말해 주듯 '법정 스
님 열반 10주기 특별판, 샘터 50주년 지
령 600호 기념판'이다. 서문에는 샘터 창
간 50주년 기념강연 「어떻게 살 것인가」
내용을 요약 발췌했다. 김성구 샘터 발행인은 책 뒷면에 『스스
로 행복하라』를 내면서'에서 출간 경위를 밝히고 있다.

"스님은 10년 전 돌아가실 때 말과 글 빚을 남기고 싶지 않다
고 하셨지요. 하지만 지금껏 스님이 남기신 말씀과 글은 저에겐
성경처럼 채찍이 되기도 하고 '어떻게 살 것인가'의 방향타 역할
을 했다고 확신합니다. 스님의 열반 10주기에 샘터 창간 50주년,
잡지 나이 600호라는 역사가 겹치는 게 결코 우연은 아닐 것입
니다. 지금 어디에 계실지는 모르지만 다시 엮은 스님의 말씀과
글을 인자하고 그윽한 첫 만남 때의 그 눈빛으로 읽으실 것이라

믿어 의심치 않습니다. 그리고 한 말씀 해 주시겠지요. '스스로
행복하라!'"

『좋은 말씀』(2020)

법정 스님의 미출간 법문을 '(사)맑고
향기롭게'가 엮어서 시공사가 출간한 책
이다. 책 제목에 대한 에피소드를 책 앞
에 적고 있는데 흥미롭다.

"재가불자가 스님의 책을 내밀며 '스
님, 가슴에 새길 수 있는 좋은 말씀 하나

만 써 주세요.'라고 부탁했다. 스님은 책 한 귀퉁이에 친필로 '좋
은 말씀'이라고 썼다. 동석한 이들이 그 글귀를 보고는 큰 소리
로 웃었다."[366]고 기록하고 있다.

표지 뒤 시작 페이지에 친필사인이 영인돼 있다. 이 책은 법정
스님이 직접 쓴 글이 아니고 1994년부터 2006년까지 길상사 정
기법회, 맑고 향기롭게 강연, 길상사 창건기념 법회, 하안거 결
제 법문, 파리 길상사 개원법회, 지역강연 등 다양한 법문을 요
약한 내용이다.

『진리와 자유의 길』(2021)

1975년 불일암으로 내려간 법정 스님은 1980년부터 1991년까지 11년 동안 송광사 수련원장을 맡는다. 스님은 수련생을 위한 불교의 핵심 내용을 집필하고 편집해서 만들어 직접 강의도 했다. 이 원고를 만상좌인 덕조 스님이 발견해 30년 만에 세상에 나왔다. 법정 스님의 또 다른 미출간 원고가 세상에 나온 것이다.

덕조 스님은 책을 출간한 까닭에 대해 "이 책은 그동안 스님이 출간한 책과는 목적과 내용이 사뭇 다르기 때문"이라고 했다. 그 첫째는 대중이 읽기 쉽게 쓰신 수필과 신문칼럼 모음집, 법문집이고, 둘째는 대중이 불법을 알기 쉽게 만날 수 있도록 옮긴 경전 번역서라고 했다. 덕조 스님은 책 서문에서 "『진리와 자유의 길』은 법정 스님이 생각하는 불교의 요체를 정리한 책"이라고 밝히고 있다.

이어 덕조 스님은 "불교 출현의 역사적 사실과 초기불교의 특징, 보살행, 불교의 교법을 친절하게 설명한 뒤 선의 역사와 사상, 좌선의 방법을 제시한다."며 "읽기 쉬운 책과 배우는 책이라는 두 가지 성격과 교양과 수련이라는 두 가지 목적을 모두 만족할 수 있는 내용을 담고 있다."고 밝히고 있다.

『꽃한테 들어라』(2022)

  법정 스님 원적 12주년을 맞아 2022년 3월 오디오북 『법정 스님 108법문(상)』이 출간됐다. 여기에는 법정 스님의 육성 법문 108편 가운데 36편을 좋은 음질로 복원해 세상에 나왔다. 『꽃한테 들어라』는 이 육성법문 가운데 부처님오신날을 기념해 13꼭지의 육성법문을 담아낸 책이다.

  책의 내용은 1994년부터 2009년까지 법정 스님의 법문 기록이다. 책을 펴낸 법정 스님의 만상좌 덕조 스님은 서문에서 "스님은 가셨지만 시공을 초월하여 지금 이렇게 살아 있는 법문으로 우리에게 일깨움을 주십니다. 스님의 법문은 오래전이 아니라 지금, 여기, 바로 우리 곁에서 이렇게 말씀하고 계십니다. '정신 차려라!' '깨어 있으라' '행복하라'"고 썼다.

〈표3〉 법정 스님 저서 일람표

권수	서적명	발행시기	출판사	비고
1	『불교사전』	1961년	법통사	공동편찬
2	『선가귀감』	1962년	법통사	번역서
3	『우리말 팔만대장경』	1963년	법통사/대한불교청년회	공동편찬
4	『대방광불화엄경』	1966년	동국역경원	조지훈 등과 공역
5	『부처님 생애』 『밝은 생활』 『바른길』 『진리의 생활』 『대승의 길』 『불교와 인생』 이상 총 6권	1967년	불교종립학원연합회	법정은 이들 교재를 공동으로 편찬하고 교정하는 소임을 맡았다.[367]
6	『정토삼부경』	1971년[368]	보국사(법보시판)	1995년 민족사에서 재간행했다.
7	『불교성전』	1972년	불교성전편찬위	공동편찬
8	『영혼의 모음』	1973년	동서문화원	첫 수상집
9	『숫타니파아타』	1974년	〈대한불교〉 연재[369]	1974년 정음문고에서 출판 후 샘터사 이레 등에서 출판
10	『지혜의 말씀』	1974년	교학사	『법구경』 『백유경』 번역서
11	『부처님 일생』(상)(하)	1975년	샘터사(문고판)	1990년 『불타 석가모니』로 개정판 출간
12	『무소유』	1976년	범우사	『영혼의 모음』 개정판
13	『어떻게 살 것인가』	1976년	샘터사	샘터 특별증간호
14	『서 있는 사람들』	1978년	샘터사	수상집(수필집)
15	『말과 침묵』	1982년	샘터사	경전어록 해설집
16	『산방한담』	1983년	샘터사	수상집
17	『나누는 기쁨 보현행원품』	1984년	불일출판사	불일소책2
18	『진리의 말씀』	1984년	불일출판사	『법구경』 해설, 불일소책9
19	『달이 일천강에 비치리』	1984년	불일출판사	효봉 선사의 자취, 불일소책1
20	『물소리 바람소리』	1986년	샘터사	수상집
21	『신역 화엄경』	1988년	동국역경원	경전 번역
22	『텅빈충만』	1989년	샘터사	수상집

23	『밖에서 찾지 마라』	1989년	불일출판사	보조선사법어, 불일소책16
24	『그물에 걸리지 않는 바람처럼』	1990년	샘터사	숫타니파타 강설집
25	『인도기행』	1991년	샘터사	여행서
26	『비유와 인연설화』	1992년	동국역경원	경전윤색
27	『선가귀감-깨달음의 거울』	1992년	불일출판사	1962년 개정판
28	『버리고 떠나기』	1993년	샘터사	수상집
29	『새들이 떠나간 숲은 적막하다』	1996년	샘터사	수상집
30	『산에는 꽃이 피네』	1998년	동쪽나라	잠언집, 류시화 엮음
31	『오두막 편지』	1999년	이레	수상집
32	『봄 여름 가을 겨울』	2001년	이레	잠언집, 류시화 엮음
33	법정 스님이 들려주는 『참 좋은 이야기』	2002년	동쪽나라	어린이 동화집
34	법정 스님이 들려주는 『참 맑은 이야기』	2002년	동쪽나라	어린이 동화집
35	『스승을 찾아서-화엄경 입법계품』	2002년	동쪽나라	경전윤색
36	『법정 스님의 슬기로운 동화나라1』 황금빛 사슴	2003년	동쪽나라	어린이 동화집
37	『법정 스님의 슬기로운 동화나라2』 수다쟁이 임금님	2003년	동쪽나라	어린이 동화집
38	『법정 스님의 슬기로운 동화나라3』 황금백조 이야기	2003년	동쪽나라	어린이 동화집
39	『홀로 사는 즐거움』	2004년	샘터사	수상집
40	『대화』	2004년	샘터사	대담집
41	『맑고 향기롭게』	2006년	조화로운삶	대표산문선집/ 류시화 엮음
42	『살아 있는 것은 다 행복하라』	2006년	조화로운삶	류시화 엮음

43	『아름다운 마무리』	2008년	문학의숲	수상집
44	『인연이야기』	2009년	문학의숲	『비유와 인연설화』 증보판
45	『일기일회』	2009년	문학의숲	법정 법문집1
46	『한 사람은 모두를, 모두는 한 사람을』	2009년	문학의숲	법정 법문집2
47	『마음하는 아우야!』	2011년	녹야원	박성직 엮음/ 법정 편지글
48	『꽃잎이 떨어져도 꽃은 지지 않네』	2015년	여백	최인호 대담집
49	『설전』	2016년	책읽는섬	법정 성철 대담집
50	『시작할 때 그 마음으로』	2016년	책읽는섬	법정 서화집
51	『길이 아니면 가지 말라』	2017년	책읽는섬	불일암 사계/ 최순희 사진
52	『법정 "행복은 간장밥"』	2017년	샘터사	잠언 필사책
53	『마음에 따르지 말고 마음의 주인이 되어라』	2018년	책읽는섬	『마음하는 아우야!』 개정판
54	『간다, 봐라』	2018년	김영사	리경 엮음/선묵 및 미발표 원고 수록
55	『낡은 옷을 벗어라』	2019년	불교신문사	미출간 원고 68편 모음집
56	『스스로 행복하라』	2020년	샘터사	열반 10주기 추모집
57	『좋은 말씀』	2020년	시공사	미출간 법문집
58	『법정 스님이 남긴 맑고 향기로운 이야기』	2020년	불교신문사	『낡은 옷을 벗어라』 설화집
59	『진리와 자유의 길』	2021년	지식을만드는지식	1980년~1991년 송광사 수련원장으로 기록한 수련교재
60	『꽃한테 들어라』	2022년	지식을만드는지식	1994년~2009년 법정 스님 법문 기록

출세간서 세간 아픔 껴안은
'맑고 향기로운 사람'

　법정 스님의 생애부터 그의 시대정신 형성과 사상의 흐름을 살펴보았다. 법정 스님은 1955년 출가 후 해인사에서 고려대장경을 공부하고 번역하며 부처님의 가르침을 체득했다. 1960년에는 통도사에서 『불교사전』을 편찬하며 본격적인 경전 번역에 나섰고, 해인사와 서울을 오가며 동국역경원 역경위원으로 활동하며 〈대한불교〉와 이웃 종교매체 및 일반 언론매체에 불교 바로세우기와 세상을 맑게 하는 글을 게재했다.

　이어 1960년대 말부터 1970년대 중반까지는 불교계를 대표해 사회민주화 활동에 적극나섰고, 1975년에는 송광사 불일암으로 은거에 들어가 연기적 자연주의 사유에 침잠했다. 1992년 불일암을 떠나 강원도 오두막인 수류산방으로 들어간 법정 스님은 자연과 합일하는 삶 속에서도 세상과 소통하며 '맑고 향기롭게'라는 시민사회운동도 전개했다. 이웃 종교와도 소통하며 우리 사회에 평화의 메시지를 전한 선각자先覺者였다는 결론에 이른다.

법정 스님을 언급할 때 흔히들 '우리 시대의 자연주의자'나 '에세이스트'로 인식하지만 스님을 종합적으로 분석해 본 결과는 달랐다. 스님은 출세간의 삶을 살면서도 세간의 뭇 중생들의 아픔을 껴안으며 그들의 아픔을 함께 나누려고 했고, 몸소 실천행도 보여준 우리 시대를 살다 간 '보현보살'이었다.

전라남도 해남 우수영의 바닷가 포구에서 태어나 유년 시절을 남해바다의 품에서 자랐던 법정 스님은 중학교 시절 목포로 전학해 대학교까지 모범생의 삶을 살다가 한국전쟁의 참화를 겪으며 존재론적 고민에 싸여 대학교 3학년 때 휴학을 하고 출가해 수행자의 길로 접어들었다.

당대의 선지식이었던 효봉 스님을 스승으로 출가한 법정 스님은 해인사 '팔만대장경의 숲'에 들어 부처님의 가르침을 배우고 몸소 익힌 뒤 그 가르침을 세상에 구현하려 하였다.

또한 부처님의 가르침을 사전으로 편찬하는 한편 방대한 고려대장경을 한글화하려는 원을 세우고 상경한다. 동국대학교 동국역경원과 인연을 맺으면서 본격적인 경전 번역에 나선다.

비슷한 시기에 〈대한불교大韓佛敎〉와도 인연을 맺으며 원고를 게재하며 주필과 논설위원으로 적籍을 두고 다양한 활동을 전개하기도 한다.

〈대한불교〉에 설화와 시, 논단 등 다양한 글을 게재하면서 불교 교단 내부 개혁을 이끌었고 외부 매체를 비롯해 기독교 매체에까지 글을 게재하며 사회민주화를 위한 활동에도 나섰다. 1970년대에는 민주화운동의 상징이었던 『씨올의 소리』 편집위원을 맡아 장준하, 함석헌과 교류하며 민주수호국민협의회에서 활동하는 불교계를 대표하는 사회민주화인사였다.

하지만 '제2 인혁당사건'을 겪으며 무고한 사람의 죽음을 목도하며 사회민주화에 앞장서 온 사람으로서의 죽음을 막지 못한 책임감과 출가수행자로서의 자기점검을 위해 1975년 송광사 불일암으로 은거한다. 이런 일련의 과정을 겪으면서도 법정 스님은 자신만의 방법으로 세상을 보고자 했으며 그만의 글쓰기로 세상과 소통했다. 법정 스님은 초발심의 각오로 재출가의 마음으로 다시 산중을 택했다.

송광사 불일암에 은거하면서도 법정 스님은 세상과 소통했으며, 불교의 가르침인 연기적 자연주의에 입각한 불교생태주의 사상을 정립해 나갔다. 이러한 가르침으로 법정 스님은 주옥같은 글을 세상에 내보내며 출간하는 책마다 베스트셀러가 되었다. 이는 많은 국민들의 공감을 받았다는 증거이며 법정 스님의 책으로 독자는 현대문명으로 소외받은 마음을 치유하며 재충전의 기회로 삼았다.

송광사 불일암에서 17년간 머물렀던 법정 스님은 1992년 꾸준한 저작 활동으로 명성이 더욱 높아지자 자신을 찾아오는 사람들로 인해 자신의 수행을 더 이상 이어가지 못함을 느낀다. 그러다가 재출가의 마음으로 사람의 발길이 끊어진 강원도 오지인 오대산의 중턱에 전기조차 들어오지 않는 오두막에 거처를 마련해 '수류산방水流山房'이라고 이름 짓고 자연과 교감하고 소통하는 삶을 산다.

강원도 오두막 생활을 하면서도 간간이 세상과 소통하기 위해 바깥나들이를 한 법정 스님은 여성불자 길상화(김영한) 보살이 희사한 요정 대원각을 '길상사'라는 청정도량으로 만들고, 시민사회운동인 '맑고 향기롭게 살아가기' 활동을 이끌다가 2010년 3월 11일 자신이 창건한 길상사에서 고요히 원적에 든다.

법정 스님은 일생을 어린왕자와 같은 맑은 눈으로 세상을 바라보려 했으며 그 매개체는 부처님의 가르침이었다. 이를 위해 출가수행자의 길을 걸었고, 불교의 가르침에 입각해 세상을 가감 없이 바라보고 그가 쓴 글처럼 실천하기 위해 평생 가행정진을 했다. 이러한 끝없는 실천행이 있었기에 법정 스님의 글은 전국민들에게 공감을 얻어 어느 가정의 서재에도 꽂혀 있을 만큼 베스트셀러가 되었다.

법정 스님은 많은 대중들이 외면적으로 알고 있는 자연을 바라보고 아름다움을 노래한 단순한 에세이스트만은 아니었다. 그는 맑고 투명한 불성을 갖춘 어린왕자의 명경明鏡 같은 심성의 눈으로 세상을 바라보고 오랜 침묵으로 걸러낸 그만의 생각을 언어로 만들어 세상에 내놓았고, 그렇게 실천하며 살아가려고 한 실천수행자였다. 때로는 세상의 아픔을 온몸으로 껴안으려 했고, 자신이 몸담았던 불교교단을 향해서 개혁의 화두를 부단 없이 던졌던 '맑고 향기로운 사람'이었다.

법정 스님은 원적에 들어서도 유지에 따라 '무소유'의 가르침을 무언으로 설법했다. "죽음의 시간에는, 쌓아온 행적 말고는 한 조각의 부富도 가져갈 수 없다. 우리가 하는 선하고 악한 행동이 우리의 기쁨과 슬픔을 만들어 낸다."[370]는 가르침을 그대로 보여주었다.

스님은 어디에도 속박되지 않은 자유인의 참수행자였다. 스스로 한 말을 서릿발같이 여기고 실천했던 우리 시대의 성자였다. 철저한 자기 점검으로 초심을 잃지 않았던 수행자로 불교교단 일에 확연한 논리로 올바른 길을 제시한 선각자였다. 부처님 가르침을 방편설로 삼아 다양한 매체에 정론을 펼치며 불교계와 사회를 밝히려는 언론인의 모습도 보여주었고, 사회민주화인사의 모습도 보여주었다.

또한 법정 스님은 불교의 불살생계를 통한 평화를 일깨우며 모든 전쟁을 반대한 평화주의자이기도 했다. 젊은 시절 한국전쟁의 참화를 겪었던 경험이 각인돼 평화를 뼛속 깊이 새겼던 법정 스님은 베트남전쟁에 대한 정부의 파병을 온몸으로 반대하는 글을 쓰기도 했다.

평생 주지 한 번 하지 않고도 온 국민으로부터 종정 이상의 존경을 받았던 비구요, 넓은 도량을 일구어냈음에도 그곳에서 단 하룻밤도 머물지 않고, 스스로 청빈한 마음의 초발심을 견지한 이 시대의 진정한 선지식이었다. 이와 함께 법정 스님은 송광사 불일암과 강원도 오두막을 주석처로 삼았고, 미국 월든숲과 유럽과 인도여행 등 전 세계를 여행하며 불교 생태주의 사유체계를 확립했다.

법정 스님의 가르침이 현재를 살아가는 이들에게 감명 깊게 다가오는 이유는 가장 현대의 언어로, 불자가 아닌 일반인들에게도 부처님의 가르침을 상식의 언어로 전했기 때문이다. 권위를 내세우지 않고 가장 낮은 하심의 자세로 대중과 소통했다. 암울한 시대를 살아가는 민초들의 마음을 헤아렸고 사회민주화의 목소리를 내며 부당한 권력자들을 꾸짖어 '존경하는 스님'이 되었다.

법정 스님은 글이라는 '언어사리言語舍利'로 온 국민의 마음을 움직이게 했다. 스님은 평소의 삶에서 '큰스님'이란 호칭을 단호히 거부했으며 자신을 칭하는 수식어에 '비구'라는 호칭만 불러주기를 원했다. 중요하게 평가되는 것은 법정 스님이 〈대한불교〉에 원고를 게재하며 주장했던 비판의식은 지금의 한국불교에도 통용되고 있다는 점이다.

아울러 간과해서는 안 될 부분은 법정 스님이 수행자이면서도 정론직필을 했던 언론인의 모습이다. 법정 스님은 1960년대 불교교단의 혼란한 틈 속에서도 부단없는 글로 불교교단(조계종단) 발전을 위한 고언을 〈대한불교〉에 기록해 놓았다.

법정 스님은 갈등과 투쟁이 만연했던 불교교단에 평화를 주장하고 대화를 통한 문제해결의 구체적 방안을 제시하기도 했다. 「침묵은 범죄다-봉은사가 팔린다」라는 글은 당시 조계종단 집행부의 행보와 정반대 입장에 서서 정론직필함으로써 삼보정재 유출을 비판하는 오피니언 리더의 모습을 보여주고 있다. 법정 스님의 그러한 논지는 60년이 지난 현시점에서 판단해 보아도 천문학적 금액에 이르는 불교재산 유출을 막는 올바른 판단이었음이 증명되고 있다. 아쉽게도 조계종 재산이 망실되는 결과가 초래되고 말았지만 법정 스님의 주장이 얼마나 올바른 목소리였는지 뼈저리게 느낄 수 있다.

법정 스님이 원적에 든 지 15년이 되었지만 그의 가르침에 대한 연구는 미진해 보인다. 그렇지만 법정 스님의 저서 및 번역서 등 60여 권을 살펴보면 한 글자, 한 문장 속에 올바른 세상을 만들어가려는 진실한 가르침이 담겨있음을 확인할 수 있다. 법정 스님의 여러 저서에는 초기불교 경전의 말씀에서부터 반야사상, 화엄사상, 법화사상, 선불교 등 대승불교의 가르침이 총체적으로 들어 있다.

이 책 『비구 법정』이 법정 스님의 가르침을 다양하게 연구하는 밑거름이 되었으면 한다. 나아가 법정 스님의 다양한 가르침이 '법정학法頂學'으로 정립되어 후세에 다양한 영역으로 확산하여 세상을 '맑고 향기롭게' 만들어가는 자양분이 되길 기대한다.

법정 法頂 스님 행장 行狀

1932년

10월 8일(음), 전라남도 해남군 문내면 우수영안
길 81(선두리)에서 아버지 박근배 거사, 어머니 김
인엽 여사 사이에서 태어남. 본명은 박재철朴在喆.
어린 시절 등대지기가 되고 싶어 했던 소년 박재
철은 늘 '새로운 세상'을 동경. 선두리 마을 건너
양도를 헤엄쳐 오가며, 이순신 장군이 왜구를 격
침시켰던 명량바다 진도 울돌목의 세찬 바다를
보며 외부 세상을 동경.

법정 스님 진영. ©심창섭

1935년 (3세)

아버지 박근배 거사 별세.

1940년 (8세)

우수영초등학교 입학. 입학한 해에 할머니를 따라 옷 가게로 가서 옷을 산 후 경
품으로 원고지를 뽑음.

1944년 (12세)

초등학교 5학년 시절 목포에서 온 담임선생님이 일본말을 하고 학생들에게 일
본말을 강요해 거부했다가 무지몽매하게 폭행을 당함.

1947년 (15세)

목포에 위치한 불교종립학교인 정광중학교에 입학.

1948년 (16세)

목포시 용당동의 목포상업학교로 전학.

1951년 (19세)

2년 과정의 목포초급상과대학에 진학.

1952년 (20세)

한국전쟁으로 목포초급상과대학이 불타서 1952년 유달동의 일본 신사 자리에 목조건물을 지어 옮김. 그해 심한 폐렴을 앓음.

1953년 (21세)

전남대학교 상과대학(목포 위치)에 진학.

1955년 (23세)

11월 말 입산. 목포에서 전남대학교 상과대학 휴학 중 출가를 결심, 고향에서 가장 먼 강원도 오대산으로 가려 했으나 폭설로 길이 막혀 서울 대각사에 머물다가 선학원에서 효봉 스님을 만나 출가.

1956년 (24세)

통영 미래사에서 행자 시절을 보냄. 효봉 선사를 은사로 여름안거 해제일인 음력 7월 보름 통영 미래사에서 사미계 수계. 그 다음 날 효봉 선사를 따라 지리산 쌍계사 탑전으로 옮겨 수행을 이어감.

11월 말부터 한 달여 간 잠시 여수 흥국사에서 정진.

1957년 (25세)

고창 선운사에 3월 말까지 머물다가 해인사로 수행처를 옮겨 해인강원에 입방해 불교 전통교육을 받음.

1959년 (27세)

3월 통도사 금강계단에서 자운 율사를 계사로 비구계 수계.
4월 해인사 전문강원에서 명봉 화상을 강주로 대교과 졸업.

1960년 (28세)

해인사 선원에서 수행하던 중 초봄부터 1961년까지 대강백 운허 스님이 통도사에서 진행한 『불교사전』 편찬작업 동참.

1963년 (31세)

4월 1일자 〈대한불교〉에 최초로 해인사 팔만대장경을 번역한 불교설화 「어진 사슴」을 게재함.

1964년 (32세)

해인사를 떠나 대구를 거쳐 서울로 올라와 봉은사(당시는 경기도 광주)에 머물며 역경 작업.
〈대한불교〉에 「부처님 전前 상서上書」를 게재해 불교계에 내재돼 있는 미신적 요소를 적나라하게 비판하며 불교개혁을 주장함. 이 글은 만해 한용운 스님의 『불교유신론』 이후 불교개혁의 목소리를 반영하는 최고의 글로 평가받음.

1965년 (33세)

〈대한불교〉에 「우리를 슬프게 하는 것들」이라는 칼럼을 4회에 걸쳐 실으며 불교 종단예산을 세우는 데 조계종 소유의 임야를 팔아 충당하는 모습을 안타깝게 여기고 비판함.

1967년 (35세)

동국대학교 동국역경원 개원에 참여하고 편찬부장 역임.

1970년 (38세)

〈대한불교〉에 「침묵은 범죄다-봉은사가 팔린다」 칼럼 게재. 현재까지도 불교계에 논란이 일고 있는 문제가 봉은사 부지였던 '현대자동차 부지의 매각 사건'이다. 원래는 봉은사 부지였으나 정부가 강제로 수용해 한국전력韓電 사옥으로 사용했고, 이후 현대자동차에 천문학적인 비용으로 팔아넘겨 불교계에 공분을 샀던 이 땅은 2020년 평가로 재산가치가 10조 5,500억 원을 능가했다. 법정 스님은 종단 집행부가 불교회관 건립을 위한 명목으로 봉은사 부지를 팔려고 하는 것에 필사적으로 반대하며 매각에 반대하는 글을 씀.

1973년 (41세)

첫 저서 『영혼의 모음』 발간.
대한불교 논설위원, 주필, 『씨올의 소리』 편집위원 역임.
함석헌 선생, 장준하 선생 등과 함께 불교계를 대표해 민주수호국민협의회와 유신철폐 개헌 서명운동 참여.

1974년 (42세)

함석헌 선생, 강원용 목사, 함세웅 신부 등과 함께 민주회복국민선언 서명자 총 71명 중 유일하게 불교계 인사로 참여.

1975년 (43세)

10월 '인민혁명당 재건위' 조작사건으로 8명의 젊은이가 사형 선고를 받는 것을 보면서 크게 충격을 받고 사회운동의 한계를 느껴 송광사 불일암으로 들어감.

1976년 (44세)

대표 저서『무소유』발간.

1984년~1987년 (52세~55세)

송광사 수련원 원장 역임.

1985년 (53세)

경전공부 모임 법사 활동.

1987년~1990년 (55세~58세)

보조사상연구원 원장을 맡아 보조지눌 스님의 가르침을 선양하는 데 매진.

1992년 (60세)

봄, 저작 활동으로 명성이 높아지자 끊임없이 찾아드는 사람들로 인하여, 다시 출가하는 마음으로 정든 불일암을 뒤로 하고, 강원도 오대산 중턱 전기도 들어 오지 않는 오두막으로 거처를 옮기고, '수류산방水流山房'이란 현판을 달고 홀로 수행정진함.

1993년 (61세)

7월 25일자 〈동아일보〉에 실은 법정 칼럼 「연못에 연꽃이 없더라」는 제목으로 '종교적 편견'을 실음. 당시 김영삼 정부 시절이었는데 개신교인 대통령 아래에서 일어난 사건이어서 상당한 사회적 파장을 일으킴.

8월, 맑고 향기롭게 살아가기 운동준비위 발족.

10월 10일, 프랑스 최초의 한국사찰인 파리 길상사 개원.

1994년 (62세)

1월 1일, '맑고 향기롭게 살아가기 운동' 창립.

3월 24일, '맑고 향기롭게 살아가기 운동' 창립 기념 첫 대중법문을 서울, 부산, 대구, 경남, 전주, 춘천, 거제, 제주, 광주, 대전 등지에서 하며 지부를 발족함.

6월, 네 번이나 거절해 오던 김 길상화 보살의 대원각의 무주상 보시 뜻을 받아들임. '맑고 향기롭게' 모임을 지속적으로 하며 '맑고 향기롭게 근본도량'으로 개원하겠다는 의지를 천명하며 시주를 받아들이고 사찰 터와 일체 건물을 '대한불교 조계종 송광사 분원'으로 등록함.

1996년 (64세)

5월, 대원각 부동산 일체를 증여받아 6월 서울지방법원 성북등기소에 등기절차를 마침.

12월, '맑고 향기롭게 시민모임' 이사장에 취임.

1997년 (65세)

8월, 김천 직지사에서 제2회 맑고 향기롭게 회원 수련회 개최하며 직접 동참.

12월 14일, '맑고 향기롭게' 근본도량 길상사 창건법회 봉행.

1998년 (66세)

2월 24일, 명동성당 축성 100돌 기념행사에 초청돼 성당 축성 이후 스님으로서는 처음으로 강연한 인물이 됨.

IMF 사태를 겪게 되자 명예퇴직자를 위해 '내일을 준비하는 사람들' 프로그램을 열어 갑자기 직장에서 밀려난 가장들에게 재기의 발판을 마련해 줄 힘을 제공.

2001년~2002년 (69세~70세)

미국 매사추세츠 주 콩코드의 월든숲을 방문. 헨리 데이비드 소로의 생태주의 가르침에 천착.

2003년 (71세)

시민모임 맑고 향기롭게 창립 10주년 기념 강연(서울, 부산, 대구, 창원, 광주).

12월, '맑고 향기롭게' 근본도량 길상사 회주에서 스스로 물러남. 당시 맑고 향기롭게 이사장 직함도 내려놓겠다는 의사를 밝혔지만 임원들이 적극 만류해 사임의 뜻을 접음.

2005년~2007년 (73세~75세)

'맑고 향기로운 책'을 매월 한 권씩 선정해 권독하며 독서문화를 넓혀나감.

2007년 (75세)

10월, 폐암 진단 받음. 스님은 "이 병고도 나를 찾아온 친구 중 하나"라며 "어르고 달래며 지내겠다"고 했다. 하지만 지인과 상좌들의 간곡한 청에 의해 치료를 받기로 하고 이듬해인 2008년 미국으로 병 치료를 위해 출국해 치료시술을 받고 귀국. 길상사에서 대중법문도 하고 글쓰기도 함. 하지만 2009년 병고가 재발해 제주도를 비롯해 여러 요양처를 다니며 요양.

2010년 (78세)

1월 26일(음), 서울 길상사 행지실行持室에서 세수 78세, 법랍 55세를 일기로 원적圓寂에 듦.

미 주

1   김승동 편저, 『불교사전』, 서울:민족사, 2011, p.833.
    "①열반(涅槃)을 구역(舊譯)에서는 멸도(滅度), 신역(新譯)에서는 원적(圓寂)이라 번역한다. 번뇌 잡념의 세계를 여의고 청정한 열반계에 들어가는 것. 원만(圓滿)한 적멸(寂滅)의 뜻. ②스님이 사망한 데 대한 일종의 미칭(美稱). 『석씨요람』 하권에 '석가모니의 사망을 열반(涅槃), 원적(圓寂), 귀진(歸眞), 귀적(歸寂), 멸도(滅度), 천화(遷化), 순세(順世)라고 하는데, 모두가 같은 뜻으로서 편의에 따라 부른다'라고 하였다."

2   『종법집』, 대한불교조계종 중앙종회, 2018, p.28. 대한불교조계종 『종법집』에서 규정하고 있는 '비구'에 대한 규정.
    "본종은 승려(비구, 비구니)와 신도(우바새, 우바이)로서 구성한다. 승려는 구족계와 보살계를 수지하고 수도 또는 교화에 전력하는 출가 독신자라야 한다. 본종의 승려가 사설사암을 창건하였을 때는 반드시 종단에 그 사암(재산)을 등록하여야 하며, 법인을 설립했을 때는 그 정관에 당해 법인이 본종 관장하에 있음을 명기하여 종단에 등록하여야 한다. 종단에 등록하지 않을 경우에는 권리 제한을 한다."

3   「법정 스님 열반 10주기 특집, 세상의 축복이었던 비구 법정의 마지막 모습을 담다―다큐멘터리 비구 법정」, BTN 불교TV, 2020년 2월 19일 방영.

4   퇴현 전재성 역주, 『쌍윳다 니까야』, 서울:한국빠알리성전협회, 2014, p.796.

5   이중표 역해, 『정선 디가 니까야』, 서울:불광출판사, 2019, p.298.

6   법정 스님, 「지혜로운 삶의 선택」, 『산에는 꽃이 피네』, 서울:동쪽나라, 1998, p.80.

7   법정 스님, 「무소유(無所有)」, 『법정 수상록―영혼의 모음』, 서울:집현전, 1978, p.116.

8   호적상 박인배, 집에서는 박기배로 호칭했다고 그의 아들 박성직 거사가 확인해 주었다.

9   서울특별시 성북구 정릉에 거주하고 있으며 길상사를 자주 다닌다.

10 박광순, 『나의 태평정기』, 광주:아시아커뮤니티, 2015, p.266. 여기에서 박 교수는 "우리가 만난 것은 대한민국 정부가 수립되기 1년 전인 1947년"이라고 기록하고 있으나 이형순 작가와 교류하면서 보낸 자료에는 글을 수정해 "우리가 만난 것은 대한민국 정부가 수립된 1948년"이라고 수정해서 보냈다.

11 인터넷 나무위키 '목상고등학교' 검색 참조(https://namu.wiki/w/목상고등학교).

12 박광순, 도서문화연구원과 국립목포대학교 인문대학 공동 주최, 인문도시목포 2017 인문축제 명사특강, 「'1940∼1950'의 목포항 단상(斷想)―만암 종정과 법정

스님은 정혜원에서 만났을까」, 2017, pp.9-10.

13 박광순, 『나의 태평정기』, 광주: 아시아커뮤니티, 2015, pp.266-267.

14 박광순, 『나의 태평정기』, 광주: 아시아커뮤니티, 2015, p.267.

15 박광순, 『나의 태평정기』, 광주: 아시아커뮤니티, 2015, p.267.

16 인터넷 나무위키 '전남대학교' 검색 참조(https://ko.wikipedia.org/wiki/전남대학교).

17 박광순, 『나의 태평정기』, 광주: 아시아커뮤니티, 2015, pp.270-271.

18 박광순, 『나의 태평정기』, 광주: 아시아커뮤니티, 2015, pp.272-274.

19 박광순, 도서문화연구원과 국립목포대학교 인문대학 공동 주최, 인문도시목포 2017 인문축제 명사특강, 「'1940~1950'의 목포항 단상(斷想)-만암 종정과 법정 스님은 정혜원에서 만났을까」, 2017, pp.9-10.

20 여태동, 「'청년 박재철' 출가를 꿈꾸다」, 〈불교신문〉, 2019년 10월 2일자.

21 여태동, 「'청년 박재철' 출가를 꿈꾸다」, 〈불교신문〉, 2019년 10월 2일자.

22 여태동, 「'청년 박재철' 출가를 꿈꾸다」, 〈불교신문〉, 2019년 10월 2일자.

23 여태동, 「'청년 박재철' 출가를 꿈꾸다」, 〈불교신문〉, 2019년 10월 2일자.

24 박광순, 『나의 태평정기』, 광주: 아시아커뮤니티, 2015, p.275.

25 안직수, 「고은 시인에게 문학의 길을 묻다」, 〈불교신문〉, 2015년 1월 21일자.

26 하정은, 「고은 시인이 말하는 문학과 정치, 그리고 불교」, 〈불교신문〉, 2017년 5월 16일자.

27 법정, 「아직 끝나지 않은 출가」, 『버리고 떠나기』, 서울: 샘터사, 1993, pp.261-262.

28 법정, 「아직 끝나지 않은 출가」, 『버리고 떠나기』, 서울: 샘터사, 1993, p.262.

29 김용덕, 『효봉 스님 이야기』, 순천: 불일출판사, 2008, 머리말.

30 법정, 「아직 끝나지 않은 출가」, 『버리고 떠나기』, 서울: 샘터사, 1993, p.262.

31 법정, 「박새의 보금자리」, 『새들이 떠나간 숲은 적막하다』, 서울: 샘터사, 1998, p.254.

32 박성직 엮음, 『마음하는 아우야』, 서울: 녹야원, 2011, p.39.

33 박성직 엮음, 『마음하는 아우야』, 서울: 녹야원, 2011, p.34.

34 법정, 「나그네 길에서」, 『무소유』, 서울: 범우사, 1995, p.63.

35 법정, 「박새의 보금자리」, 『새들이 떠나간 숲은 적막하다』, 서울: 샘터사, 1998, pp.254-255.

36 법정, 『무소유』, 서울: 범우사, 1995, p.67.

37 박성직 엮음, 『마음하는 아우야』, 서울: 녹야원, 2011, p.67.

38 Daum 포털사이트 『한민족문화대백과사전』에 황산덕(1917-1989) 교수를 다음과 같이 소개하고 있다(2020년 10월 20일 검색).

"호는 석우(石隅), 만년에는 취현(翠玄). 평안남도 양덕(陽德) 출생. 아버지는 경환(慶煥)이다. 평양고등보통학교를 마치고 경성제국대학 예과, 법문학부 법학과에 입학하여 1941년 졸업하였다. 1943년 일본고등문관시험 행정과와 사법과에 합격하여 경상북도청에 근무하였다. 광복 후 미군정청에 근무하다 사임하고, 1948년 고려대학교 부교수로 국제사법(國際私法)과 법철학을 강의하였다. 6·25 전쟁 때 서울대학교 법과대학에서 강의를 시작하여 1952년 1월 같은 대학 조교수에 임명되었다. 1954년에는 「자유부인」의 작가 정비석(鄭飛石)과 논쟁을 벌이기도 하였다. 1960년 서울대학교에서 국내 최초의 법학 박사학위를 받았다. 1958년 김범부(金凡父)와 동방학연구소(東方學研究所)를 설립하였다. 1963년 9월 이른바 '정치교수'로 서울대학교 교수직에서 파면되어 변호사 개업을 하였다. 1966년 12월에는 성균관대학교 법정대학장으로 취임하여 1974년 같은 대학교 총장이 되었다가 이내 법무부장관에 임명되었다. 1976년 12월 문교부장관으로 전임되어 이듬해 12월까지 재직하였다. 그의 법사상은 서양의 법철학을 동양적 불교사상으로 소화하여 법실증주의와 자연법론을 극복한 법도구론(法道具論)을 정립하려는 데 있었다."

39 여태동, 「법정 스님 열반 10주년 특별기획-해인사대장경과의 만남」, 〈불교신문〉, 2020년 3월 25일자.

40 유 선생은 유달영 선생을 말한다. Daum 포털사이트 위키백과(2020년 10월 20일 검색)에 소개되어 있는 유달영 선생 이력은 다음과 같다.
"유달영(柳達永,1901-1989) 대한민국의 농학자, 사회운동가, 수필가이다. 경기도 이천시에서 태어났으며, 호는 성천(星泉)이다. 양정고등보통학교 시절 김교신의 애제자였으며 나중에 김교신과 사돈이 되었다. 1936년 수원고등농림학교(현재의 서울대학교 농과대학)를 졸업하고 미국 미네소타 대학교에서 공부했으며 1972년에 건국대학교에서 명예 농학박사 학위를 받았다. 김교신의 권유로 심훈의 소설 「상록수」 속의 주인공이기도 한 채영신의 실제 모델인 최용신의 전기 「최용신 소전」을 집필하여 출간하였다."

41 함 선생은 함석헌 선생을 말한다. Daum 포털사이트 다음백과(2020년 10월 20일 검색)에 소개되어 있는 함석헌 선생 이력은 다음과 같다.
"함석헌(咸錫憲, 1901-1989). 평북 용천 출생. 서울에서 사망. 일생을 민중계몽운동에 헌신했던 사회운동가. 평양고등보통학교 3학년 재학중 3·1 운동을 맞아 독립선언서를 전달받아 평양에 배포한 사건으로 학업을 중단하게 되었으며 1928년 도쿄고등사범학교 문과를 졸업했으며 1927년 도쿄에서 「성서조선」을 창간했다. 5·16

군사정변 이후에는 종교인으로서 한일회담에 반대하는 등 사회운동에 참여했다. 1961년 7월 국내에서는 처음으로 『사상계』에 5·16 군사정변에 대해 비판하는 글을 발표했다. 1970년 월간지 『씨올의 소리』를 창간하여 1980년 폐간당할 때까지 10여 년 간 많은 글을 발표하고 강연 등을 통해 민중계몽운동을 전개했다."

42   박성직 엮음, 『마음하는 아우야』, 서울:녹야원, 2011, pp.148-149.

43   박성직 엮음, 『마음하는 아우야』, 서울:녹야원, 2011, pp.148-149.

44   사찰에서 '밥만 축내는 스님'이라는 비하의 용어.

45   법정, 『낡은 옷을 벗어라』, 서울:불교신문사, 2019, p.310.

46   박성직 엮음, 『마음하는 아우야』, 서울:녹야원, 2011, p.172.

47   법정, 『낡은 옷을 벗어라』, 서울:불교신문사, 2019, p.310.

48   법정, 「아직도 끝나지 않은 출가」, 『버리고 떠나기』, 서울:샘터사, 1993, p.261.

49   법정, 「박새의 보금자리」, 『새들이 떠나간 숲은 적막하다』, 서울:샘터사, 1996, p.256.

50   법정, 「박새의 보금자리」, 『새들이 떠나간 숲은 적막하다』, 서울:샘터사, 1996, p.256.

51   법정, 「책머리에-초판의 글, 맑은 하늘에서 울리는 영혼의 소리」, 『영혼의 모음』, 서울: 샘터사, 2010, p.9.

52   법정, 「책머리에-초판의 글, 맑은 하늘에서 울리는 영혼의 소리」, 『영혼의 모음』, 서울: 샘터사, 2010, p.9.

53   법정, 「아직 끝나지 않은 출가」, 『버리고 떠나기』, 서울:샘터사, 1993, p.266.

54   법정, 「아직 끝나지 않은 출가」, 『버리고 떠나기』, 서울:샘터사, 1993, p.265.

55   현장, 『시작할 때 그 마음으로』, 서울:책읽는섬, 2017, pp.6-7.

56   법정, 『무소유』, 서울:범우사, 1995, pp.60-61.

57   법정, 『무소유』, 서울:범우사, 1995, p.63.

58   박성직 엮음, 『마음하는 아우야』, 서울:녹야원, 2011, p.243.

59   「이 시대의 연꽃 같은 영혼의 스승 비구 법정」, 『맑고 향기롭게』, 2020년 2월호, p.13.

60   법정, 『낡은 옷을 벗어라』, 2019, p.311.

61   법정, 「아직 끝나지 않은 출가」, 『버리고 떠나기』, 서울:샘터사, 1993, p.261.

62   법정, 「아직 끝나지 않은 출가」, 『버리고 떠나기』, 서울:샘터사, 1993, pp.261-263.

63   법정, 「아직 끝나지 않은 출가」, 『버리고 떠나기』, 서울:샘터사, 1993, pp.263-264.

64   법정, 「아직 끝나지 않은 출가」, 『버리고 떠나기』, 서울:샘터사, 1993, pp.263-264.

65   법정, 「아직 끝나지 않은 출가」, 『버리고 떠나기』, 서울:샘터사, 1993, p.267.

66   법정, 『산방한담』, 서울:샘터사, 1983, pp.70-71.

67   법정, 『산방한담』, 서울: 샘터사, 1983, p.72.

68   법정, 『산방한담』, 서울: 샘터사, 1983, pp.71-72.

69   정찬주는 2020년 4월 20일 필자와 전화 통화에서 "내가 법정 스님에 대해 쓴 소설 내용은 사실에 입각한 전기소설로 보면 된다. 취재와 연구를 하기 위해 인용해도 무리가 없다"는 입장을 밝혔다.

70   정찬주, 『소설 무소유』, 서울: 열림원, 2010, pp.23-24.

71   법정, 「나그네 길에서」, 『무소유』, 서울: 범우사, 1995, pp.62-63.

72   현장, 『해인사 벽화이야기』, 합천: 해인사출판부, 1992, p.114.

73   법정, 「아직 끝나지 않은 출가」, 『버리고 떠나기』, 서울: 샘터사, 1993, p.264.

74   법정, 「박새의 보금자리」, 『새들이 떠나간 숲은 적막하다』, 서울: 샘터사, 1996, pp.255-256.

75   윤창화, 〈인터넷 법보신문〉, 2004년 8월 10일자(2020년 10월 30일 검색). (https://www.beopbo.com/news/articleView.html?idxno=30192)

76   법정, 「가야산 후배들에게」, 『텅빈충만』, 서울: 샘터사, 1989, p.148.

77   Daum 포털사이트에 출처가 『한민족대백과사전』이라고 밝힌 내용에 기술된 동국역경원에 대한 연혁이다(2020년 10월 20일 검색). (https://100.daum.net/encyclopedia/view/14XXE0016285)
"1945년 8월 15일 조국 광복과 함께 한글이 다시 소생한 것을 계기로 하여, 불교계에서는 우리글로써 불법의 가르침을 펴야 한다는 새로운 기운이 싹트기 시작했다. 더구나 한글로 된 불경이 거의 전무한 상태에서 불교의 가르침을 널리 펴기 위한 한글 경전의 제작이 가장 시급한 과제라는 인식이 확산되었다. 그에 따라 1945년 12월 해동(海東)역경원이 최초로 성립되었고, 뒤를 이어서 호국(護國)역경원, 홍법원(弘法院)역경회 등이 창립되었으나 큰 성과를 보지 못하였다. 1962년 11월에 이르러 조계종의 주도로 대한불교조계종 역경위원회가 성립된 이후에야 비로소 지속적인 역경 사업의 기틀을 세우게 되었으며, 1964년 7월에는 동국대학교에 동국역경원이라는 별도의 부속 법인을 설립함으로써 정부의 재정적 뒷받침을 토대로 실질적인 역경 사업을 추진할 수 있게 되었다. 설립 당시 역경 사업은 총경비 1억 5천만 원을 책정하여 30년의 장기 계획으로 출범하였다. 출범할 당시의 계획은 시대에 맞는 문체와 체제를 갖추어 난해하고 잡다한 술어의 통일을 기할 것을 원칙으로 하면서, 해인사에 소장된 총 6,800여 권의 고려대장경을 국역하여 한글대장경으로 간행함으로써 민족문화의 발전에 기여한다는 것이었다. 아울러 부수적으로 팔리어경전과 역사적으로 유명한 고승들의 언행록도 아울러 번역 간행하여 학계는 물론 일반에게 널리 알릴 계획도 수립하였다. 당시 종정이었던 효봉은 운허를 역경 위원회의 의장으로 위촉하였다. 역경위원회는 번역·증의(證義)·윤문(潤文)·기획· 운영·유통 등 6개 분과위원회로 구성되었으며, 총 60명의 분과위원이 위촉되었 다. 역경위원회에서는 시대에 부응하는 한글로 번역하기 위해서 여러 차례의 논의 끝에 역경 예규(例規)와 범자(梵字)의 한글표기법 등을 정하였으며, 번역 용어 등을 통일함으로써 일관된 번역이 이루어질 수 있도록 심의를 거듭한 뒤에야 비로소 번역에 착수했다. 그리하여 1965년 6월에 한글대장경 제1집 장아함경 4,000부를 간행한 이래, 1980년대 전후의 침체 기간을 거쳐 2001년에 총 318권의 한글대장경을 간행함으로써 동국역경원의 역경 사업은 일단락되었다."

78 「창간사」, 〈대한불교〉, 1960년 1월 1일자.

79 고은 시인은 2012년 1월 25일 여태동 불교신문 기자와 자신의 저서 『바람의 사상』과 『두 세기의 달빛』(한길사) 출간 인터뷰 후 구술을 통해 "법정 스님과 인연은 지중하다. 문단에 데뷔는 시로 하려고도 했으나 부득이 수필로 『현대문학』을 통해 나왔다"고 밝혔다.

80 〈대한불교〉, 1968년 9월 8일자 1면 기사.

81 동국대학교 출신으로 1960년대 중반 대한불교에 재직했고, 이후 동국대학교 교수로 근무했던 송재운 교수는 2020년 3월 15일 필자와 인터뷰에서 "1960년대 초 대한불교는 동국대학교 안에 위치했고, 동국역경원과 같은 건물에 있었다"고 확인했다.

82 『불교신문 50년사』, 서울:불교신문사, 2010, p.160.
    "1973년 1월 종단의 갑작스런 인사 파동으로 총무원장이 석주 스님에서 경산 스님으로 바뀌고 본사 사장도 경산 스님으로 바뀌었다.…(중략)…이로써 전임 사장 직무대행 겸 주필 진경 스님, 부사장 김병윤, 편집국장 송재운, 업무국장 이건호 씨가 사임하고 새 주필에 법정 스님, 편집담당 간사에 보월 스님, 업무담당 간사에 설조 스님을 임명하는 등 체제 강화의 면모를 보였다."

83 『불교신문 50년사』, 서울:불교신문사, 2010, p.109.
    필자는 송재운 전 동국대 교수와 2020년 9월 28일 전화 통화를 통해 '淸眼'이라는 필명을 썼다는 사실을 추가로 확인했다.

84 이 경은 대장경 가운데 『불설경』의 한 부분으로 『六度集經』 제6권의 제4 「정진도무극장」 중 '鹿王章'의 내용과 동일하다.

85 법정, 「어진 사슴」, 〈대한불교〉, 1963년 4월 1일자.

86 『불설구색록경』(ABC, K0211, v11, pp.0375a01-376a03).

   *ABC는 불교기록문화유산아카이브. K는 고려대장경 경번호. v는 고려대장경 영인본 권수. p는 쪽수이고 a,b는 단수.

87 삼장법사 의정 한역·보운 국역, 『근본설일체유부비나야파승사』, 서울:혜안, 2019, pp.613-617.

88 법정, 「조용한 사람들」, 〈대한불교〉, 1963년 6월 1일자.

89 『근본설일체유부비나야파승사』, 20권(ABC, K1390, v37, pp.893a12-894a04).

90 법정, 「겁쟁이들」, 〈대한불교〉, 1963년 7월 1일자.

91 『근본설일체유부비나야파승사』, 38권(ABC, K0891, v22, pp.319a01-319b01).

92 법정, 「저승의 선물」, 〈대한불교〉, 1963년 8월 1일자.

93 『대장엄론경』 3권(ABC, K0587, v16, pp.0965b02-966a02).

94 법정, 「그림자」, 〈대한불교〉, 1963년 9월 1일자.

95 『대위덕다라니경 외』, 한글대장경, 서울:동국역경원, 1998, p.7.

96 소소산인, 「장수왕」, 〈대한불교〉, 1964년 1월 1일자.

97 김관응 대종사 감수, 『불교학대사전』, 서울:홍법원, 1988, p.1362.

98 『장수왕경』(ABC, K0506 v14, pp.30b01-32b07).

99 솜을 넣어 만든 옷. Daum 한국어사전(2020년 10월 23일 검색).

100 소소산인(법정), 「봄길에서」, 〈대한불교〉, 1964년 3월 1일자.

101 세계불교법륜종 백운산 금선사 홈페이지(2020년 11월 15일 검색) '불교용어실'의 승가발징 설명.

   "'상가팔라'의 음역. 사람 이름. 460-524년 생존. 부남국(夫南國/현재의 캄보디아) 출신. 양나라 때 해로(海路)를 통해서 중국에 들어와 정관사(正觀寺)에 머물면서 역경에 종사했다. 『해탈도론(解脫道論)』을 비롯하여 총11부 38권을 번역하고 524년 정관사에서 세수 65세로 입적했다."

102 김관응 대종사 감수, 『불교학대사전』, 서울:홍법원, 1988, p.901.

103 『승가나찰소집경』 권상(ABC, K0985, v29, pp.1198b09-1199a02).

104 소소산인(법정), 「봄 안개 같은」, 〈대한불교〉, 1964년 4월 1일자.

105 김관응 대종사 감수, 『불교학대사전』, 서울:홍법원, 1988, p.504.

106 『법구비유경』 3권(ABC, K1020, v30, pp.540c06-541a16).

107 소소산인(법정), 「모래성」, 〈대한불교〉, 1964년 7월 1일자.

108 『수행도지경』 4권(ABC, K0984, v29, pp.1163a15-1163b12).

109 김관응 대종사 감수, 『불교학대사전』, 서울:홍법원, 1988, pp.893–894.

110 『수행도지경』 1권(ABC, K0986, v29, p.1240a01).

111 소소산인(법정), 「연둣빛 미소」, 〈대한불교〉, 1964년 7월 19일자.

112 소소산인(법정), 「치병제일장」, 〈대한불교〉, 1964년 7월 26일자.

113 소소산인(법정), 「어머니 마음」, 〈대한불교〉, 1964년 8월 23일자.

114 「보살본연경 해제」, 동국역경원 불교기록문화유산아카이브(ABC)(2020년 9월28
일 검색).

115 『경율이상』 10권(ABC, K1050, v30, p.882b01).

116 소소산인(법정), 「어떤 도둑」, 〈대한불교〉, 1964년 8월 1일자.

117 『근본설일체유부비나야잡사』 16권(ABC, K0893, v22, pp.703a12–703b17).

118 "망상에 빠지지 마라"는 뜻.

119 소소산인(법정), 「땅거미」, 〈대한불교〉, 1964년 9월 13일자.

120 「본생경 해제-자타카의 어의」, 『본생경1』 한글대장경, 서울:동국역경원, 1998, p.3.
"본생경(本生經)은 본생담(本生譚)이라고 하는 말과 함께 산스크리트어(語)와 팔
리어(巴利語) 자타카(Jātaka)의 한역(漢譯)이다. 이 말은 본래 마누법전(Manu法典)
에 의하면 '태어나다', '태어난 자(者)'의 뜻이었으나 이러저러한 상황에서 '태어난
그때의 일'이란 뜻으로 바뀌고 그것이 불교에서는 '이승에서 태어나기까지의 전생
(前生)이야기'라는 독특한 뜻으로 쓰이고 있고, 특히 석가모니 부처님의 전생이야
기를 가리킨다."

121 김관응 대종사 감수, 『불교학대사전』, 서울:홍법원, 1988, p.564.

122 소소산인(법정), 「구도자」, 〈대한불교〉, 1964년 10월 4일자.

123 소소산인(법정), 「봄밤에」, 〈대한불교〉, 1963년 5월 1일자.

124 소소산인(법정), 「봄밤에」, 〈대한불교〉, 1963년 5월 1일자.

125 황지우, 「겨울―나무로부터 봄―나무에로」, 『겨울―나무로부터 봄―나무에로』, 민음사,
1985, p.67.

126 소소산인(법정), 「쾌청」, 〈대한불교〉, 1963년 7월 1일자.

127 백원기, 「무산오현, 성자는 아득한 '하루살이 떼'」, 『선시의 이해와 마음치유』, 동인,
2014, p.306.
"스스로를 '설악산 산지기'라고 한 무산오현(1932–2018)은 경남 밀양 출생으로
여섯 살 때 절간 소머슴으로 입산, 1959년 성준 스님을 은사로 득도한 후 신흥사
주지를 역임하고 만해사상실천선양회 이사장, 백담사 만해마을 이사장과 회주 및

조실을 지냈다. 1968년 『시조문학』의 추천을 받아 등단한 그는 시조집으로 『심우도』. 『절간이야기』와 산문집으로 『산에 사는 날에』. 『선문선답』. 『죽는 법을 모르는데 사는 법을 어찌 알랴』 그리고 신경림 시인과의 대담집 『열흘간의 만남』 등이 있으며 공초문학상과 정지용문학상 등을 수행했다."

128 Daum 어학사전(2020년 11월 3일 검색). "손도장. 도장을 대신해서 엄지손가락의 지문으로 찍는 인."

129 조오현 지음·권영민 엮음, 『적멸을 위하여』, 서울:문학사상, 2012, pp.71-72.

130 법정, 「어떤 나무의 분노」, 〈대한불교〉, 1963년 10월 1일자.

131 '1968년 동국역경원 편집부장'의 오기.

132 박성직 엮음, 『마음하는 아우야』, 서울:녹야원, 2011, p.181.

133 법정, 「정물-거리」, 〈대한불교〉, 1964년 3월 1일자.

134 생텍쥐페리, 『어린 왕자』, 서울:베텔스만, 2001, pp.17-18.

135 법정, 「미소」, 〈대한불교〉, 1964년 9월 27일자.

136 법정, 「먼 강물 소리」, 〈대한불교〉, 1965년 1월 17일자.

137 석유를 넣은 그릇의 심지에 불을 붙이고 유리고 만든 등피를 끼운 등.

138 「토카타와 푸가 D단조」, Daum 백과사전(2020년 10월 2일 검색).
     "뛰어난 오르가니스트였던 바흐의 기량과 기교를 잘 보여주는 '토카타와 푸가 D단조'는 바흐의 초기작품 가운데 가장 널리 알려진 곡이다. 특히 강렬하고 극적인 도입부가 인상적으로, 후대 음악가들에 의해 여러 버전으로 편곡되었다. 이 곡은 디즈니 애니메이션 '판타지아'에도 등장한다."

139 법정, 「병상에서」, 〈대한불교〉, 1965년 4월 4일자.

140 김호성, 『계초심학인문 새로 읽기』, 서울:정우서적, 2005, p.80.
     "須知受食 但療形枯 爲成道業, 공양을 받는 것이 다만 몸의 허약을 치료하고 도업(道業)을 이루기 위함임을 알아야 한다."

141 법정, 「입석자」, 〈대한불교〉, 1967년 2월 26일자.

142 법정, 「초가을」, 〈대한불교〉, 1968년 9월 1일자.

143 법정, 「다래헌 일지」, 〈대한불교〉, 1969년 11월 9일자.

144 다래헌은 한강 건너 봉은사 별당을 고쳐 부른 전각 이름이다. 법정 스님은 「박새의 보금자리」(『새들이 떠나간 숲은 적막하다』, p.256)에서 "동국대학에 대장경을 번역하는 역경원이 개원되자 원장으로 취임한 운허 스님께서 함께 일을 하자는 간곡한 권유로, 그때는 경기도 광주시 언주면이었던 봉은사로 거처를 옮겼다. 판

전 아래 별당이 내게 배정된 집이었는데, 노스님도 아닌 젊은 것의 처소가 별당이라는 명칭이 어울리지 않아 다래헌(茶來軒)이라고 이름을 지어 편액을 달았다. 이곳에서 나는 차맛을 비로소 알았기 때문이다"라고 밝히고 있다.

145 법정, 「민족통일의 구상/토론회」, 『씨올의 소리』 1972년 8월호, 서울:씨올의소리사, p.50.

146 법정, 「민족통일의 구상/토론회」, 『씨올의 소리』 1972년 8월호, 서울:씨올의소리사, pp.50-51.

147 법정, 「1974년 1월」, 『씨올의 소리』 1975년 1·2월호, 서울:씨올의소리사, p.60.

148 법정, 「1974년 1월」, 『씨올의 소리』 1975년 1·2월호, 서울:씨올의소리사, pp.65-66.

149 법정, 「쿨룩 쿨룩」, 『간다, 봐라-법정 스님 사유 노트와 미발표 원고』, 서울:김영사, 2018, pp.223-224.

150 법정, 「쿨룩 쿨룩」, 『간다, 봐라-법정 스님 사유 노트와 미발표 원고』, 서울:김영사, 2018, p.224.

151 법정, 「쿨룩 쿨룩」, 『간다, 봐라-법정 스님 사유 노트와 미발표 원고』, 서울:김영사, 2018, pp.225-227.

152 법정, 「돌아본다 1974년」, 『씨올의 소리』 1974년 12월호, 서울:씨올의소리사, p.43.

153 법정, 「돌아본다 1974년」, 『씨올의 소리』 1974년 12월호, 서울:씨올의소리사, p.43.

154 법정, 「돌아본다 1974년」, 『씨올의 소리』 1974년 12월호, 서울:씨올의소리사, p.44.

155 법정, 「돌아본다 1974년」, 『씨올의 소리』 1974년 12월호, 서울:씨올의소리사, p.44.

156 법정, 「돌아본다 1974년」, 『씨올의 소리』 1974년 12월호, 서울:씨올의소리사, p.44.

157 「국민선언」, 『씨올의 소리』 1974년 11월호, 서울:씨올의소리사, p.125.

158 「문화공보부장관 귀하」, 『씨올의 소리』 1974년 11월호, 서울:씨올의소리사, pp.3-4.

159 「문화공보부장관 귀하」, 『씨올의 소리』 1974년 11월호, 서울:씨올의소리사, p.127.

160 안희, 〈연합뉴스〉, 2007년 1월 23일자.

'인혁당사건'이란 1973년 서울대 학생들의 유신 반대 시위를 계기로 '반(反)유신운동'이 격화된 상황에서 '전국민주청년학생총연맹(민청학련)' 명의의 유인물이 배포돼 다음 해 4월 긴급조치 4호가 선포됐다. 긴급조치 4호는 반유신학생운동의 주도 세력을 겨냥한 것으로 긴급조치에 따라 설치된 비상군법회의는 민청학련 주동자들이 1969년 이래 남한에서 지하조직으로 암약한 인혁당과 연계를 맺어왔고 공산혁명을 기도했다며 다수의 학생들을 구속했다. 구속된 도예종 여정남 김용원 이

수병 하재완 서도원 송상진 우홍선 씨 등 8명은 대통령긴급조치 및 국가보안법 위반, 내란예비음모 등의 혐의로 기소돼 1975년 4월 8일 대법원에서 사형이 선고됐으며, 20여 시간만인 다음날(4월 9일) 전격적으로 사형이 집행됐다. 이 사건은 대표적인 인권침해사건으로 해외에도 알려져, 국제법학자협회가 1975년 4월 9일을 '사법사상 암흑의 날'로 지정하기도 했다. 이 사건은 사건 발생이 일어난 지 32년 만인 2007년 재심을 통해 무죄를 선고받았다."

161 법정 글·리경 엮음, 「1974년 1월」, 『간다, 봐라―법정 스님 사유 노트와 미발표 원고』, 서울:김영사, 2018, p.238.

162 법정 글·리경 엮음, 「1974년 1월」, 『간다, 봐라―법정 스님 사유 노트와 미발표 원고』, 서울:김영사, 2018, p.238.

163 「동국역경원 연혁」, 동국역경원 홈페이지(www.tripitaka.or.kr) (2020년 9월 15일 검색).

164 「동국역경원 개원」, 〈대한불교〉, 1964년 7월 26일자.

165 법정, 「64년도 역경, 그 주변」, 〈대한불교〉, 1964년 1월 1일자.

166 법정, 「낡은 옷을 벗어라」, 〈대한불교〉, 1965년 2월 14일자.

167 법정, 「불교경전, 제대로 번역하자」, 〈대한불교〉, 1965년 2월 21일자.

168 법정, 「낡은 옷을 벗어라」, 〈대한불교〉, 1965년 2월 28일자.

169 법정, 「경전 결집과 그 잔영」, 〈대한불교〉, 1966년 2월 27일자.

170 법정, 「한역장경의 형성1」, 〈대한불교〉, 1966년 4월 10일자.

171 법정, 「한역장경의 형성2」, 〈대한불교〉, 1966년 4월 17일자.

172 법정, 「우이독경」, 〈대한불교〉, 1966년 7월 17일자.

173 「역경의 문제점 논의」, 〈대한불교〉, 1966년 7월 17일자 1면 기사.

174 「완전한 번역안 모색」, 〈대한불교〉, 1966년 8월 14일자 1면 톱기사.

175 법정, 「우리를 슬프게 하는 것들(1)」, 〈대한불교〉, 1965년 12월 19일자 4면.

176 안톤 슈낙 지음·차경아 옮김, 『우리를 슬프게 하는 것들』, 서울:문예출판사, 2017. 알라딘 인터넷 서점 책 소개(2020년 10월 30일 검색).
"1974년 한국 첫 출간 이후, 교과서에 실리는 등 많은 이들의 사랑을 받은 산문집 『우리를 슬프게 하는 것들』이 문장을 다듬고, 현대적 감각의 표지로 새롭게 디자인하여 출간됐다. 누구나 살아가면서 느낄 수 있는 작은 슬픔의 편린들, 삶의 허무감에서 피어오르는 우수를 서정적인 언어로 노래한 안톤 슈낙의 산문집이다."

177 법정, 「우리를 슬프게 하는 것들(2)」, 〈대한불교〉, 1965년 12월 26일자.

178　법정, 「우리를 슬프게 하는 것들(3)」, 〈대한불교〉, 1966년 1월 2일자.

179　법정, 「우리를 슬프게 하는 것들(完)」, 〈대한불교〉, 1966년 1월 16일자.

180　정병조, 「현대한국의 불교학자」, 『불교평론』 60호, 2014년 12월호. 여기에 소개된
이기영 박사에 대한 소개내용을 요약하면 다음과 같다.

"불연 이기영(不然 李箕永)은 1922년 2월 20일 황해도 봉산군 만천면 유정리에서
태어났다. 1941년 4월 경성제국대학(현 서울대학교) 예과에 입학하였다. 1944년
동 대학 법문학부 사학과를 수료하였다. 1954년 프랑스 유학길에 올랐다. 벨기에
의 루뱅(Louvain)대학 역사학과에서 수학하였다. 당시 루뱅에는 E. 라모트(Lamotte)
라는 위대한 불교학자가 있었다. 라모트는 산스크리트·티베트 등 인도 고전어에
능숙하였고 특히 서지학적 접근의 세계적 권위자였다. 그의 『유마경주해』는 가장
탁월한 불교문헌 접근의 예로 꼽힌다. 이기영이 그를 만난 것은 행운이었고 6년 동
안의 어려운 연찬 끝에 철학박사학위를 취득하였다. 1960년 3월 귀국한 직후 그
는 활발한 강의를 진행하였다. 그는 동국대, 서울대, 서강대 등에서 강의하였는데,
가는 곳마다 최고 인기강좌로 명성을 얻었다. 주로 동국대에서는 불교학과 인도철
학, 서울대에서는 인류학·종교학, 서강대에서는 동서미술론·종교학 등을 강의하
였는데 단숨에 장안에 화제를 모으는 명강사로 이름을 떨쳤다. 1967년 『원효사상』
을 출판하였는데, 그해 서울시문화상을 수상하였을 뿐만 아니라 1970년 유네스코
한국위원회가 선정한 해방 후 25년 한국의 10대 명저로 선정되기도 하였다. 1974
년에 한국불교연구원을 창립하였다. 동국대 이외에서 불교연구를 시도한 단체로
는 효시가 되는 셈이다. 1978년에는 한국정신문화연구원(현 한국학중앙연구원)의
연구3부장, 『민족문화대백과사전』의 편찬부장 등을 역임하였다. 논문집 이외에도
『마음의 철학』(1987, 정우사), 『영원히 하나가 되는 길』(1987, 정우사), 『별처럼 달
처럼 태양처럼』(1991, 불교연구원), 『원효사상 70강』(1991, 불교연구원) 등의 수필
집과 『금강삼매경론』(1972, 대양서적), 『진심직설』(1978, 현대불교신서), 『화엄경의
세계』(1985, 목탁신서) 등 많은 번역서를 출간하였다. 1988년에는 원효학당을 설
립하였는데, 그곳에서 전문적인 불교 강좌를 진행하였다. 그때 주로 강의한 과목은
여래장사상, 섭대승론, 대승기신론 등이었다. 원효학당은 불교교양대학의 성격이었
지만, 가장 고급한 불교강좌였다. 그는 '재가연대'라는 불교신행단체의 공동대표를
맡기도 하였는데, 이 단체는 경주 지역의 고속철도 건설공사를 반대하는 운동을 주
도하기도 하였다. 1996년 11월 국제학술회의 석상에서 홀연히 타계하였다.

181　조병활, 「불교학 개척자들—혜안 서경수」, 〈불교신문〉, 1996년 11월 19일자(요약).

"가슴까지 뒤덮은 은백색 수염과 안경 속에서 쏘아보는 눈동자 등이 기인풍모를 느끼게 한 서경수 교수는 1925년 함북 경성에서 태어났다. 영어와 산스크리트 실력이 뛰어났던 그는 인도 네루대에서 5년 동안 한국의 언어 역사 문화 등을 처음 가르친 인도철학자이자, 불교와 기독교간 종교대화를 시도한 학자로 유명하다. 1956년에 서울대 종교학과를 졸업한 그는 1958년 동국대 불교대학원에 입학 본격적으로 불교를 천착했다. 2년 후 석사학위논문 「원시불교사상사론」을 제출하고 졸업한다. 1960년 10월부터 1962년 말까지 전북대 문리대 강사로 내려간 그는 1963년 인도철학과 신설과 더불어 동국대로 돌아왔다. 그는 한국대학생불교연합회와 한국불교연구원을 이기영(현 한국불교연구원장) 박사와 더불어 이끌며 공동 연구, 공동 수련, 공동 참여를 통해 인재를 키우는 데 앞장섰다. 1980년에 그는 다시 인도에 건너가 학생들을 지도했다. 그는 『인도불교사』(1978), 『인도, 그 사회와 문화』(1979) 등의 저서도 남겼다. 전(前) 종정 성철 스님이 그에게 '혜안(慧眼)'이란 법명을 내릴 만큼 날카로운 눈을 가졌던 서경수 교수는 자신의 학문을 완벽하게 정리도 하기 전에 1986년 윤화(輪禍)로 별세했다."

182 법정·이기영, 「세속과 열반의 의미」, 〈대한불교〉, 1966년 4월 10일자.

183 청안(법정), 「성탄이냐? 속탄이냐?」, 〈대한불교〉, 1966년 5월 29일자.

184 청안(법정), 「만남(邂逅)」, 〈대한불교〉, 1967년 3월 19일자.

185 청안(법정), 「만남(邂逅)」, 〈대한불교〉, 1967년 3월 19일자.

186 청안(법정), 「망우리 유감」, 〈대한불교〉, 1967년 4월 23일자.

187 법정, 「크나큰 미소, 석가-서평」, 〈대한불교〉, 1967년 12월 10일자.

188 법정, 「석존은 좌불이 아니었다」, 〈대한불교〉, 1967년 12월 17일자.

189 법정, 「굴신운동」, 『영혼의 모음』, 서울:샘터사, 2010, pp.88-89./법정, 「굴신운동」, 〈대한불교〉, 1968년 1월 14일자.

190 김혜영, 「법정이 묻고 성철이 답하다-雪戰」, 〈한국일보〉, 2016년 2월 17일자.

191 법정, 「'제2경제'의 갈 길-불교적인 입장에서」, 〈대한불교〉, 1968년 1월 28일자.

192 법정, 「인간의 소리」, 〈대한불교〉, 1968년 3월 24일자.

193 법정, 「설해목」, 〈대한불교〉, 1968년 4월 21일자.

194 법정, 「적정처」, 〈대한불교〉, 1968년 5월 19일자.

195 법정, 「종교와 신비주의」, 〈대한불교〉, 1970년 11월 29일자.

196 법정, 「대비원력」, 〈대한불교〉, 1971년 5월 2일자.

197 법정, 「아리랑 소나타」, 〈대한불교〉, 1973년 1월 21일자.

198 송재운 전 동국대 교수는 2020년 5월 10일 필자와 전화 통화를 통해 밝힘.

199 법정, 「공동생활의 질서」, 『물소리 바람소리』, 서울:샘터사, 1986, p.192.

200 법정, 「책머리에」, 『물소리 바람소리』, 서울:샘터사, 1986, pp.6-7.

201 법정, 「눈 고장에서 또 한 번의 겨울을 나다」, 『아름다운 마무리』, 파주:이레, 2007, pp.186-188.

202 이민용, 「기상의 질문과 천외의 답변」, 『열반에서 세속으로-서경수 저작집Ⅲ』, 활불교문화단, 서울:효림, 2016, p.27.

203 법정, 「부처님 전 상서」, 〈대한불교〉, 1964년 10월 11일자.

204 법정, 「부처님 전 상서 제2신」, 〈대한불교〉, 1964년 10월 18일자.

205 설헌, 「'부처님 전 상서'를 읽고」, 〈대한불교〉, 1964년 10월 18일자.

206 법정, 「부처님 전 상서 제3신」, 〈대한불교〉, 1964년 10월 25일자.

207 『불교신문 50년사』, 서울:불교신문사, 2010, p.147.

208 법정, 「볼륨을 낮춥시다」, 〈대한불교〉, 1965년 5월 23일자.

209 법정, 「모든 인간가족 앞에 참회를」, 〈대한불교〉, 1965년 6월 6일자.

210 법정, 「세간법에 의탁하지 않는 자중-전국승려대회에 임하는 자세」, 〈대한불교〉, 1965년 6월 20일자.

211 법정, 「불교대학의 사명1」, 〈대한불교〉, 1968년 12월 1일자.

212 법정, 「불교대학의 사명2」, 〈대한불교〉, 1968년 12월 8일자.

213 법정, 「불교대학의 사명3」, 〈대한불교〉, 1968년 12월 15일자.

214 법정, 「사문의 옷을 벗기지 말라」, 〈대한불교〉, 1968년 11월 3일자.

215 이근우, 「정의선 현대차 회장, 이재용 삼성전자 부회장과의 친분에 이목 집중」, 〈e대한경제〉, 2020년 10월 28일자(2020년 11월 3일 검색).
     "정몽구 명예회장은 지난 2014년 사옥 건설부지를 찾던 중 삼성동 옛 한전부지를 보고 삼성과 치열한 경쟁을 벌인 끝에 감정가의 세 배가 넘는 10조 5,500억 원에 낙찰을 받기도 했다."

216 법정, 「봉은사가 팔린다」, 〈대한불교〉, 1970년 2월 8일자.

217 법정, 「봄한테는 미안하지만」, 〈대한불교〉, 1970년 3월 29일자.

218 법정, 「중노릇이 어렵다」, 〈대한불교〉, 1977년 8월 7일자./ 법정, 『서 있는 사람들』, 서울:샘터사, 1978, pp.339-341.

219 법정, 「삼보정재」, 〈대한불교〉, 1977년 9월 18일자./ 법정, 『서 있는 사람들』, 서울:샘터사, 1978, p.338.

220 법정, 「행자교육」, 〈대한불교〉, 1977년 10월 16일자.

221 여태동, 「60년대 말 70년대 중기 법정의 사회민주화운동 연구」, 『선문화연구』 28집(2020.6), 서울:한국선리연구원, p.289.

222 「이 시대의 연꽃 같은 영혼의 스승 비구 법정」, 『맑고 향기롭게』, 2020년 2월호, p.7.

223 청안(법정), 「동작동의 젊음들은…」, 〈대한불교〉, 1966년 6월 12일자.

224 이중표 역해, 『맛지마 니까야』, 서울:불광출판사, 2020, p.369.

225 〈대한불교〉에 재직했던 송재운 전 동국대 교수가 2020년 3월 15일 필자와 인터뷰에서 구술한 내용이다.

226 법정, 「책머리에-초판의 글」, 『영혼의 모음』, 서울:샘터사, 2010, pp.9-11.

227 김영현, 「불이 나면 누구고 나와서 꺼야 한다-'민주수호국민협의회'와 법정 스님」, 의왕:민주화운동기념사업아카이브(https://archives.kdemo.or.kr/contents/view/29).

228 김영현, 「대학교수에서 재야운동가로-민주회복국민회의와 문학평론가 김병걸 선생」, 의왕:민주화운동기념사업회오픈아카이브(https://archives.kdemo.or.kr/contents/view/11).

229 법정, 「장준하 선생께 띄우는 편지」, 『씨올의 소리』, 서울:씨올의소리사, 1976년 8월호, pp.28-31.

230 태상준, 「'맑고 향기롭게' 윤청광 작가가 들려주는 법정 스님의 무소유 이야기」, 〈아시아 경제〉, 2011년 5월 9일(인터넷판 2020년 9월 28일 검색).
(http://www.asiae.co.kr/news/view.htm?idxno=2011050911153246098).
"『무소유』의 출판으로 법정 스님이 처음 받은 인세는 50만 원. 당시 큰 평수의 집을 몇 채 살 수 있을 정도의 거액이었다. 하지만 법정 스님은 돈봉투를 뜯어보지도 않고 고 장준하 씨의 유족에게 전달했다. 큰딸 시집보낼 돈이 없다는 유족의 딱한 사정을 듣고 법정 스님이 흔쾌히 내린 결정이었다."

231 고상만, 『장준하, 묻지 못한 진실』, 서울:돌베개, 2012, pp.261-262.

232 다음 백과사전 '6.3 사건'(2020년 9월 28일 검색).
(https://100.daum.net/encyclopedia/view/b17a1975a)
"1964년 6월 3일 학생들의 한일회담 반대운동이 절정에 이르자 정부가 계엄령을 선포하여 이를 무력으로 진압한 사건. 박정희 대통령이 집권과 함께 신속하게 타결을 서둔 한일국교 정상화회담이 1964년 3월부터 본격화되자 학생을 중심으로 한 반대세력의 저항이 격렬해지기 시작했다. 3월 24일 서울대학교 집회에서 학생들은 '제국주의자 및 민족반역자 화형집행식'이라는 이름으로 이케다 하야토(池田勇人) 일본총리와 이완용의 허수아비 화형식을 거행한 뒤 '민족반역적 한일회담의 즉각 중지'를 요구하며 가두시위에 돌입했다.

이를 시발로 서울·부산·대구 등 3개 도시의 학생들이 가두로 진출하여 대대적인 항의시위를 전개했으며, 500여 명의 고교생들은 미국대사관 앞에서 연좌농성을 벌였다. 5월 20일 서울대학교에서 대학생연합은 '황소식 민족적 민주주의 장례식'을 갖고 한일회담과 5·16 군사혁명을 맹렬히 성토하며 격렬한 시위를 벌여 100여 명이 부상하고 200여 명이 연행되었다. 전국 주요 도시에서 학생시위가 계속되면서 6월 3일에는 1만여 명의 학생과 시민이 경찰저지선을 뚫고 광화문까지 진출, 파출소가 방화되고 청와대 외곽의 방위선을 돌파하기에 이르렀다. 시위대는 정부에 근본적인 문제점을 제기하며 정권 퇴진까지 요구했다. 이러한 정권 존립의 위기에서 경찰력만으로는 이를 막을 수 없게 되자 박정희 대통령은 청와대에서 대책을 모색하기 위한 회합을 계속한 후 오후 9시 50분 서울시 전역에 8시부터 소급실시되는 비상계엄령을 선포했다.

6월 4일 자정부터 육군 4개 사단이 서울에 진주했고, 계엄사령부는 포고령 1,2호로써 옥내외 집회·시위 금지, 언론·출판·보도의 사전검열, 모든 학교의 휴교, 밤 9시부터 아침 4시까지의 통금연장, 영장 없이 압수·수색·체포·구금 등을 선포했다. 계엄군의 진주로 시위가 무력진압된 이날부터 7월 29일 계엄이 해제되기까지 55일 동안 학생 168명, 민간인 173명, 언론인 7명이 구속되었다고 공식 발표되었고, 박정권에 반대하는 세력을 탄압하는 강력한 검거 선풍이 불자 정국은 전에 없이 얼어붙어 여야대립은 첨예화되었다.

233 법정, 「나도 중이나 되었으면」, 『텅빈충만』, 서울:샘터사, 1989, pp.75-79.

234 법정·김두헌, 「통일과 민중의식의 등질화」, 『법륜』, 서울:법륜사, 1972년 9월호, pp.76-85.

235 광주민중항쟁, Daum 백과사전(2020년 10월 24일 검색).
"1980년 5월 18일부터 27일까지 광주광역시와 전라남도를 중심으로 일어났던 민주화운동. 5월 18일 광주지역의 학생시위로부터 출발한 반독재 민주화운동을 신군부는 계엄군과 공수부대를 보내어 잔악하게 진압하기 시작했다. 열흘간 이어진 운동은 탱크로 무장한 계엄군의 대대적 진압으로 수많은 사상자를 내면서 일단락되었다. 5·18 광주민주화운동은 한국 현대사 가운데 집권세력에 대항한 최초의 무장항쟁이라는 중요한 역사적 의의가 있으며, 이후 6월항쟁으로 이어지는 민주화운동의 실질적인 출발점이자 준거점이 되었다."

236 법정, 「한 줌의 재」, 『산방한담』, 서울:샘터사, 1983, pp.19-20.

237 법정, 「해마다 오는 5월」, 『물소리 바람소리』, 서울:샘터사, 1986, p.342.

238 법정, 「해마다 오는 5월」, 『물소리 바람소리』, 서울:샘터사, 1986, pp.342-343.

239 법정, 「해마다 오는 5월」, 『물소리 바람소리』, 서울:샘터사, 1986, p.7.
"어떤 글은 부분적으로 깎이고 어떤 글은 아예 싣지 못했는데, 이번에 책으로 엮
으면서 복원해 놓았다. 우리 언론의 후진성은 아직도 현재진행형."

240 박성직 엮음, 『마음하는 아우야』, 서울:녹야원, 2011, p.243.

241 1997년 12월 14일 '맑고 향기롭게' 근본도량 길상사 창건낙성에서 한 인사말. 맑
고 향기롭게 홈페이지(www.clean94.or.kr)의 '모임소개'에서 인용(2020년 9월 28
일 검색).

242 법정, 「눈 고장에서…」, 『아름다운 마무리』, 파주:이레, 2007, pp.185-186.

243 맑고 향기롭게 홈페이지(www.clean94.or.kr) 인용.

244 맑고 향기롭게 홈페이지(www.clean94.or.kr) 인용.

245 법정, 「돌아가리로다」, 〈대한불교〉, 1966년 6월 5일자.

246 박경준, 「불교생태학의 오늘과 내일」, 〈동대신문〉, 2009년 9월 3일자(2020년 9월
30일 검색). (www.dgupress.com/news/articleView.html?idxno=5022)
"불교생태학은 넓은 의미로 '불교와 생태학의 이념을 바탕으로 유기적인 학제 간
연구를 통해 이루어지는 통합적 학문'으로 정의할 수 있다. 여기에 참여가능한 학
문분야로서는 불교학과 생태학을 중심으로 생물학, 환경공학, 건축·토목공학, 문
학, 역사학, 철학 등을 들 수 있을 것이다."

247 제레미 리프킨(Jeremy Rifkin) 지음, 김명자·김건 역, 『엔트로피』, 서울:동아출판
사, 1992, p.13.

248 이중표, 「불교와 일반 시스템이론」, 『지식기반 사회와 불교생태학』, 서울:아카넷, 2006,
pp.314-315.

249 법정, 「거꾸로 보기」, 『산방한담』, 서울:샘터사, 1983, p.13.

250 김종욱, 「지식기반사회와 불교생태학」, 『지식기반사회와 불교생태학』, 서울:아카넷,
2006, p.171.

251 문학의숲 편집부 엮음, 『법정 스님의 내가 사랑한 책들』, 서울:문학의숲, 2010, p.451.

252 송희복, 「불교적 생태 감성과 에코카르마의 시학=Ecological Emotion of Buddhism
and Poetics of Eco-karma 」, 『문학과 환경』 Vol.6 No.2, 서울:문학과 환경학회,

2007, p.10.

253 송희복, 「불교적 생태 감성과 에코카르마의 시학=Ecological Emotion of Buddhism and Poetics of Eco-karma 」, 『문학과 환경』 Vol.6 No.2, 서울:문학과 환경학회, 2007, p.10.

254 데이비드 로이 지음·민정희 옮김, 『과학이 우리를 구원하지 못할 때 불교가 할 수 있는 것-에코 다르마(Ecodharma), 생태위기의 시대 새로운 불교 행동철학』, 서울: 불광출판사, 2020, p.19.

255 법정, 「아직 끝나지 않은 출가」, 『버리고 떠나기』, 서울:샘터사, 1993, pp.265-266.

256 법정, 「아직 끝나지 않은 출가」, 『버리고 떠나기』, 서울:샘터사, 1993, pp.265-266.

257 석도림, 「비유품」, 『법화경』, 서울:법화정사, 2015, pp.108-109.

258 차차석, 『다시 읽는 법화경』, 서울:조계종출판사, 2010, p.84.

259 법정, 「불교의 평화관」, 『영혼의 모음』, 서울:샘터사, 1991, p.155.

260 문진건, 「화엄의 상즉상입과 공유경제 플랫폼 비즈니스」, 『한국교수불자연합학회지』, 25권 3호, 서울:한국교수불자회, 2019, p.119.

261 Chang, Garma, C. C. 저·이찬수 역, 『화엄철학』, 서울:경서원, 1990, p.191.

262 법정, 「아직 끝나지 않은 출가」, 『버리고 떠나기』, 서울:샘터사, 1993, p.266.

263 법정, 「생각을 씨앗으로 묻으라」, 『버리고 떠나기』, 서울:샘터사, 1993, p.20.

264 법정, 「생각을 씨앗으로 묻으라」, 『버리고 떠나기』, 서울:샘터사, 1993, p.21.

265 「이 시대의 연꽃 같은 영혼의 스승 비구 법정」, 『맑고 향기롭게』, 2020년 2월호, p.10.

266 법정 저·리경 엮음, 『간다, 봐라』, 서울:김영사, 2018, pp.275-276.

267 법정, 『스스로 행복하라』, 서울:샘터사, 2019, p.5.

268 법정, 『버리고 떠나기』, 서울:샘터사, 1993, p.262.

269 헨리 데이비드 소로 저술·강승영 번역, 『월든』, 서울:은행나무, 2012, 앞표지 날개 저자소개.

"소로는 '세계문학사상 그 유래를 찾아볼 수 없는 특이한 책'이라고 불리는 『월든』을 쓴 작가다. 그는 1817년 7월 12일 매사추세츠주의 콩코드에서 태어나 1862년 5월 6일 결핵으로 45세의 나이에 눈을 감은 미국의 저술가다. 하버드대학을 졸업했으나 부와 명성을 좇는 안정된 직장을 갖지 않고 측량일이나 목수일 등 노동으로 생계를 유지하면서 글을 썼다. 1845년 그는 월든 호숫가의 숲속에 들어가 통나무집을 짓고 밭을 일구면서 모든 점에서 소박하고 자급자족하는 생활을 2년간에 걸쳐 시도한다. 소로의 대표작 『월든』은 이 숲 생활의 산물이다. 그러나 이 책은 단순한 숲 생활의 기록이 아니라, 자연의 예찬인 동시에 문명사회에 대한 통렬한 풍자이며, 그 어떤 것에 의해서도 구속받지 않으려는 한 자주적 인간의 독립 선언문이기도 하다. 1854년에 출간된 『월든』은 당시에는 별다른 주목을 끌지 못했지만, 그의 문학적, 사상적 영향은 날로 커져 오늘날에는 19세기에 쓰인 가장 중요한 책들 중 하나로 평가받고 있으며, 수십 개의 언어로 번역되어 많은 독자들에게 사랑을 받고 있다."

270 김응철, 『10분 치유명상』, 서울:불교신문사, 2020, p.76.

271 현장, 『시작할 때 그 마음으로』, 서울:책읽는섬, 2017, pp.8-9.

272 현장, 『시작할 때 그 마음으로』, 서울:책읽는섬, 2017, p.16.

273 현장, 「가난을 배우라」, 『시작할 때 그 마음으로』, 서울:책읽는섬, 2017, pp.17-18.

274 현장, 『시작할 때 그 마음으로』, 서울:책읽는섬, 2017, p.15.

275 현장, 『시작할 때 그 마음으로』, 서울:책읽는섬, 2017, p.18.

276 현장, 「얼마나 친절했느냐, 얼마나 따듯했느냐?」, 『시작할 때 그 마음으로』, 서울: 책읽는섬, 2017, pp.20-21.

277 현장, 「필요와 욕망의 차이를 가릴 줄 알아야 합니다」, 『시작할 때 그 마음으로』, 서울:책읽는섬, 2017, pp.23-26.

278 슈마허, 『작은 것이 아름답다』, 서울:범우사, 2008, p.38.

279 슈마허, 『작은 것이 아름답다』, 서울:범우사, 2008, p.26.

280 현장, 「욕심은 부리는 것이 아니라 버리는 것입니다」, 『시작할 때 그 마음으로』, 서울:책읽는섬, 2017, pp.30-31.

281 현장, 「순례자처럼 나그네처럼 길을 가십시오」, 『시작할 때 그 마음으로』, 서울:책읽는섬, 2017, pp.34-39.

282 현장, 「순례자처럼 나그네처럼 길을 가십시오」, 『시작할 때 그 마음으로』, 서울:책읽는섬, 2017, pp.62-64.

283 법정, 「진리는 하나인데 - 기독교와 불교」, 『무소유』, 서울:범우사, 1995, pp.119-120.

284 법정, 「진리는 하나인데 - 기독교와 불교」, 『무소유』, 서울:범우사, 1995, p.125.

285 법정, 「진리는 하나인데 - 기독교와 불교」, 『무소유』, 서울:범우사, 2003, pp.140-141.

286 법정, 「진리는 하나인데 - 기독교와 불교」, 『무소유』, 서울:범우사, 2003, pp.144-145.

287 현장, 「시작할 때 그 마음으로」, 서울:책읽는섬, 2017, p.43.

288 현장, 「시작할 때 그 마음으로」, 서울:책읽는섬, 2017, pp.168-169.

289 현장, 「시작할 때 그 마음으로」, 서울:책읽는섬, 2017, pp.170-171.

290 현장, 「시작할 때 그 마음으로」, 서울:책읽는섬, 2017, pp.188-189.

291 법정, 「아직 끝나지 않은 출가」, 『버리고 떠나기』, 서울:샘터사, 1993, p.266.

292 법정, 『인도기행-삶과 죽음을 넘어서』, 서울:샘터사, 1999, p.201.

293 법정, 『인도기행-삶과 죽음을 넘어서』, 서울:샘터사, 1999, p.17.

294 법정, 『인도기행-삶과 죽음을 넘어서』, 서울:샘터사, 1999, p.202.

295 법정, 『인도기행-삶과 죽음을 넘어서』, 서울:샘터사, 1999, p.203.

296 법정, 『인도기행-삶과 죽음을 넘어서』, 서울:샘터사, 1999, p.203.

297 법정, 「나를 지켜보는 시선」, 『오두막 편지』, 파주:이레, 2007, p.234.

298 법정, 「생각을 씨앗으로 묻으라」, 『버리고 떠나기』, 서울:샘터사, 1993, p.21.

299 법정, 「까치소리를 들으며」, 『버리고 떠나기』, 서울:샘터사, 1993, p.57.

300 법정, 「오늘 하루 내 살림살이」, 『홀로 사는 즐거움』, 서울:샘터사, 2010, p.17.

301 법정, 「오늘 하루 내 살림살이」, 『홀로 사는 즐거움』, 서울:샘터사, 2010, p.16.

302 야니, Daum 백과사전(2020년 12월 3일 검색).
     "야니(피아노 연주가, Yanni, Yiannis Chryssomallis), 그리스 출신의 미국 작곡가이
     자 피아노, 신디사이저 연주자이다."

303 법정, 「오늘 하루 내 살림살이」, 『홀로 사는 즐거움』, 서울:샘터사, 2010, p.17.

304 법정, 「내 곁에서 내 삶을 받쳐주는 것들」, 『홀로 사는 즐거움』, 서울:샘터사,
     2010, p.79.

305 홍권희, 「법정 스님 뉴욕 법회 "미국은 교만하고 독선적"」, 〈동아닷컴〉, 2002년
     10월 28일자(2020년 12월 2일 검색).
     (https://www.donga.com/news//article/all/20021028/7876605/1)

306 법정, 「다시 월든 호숫가에서」, 『아름다운 마무리』, 서울:문학의숲, 2008, pp.153-154.

307 문학의숲 편집부 엮음, 『법정 스님의 내가 사랑한 책들』, 서울:문학의숲, 2010,
     pp.24-25.

308 법정, 「영혼의 모음-어린 왕자에게 보내는 편지」, 『영혼의 모음』, 서울:샘터사,
     1972, p.271.

309 김정숙 씨는 2024년 12월 8일 필자와 인터뷰를 통해 한 장의 엽서를 공개했다.
     1999년 9월 17일 법정 스님이 보낸 엽서에는 "이 책을 다시 내면서 처음 만들 때

생각이 나요. 책 제목을 어떻게 할까 망설일 때 『무소유(無所有)』로 하자고 호우프 (김정숙 씨의 별호) 씨가 주장했었어요."라는 내용이 기록돼 있다.

310   법정. 『무소유』. 서울:범우사. 1976. 뒤표지.

311   법정. 『서 있는 사람들』. 서울:샘터사. 1978. p.1.

312   조애너 메이시(Joanna Macy), Postmodern Spirituality, Political Economy, and Art, ed David Ray Griffin, Albany, N.Y.:State University of New York Press, 1990, p.37.

313   조애너 메이시(Joanna Macy), 〈불광미디어〉.
      www.bulkwang.co.kr/bbs/view.html?idxno=5866(2020년 10월 20일 검색)
      "1929년 미국 LA에서 태어나 웨즐리대학교를 졸업하고 시러큐스대학교에서 종교학으로 박사학위를 받았다. 불교학, 일반 시스템이론, 심층생태학을 연구한 생태철학자이다. 불교생태학의 토대를 일군 그는 평생을 평화운동과 환경보호 운동에 바치며 살아왔다. 인류의 생존과 직결된 환경문제를 불교적 시각으로 풀어보려 한 그의 시도는 전 세계 많은 학자들의 관심을 불러일으켰다. 이러한 시도 속에서 그는 자신의 학문을 사회활동과 연결하여 개인과 사회를 변화시키는 새로운 패러다임을 마련하는 이론적 틀과 획기적인 실천 방법론을 만들어냈다. 이 방법론은 세계의 교육자 및 NGO, 시민활동가들이 채택하여 활용되고 있으며, 어려운 환경에 있는 사람들이 절망을 극복하고 능동적으로 사회활동에 동참하도록 힘을 주고 있다. 현재 미국 캘리포니아주 버클리에 거주하며 고령임에도 활발한 저술 작업과 사회활동을 펼치고 있다."

314   법정. 『산방한담』. 서울:샘터사. 1983. pp.4-5.

315   법정. 『물소리 바람소리』. 서울:샘터사. 1986. pp.5-6.

316   법정. 『텅빈충만』. 서울:샘터사. 1989. p.7.

317   법정. 『텅빈충만』. 서울:샘터사. 1989. p.5.

318   법정. 『텅빈충만』. 서울:샘터사. 1989. p.7.

319   법정. 『인도기행』. 서울:샘터사. 1991. pp.202-203.

320   법정. 『버리고 떠나기』. 서울:샘터사. 1993. p.7.

321   법정. 『버리고 떠나기』. 서울:샘터사. 1993. p.7.

322   법정. 『버리고 떠나기』. 서울:샘터사. 1993. p.7.

323   법정. 『새들이 떠나간 숲은 적막하다』. 서울:샘터사. 1996. p.7.

324   법정. 『새들이 떠나간 숲은 적막하다』. 서울:샘터사. 1996. p.7.

325   법정. 『새들이 떠나간 숲은 적막하다』. 서울:샘터사. 1996. pp.5-7.

326 법정, 『오두막 편지』, 파주:이레, 1999, p.7.

327 법정, 『아름다운 마무리』, 서울:문학의숲, 2008, pp.234-236.

328 〈대한불교〉, 1962년 8월 1일자 2면 광고란.

329 휴정, Daum 위키백과(2020년 10월 5일 검색).

330 청허휴정 지음 · 정산법진 옮김, 『청허선시』, 서울:선리연구원, 2012, p.5.

331 서산 저 · 법정 역, 『선가귀감』, 서울:홍법원, 1976, pp.11-12.

332 법정, 『정토삼부경』, 서울:민족사, 1995, pp.165-166.

333 법정, 『숫타니파아타』, 서울:정음문고, 1978, p.270.

334 법정, 『숫타니파아타』, 서울:정음문고, 1978, p.270-271.

335 법정, 『말과 침묵』, 서울:샘터사, 1985, p.4.

336 법정, 『말과 침묵』, 서울:샘터사, 1985, p.45.

337 법정, 『말과 침묵』, 서울:샘터사, 1985, p.34.

338 법정 옮김, 『진리의 말씀—법구경』, 불일출판사, 1984, p.3.

339 법정 옮김, 『진리의 말씀—법구경』, 불일출판사, 1984, pp.4-5.

340 법정 옮김, 『진리의 말씀—법구경』, 불일출판사, 1984, p.7.

341 법정, 「책 머리에」, 『그물에 걸리지 않는 바람처럼—숫타니파타 강론집』,
     서울:샘터사, 1990, pp.5-6.

342 법정, 「책 머리에」, 『그물에 걸리지 않는 바람처럼—숫타니파타 강론집』,
     서울:샘터사, 1990, p.7.

343 법정 편역, 『비유와 인연설화』, 동국역경원, 2005, pp.4-5.

344 법정, 『스승을 찾아서』, 서울:동쪽나라, 2002, p.3.

345 법정, 『스승을 찾아서』, 서울:동쪽나라, 2002, pp.3-4.

346 법정, 『스승을 찾아서』, 서울:동쪽나라, 2002, p.4.

347 법정 글 · 류시화 엮음, 『산에는 꽃이 피네』, 서울:동쪽나라, 1998, pp.10-11.

348 법정 글 · 류시화 엮음, 『봄 여름 가을 겨울』, 파주:이레, 2001, pp.6-7.

349 법정, 『법정 스님이 들려주는 참 좋은 이야기』, 서울:동쪽나라, 2002, p.6.

350 법정, 『법정 스님의 슬기로운 동화나라1—황금빛 사슴』, 서울:동쪽나라, 2003, p.5.

351 법정, 『맑고 향기롭게』, 서울:조화로운삶, 2006, p.7.

352 법정, 『맑고 향기롭게』, 서울:조화로운삶, 2006, p.8.

353 법정, 『맑고 향기롭게』, 서울:조화로운삶, 2006, p.8.

354 박성직 엮음, 『마음하는 아우야!』, 서울:녹야원, 2011, pp.10-11.

355 김성봉·서경현 엮음, 『꽃잎이 떨어져도 꽃은 지지 않네-법정과 최인호의 산방대담』, 서울:여백, 2015, p.27.

356 김성봉·서경현 엮음, 『꽃잎이 떨어져도 꽃은 지지 않네-법정과 최인호의 산방대담』, 서울:여백, 2015, p.27.

357 김성봉·서경현 엮음, 『꽃잎이 떨어져도 꽃은 지지 않네-법정과 최인호의 산방대담』, 서울:여백, 2015, p.27-28.

358 원택 엮음, 『설전』, 서울:책읽는섬, 2016, p.19.

359 원택 엮음, 『설전』, 서울:책읽는섬, 2016, p.20.

360 원택 엮음, 『설전』, 서울:책읽는섬, 2016, p.21.

361 법정 글·최순희 사진·맑고 향기롭게 엮음, 『길이 아니면 가지 말라』, 서울:책읽는섬, 2017, pp.4-5.

362 법정 글·최순희 사진·맑고 향기롭게 엮음, 『길이 아니면 가지 말라』, 서울:책읽는섬, 2017, p.13.

363 법정 저·리경 엮음, 『간다, 봐라』, 서울:김영사, 2018, pp.274-275.

364 여태동, 「법정 스님 원적 10주기 추모집 '낡은 옷을 벗어라' 출간」, 〈불교신문〉, 2019년 11월 18일자.

365 여태동, 「법정 스님 원적 10주기 추모집 '낡은 옷을 벗어라' 출간」, 〈불교신문〉, 2019년 11월 18일자.

366 법정, 『좋은 말씀』, 서울:시공사, 2020, p.1.

367 〈대한불교〉, 1967년 3월 26일자 1면 광고란.

368 한태식(보광 스님), 「『무량수경』 한글번역의 제 문제」, 서울:동국대전자불전문화콘텐츠연구소, 『전자불전』 제14집, 2012, p.6.
"법정 스님이 1971년 8월 15일에 자운 스님의 원력으로 번역하여 보국사에서 법보시 판으로 간행한 『정토삼부경』이다."

369 〈대한불교〉, 1970년 4월 26일자 4면에 1회부터 연재 시작해 1971년 3월 28일자 4면에 45회로 마침.

370 헬레나 노르베리 호지·김종철 김태언 번역, 『오래된 미래』, 서울:녹색평론사, 2003, p.35.

여태동

여태동(余泰東)은 1966년 소백산과 태백산이 켜커이 드리운 경북 영주시 문수면 승문1리 막지고개(막현마을)에서 태어났다. 경북대 영문학과 졸업 후 미원그룹(대상)에 입사, 미원통상에서 MD로 근무했다. 1994년 불교신문 기자로 입사해 30년 넘게 근무하며 편집국장, 논설위원을 거쳤다. 동국대학교에서 사회복지학 석사(사회복지사 1급 자격 취득), 동방문화대학원대학교에서 「법정의 시대정신 형성과 전개과정 연구」(2020년)로 문학박사 학위를 취득했다. 고등학교 시절에는 시동인회 '청죽(靑竹)'에서 활동했고, 군대시절인 1989년에는 국방일보에 시 「GOP 전선」을 발표했다. 2021년 『시와 세계』 겨울호에 「어매의 어매」 외 5편으로 신인상을 받으며 문단에 나왔다. 『천년사찰 천년숲길』, 『송아의 관찰일기』, 『바우덕이』 등 10여 권의 책과 첫 시집 『우물에 빠진 은하수 별들』을 출간했다. 법정 스님에 관한 논문 10여 편도 썼다. 2020년 한국숲과문학명상협회(산림청인가) 숲치유명상가 1급 자격증을 획득했다. 이메일_ytd25@hanmail.net

우리 시대에 다녀간 영혼의 스승

비구 법정

초판 1쇄 발행 2025년 2월 23일
글 여태동
감수 덕조 스님
책임편집 김창현
디자인 책읽는소리

펴낸곳 중앙출판사
펴낸이 이상호

출판등록
주소 경기도 고양시 일산동구 고봉로 32-9 625호
전화 (031)816-5887 **팩스** (031)624-4085

ISBN 979-11-92925-27-1 (03220)
값 29,000원

* 이 책은 2020년도 동방문화대학원대학교에 제출한 박사학위 논문 「법정의 시대정신 형성과 전개과정 연구」와 (사)맑고 향기롭게 및 법정 스님의 사촌동생인 박성직 거사, 파리 길상사 주지를 맡았던 천상 스님의 사진을 협조받아 법정 스님의 가르침과 사상을 널리 알리기 위해 출간했음을 밝힙니다.

* 표지 제목 글씨, 원경 스님(심곡암 회주)